ANDREA MICUS

Partnersuche Ü40

Flirten – Verlieben – Glücklich bleiben

Endlich der Richtige!

INHALT

ICH WILL NICHT MEHR ALLEIN SEIN!

Rund 16 Millionen Männer und Frauen wandern auf Solopfaden. Tendenz steigend. 64 Prozent davon geben laut einer Studie des Wissenschaftszentrums Berlin an, glücklich mit ihrem Solo-Leben zu sein. Doch wenn wir genauer hinschauen, sehen wir: Kaum jemand ist freiwillig allein, zumindest nicht über einen längeren Zeitraum hinweg.

Das große Single-Leid

Alle Menschen sehnen sich nach Liebe und Geborgenheit. So hoffen auch die meisten Singles, irgendwann den richtigen Partner fürs Leben zu finden. Bis es soweit ist, versuchen sie, es sich möglichst gut gehen zu lassen und konsumieren kräftig. Deshalb werden Singles von Marketing-Fachleuten und Lifestyle-Experten heftig umworben. In Zeitschriften und Werbeportalen hat man diese Bevölkerungsgruppe als besonders konsumfreudig entdeckt. Seitdem gibt es das Bild des strahlenden, freien und in sich ruhenden Singles. Doch der ist eine Kreation der Werbewelt.

Natürlich, es gibt sie wirklich, die zufriedenen Momente im Single-Leben. Denn Phasen des Alleinseins haben auch ihr Gutes. Man hat viel Zeit für sich, für Hobbys, für etwas, das man schon immer tun wollte. Man kann sich ganz auf eine Aufgabe konzentrieren. Es ist Raum da, etwas zu verarbeiten, was sehr belastet, wieder zu sich selbst zu finden. Auch nach schwierigen und belastenden Trennungen sucht man die Ruhe des Rückzuges. Zum Durchatmen, um wieder Kraft zu sammeln. Da kommt das Alleinsein oft gerade recht.

Aber es gibt einfach Tage und Situationen, die Singles das Gruseln lehren. Da ist schon mal der Sonntag, der von Alleinlebenden am meisten gefürchtete Tag der Woche. Man wacht allein auf und vor einem liegen endlos lange Stunden. Die Freunde pflegen ihr Liebes- oder Familienleben. Man traut sich nicht einmal, sie anzurufen. Denn sie haben sowieso keine Zeit.

Der Sonntag gehört der Familie, basta! Singles haben zwar die große Freiheit, aber die erscheint ihnen gerade jetzt besonders reizlos. Sie können bis mittags im Bett gammeln, sich entspannt um den Haushalt kümmern. Klingt nicht verlockend, zumal man keine Alternative hat. Es bleiben noch das gute Buch und der „Tatort" am

> Sonntage und Weihnachten sind für Singles der Horror.

Abend. Besonders schlimm sind die sonnigen Sonntage. Raus in die Natur, schreit die Seele. Aber man fühlt sich im Pulk der Familienradler hoffnungslos verloren. Und ein Biergartenbesuch allein ist auch nicht die wahre Freude. Kino, Theater, ein schönes Abendessen beim Lieblingsitaliener. Allein ein Grauen. Wer den Sonntag trotzdem irgendwie überstanden hat, dem fällt spätestens am Abend endgültig die Decke auf den Kopf und er versinkt in pure Tristesse.

„Ach, der Sonntag, den kriegt man schon herum!" Stimmt! Es gibt ja nur zweiundfünfzig davon. Und sie sind alle zusammen nichts gegen den Super-Gau in jedem Single-Dasein: das Weihnachtsfest, das Fest der Liebe und der Familie. Was soll das alles, wenn man weder eine Familie hat, noch geliebt wird? Grauenvoll!

Schon ab September kann man sich den Vorboten von Weihnachten nicht entziehen. In Kaufhäusern und Geschäften gibt es stapelweise Spekulatius und Marzipan-Tannenzapfen. Weihnachtsmänner strahlen einen fröhlich an und mit jedem weiteren Tag wird einem wehmütiger zumute. Der Schatten der Einsamkeit holt einen ein, und immer drängender wird die Frage, was man denn im Leben falsch gemacht hat. In den Lokalen bekommt man keinen Platz mehr, weil überall Weihnachtsessen stattfinden. In den Straßen gibt es keine Parkplätze, weil Menschen scharenweise in die Geschäfte strömen, um Geschenke zu kaufen. Wohl dem, der Kinder hat und sich deshalb austoben kann. Aber alle anderen sind arm dran.

In Zeiten von Harmonie-Zwang und Familienverherrlichung haben es Singles extrem schwer. „Ach was, Heiligabend. Was ist das schon? Vierundzwanzig Stunden, und dann ist alles vorbei", hört man sie gern bewusst entspannt tönen, die Singles, die sich kein Mitleid überstülpen lassen wollen. Beliebt sind auch Sätze wie „Weihnachten, das ist ein Tag wie jeder andere auch. Ich nehme mir etwas Arbeit mit nach Hause." Damit vermitteln Singles gern den Eindruck, dass sie sich dem Sog der Pflicht-Liebe ganz bewusst entziehen wollen.

Und dann gibt es diejenigen, die ganz gezielt Sand in die Augen der Mitgefühl verströmenden Freunde streuen. Die das gequälte „Du kannst auch gerne zu uns kommen" nicht mehr hören wollen. Es sind diejenigen Singles, die von allen geliebt und gemocht werden. Sie sind – angeblich – ständig auf Tour und können sich vor Einladungen kaum retten. „Ich weiß noch gar nicht, wo ich hingehen soll. Katrin hat mich jetzt schon zum fünften Mal eingeladen. Sie wird stinksauer sein, wenn ich dieses Jahr auch wieder ablehne. Aber ich kann Sabine nicht enttäuschen. Es geht ja auch um die Kinder. Die können gar nicht ohne mich. Aber was soll ich tun, ich kann mich doch nicht zerreißen. Na ja, mal sehen, vielleicht teile ich mir das auf. Wenn es passt, kann ich ja auch am zweiten Weihnachtstag abends noch ein Stündchen zu dir kommen. Aber es wird wieder eine Hetzerei. Dabei sehne ich mich nach ein bisschen Ruhe."

So tönen sie, die viel gefragten, beliebten Singles. Doch wer rücksichtsvoll ist, ruft sie an Weihnachten nicht an und bringt sie nicht in Verlegenheit. Man will doch niemanden bloßstellen, der sich für drei

Tage auf ein Rendezvous mit dem Fernseher eingestellt hat und nur via Facebook miterleben kann, wie andere die Feiertage genießen.

Apropos Weihnachtsblues: Für Singles sind auch die schönsten Wochen des Jahres nicht grundsätzlich schön. Der Sommerurlaub in der Türkei mit Tante Käthe war nur furchtbar. Überall sah man Pärchen händchenhaltend auf den Sonnenliegen kichern. Abends gab es Candle-Light-Dinner auf der Hotelterrasse, und man selbst verzichtete dankend, weil Tante Käthe abends keinen Appetit mehr hatte und man auf keinen Fall allein im Hotel-Restaurant aufkreuzen wollte. Der Bummel über die Flaniermeile entwickelte sich auch schnell zum Flop. Allein unter Orientalen galt man als Abschlepp-Objekt. Was blieb, war ein Sandwich auf dem Balkon. Tristesse pur!

Dieses Jahr soll es anders werden. Aber wer hat Lust, mitzureisen? Die Freundin Bea liebt Segeln. Schön für sie, aber was hilft es, wenn man selbst Angst vor Wasser hat? Gut, man könnte bei den Hubers mitreisen. Die haben sich seit Jahren nichts mehr zu sagen und sind immer dankbar, wenn sich ein Puffer in Form eines Familienfreundes bereitstellt, damit die schönsten Wochen des Jahres nicht zu den gefährlichsten werden. Aber das ist auch nicht erstrebenswert. Mittlerweile erzählt die Kollegin im Büro täglich von der großen Griechenland-Tour, die sie dieses Jahr startet. Man möchte doch auch so gern weg. Doch allein? Nie wieder! Mit Tante Käthe? Auf keinen Fall! Also bleibt man zu Hause, legt das sorgfältig angesparte Urlaubsgeld auf die hohe Kante und träumt von besseren Zeiten.

> Urlaub allein?
> Oder mit Tante Käthe?
> Lieber bleibt man
> zu Hause.

Und dann kommt noch der große Jammer im Alltag, eigentlich dreihundertfünfundsechzig Tage im Jahr. Immer dann, wenn sie mit den Frischverliebten konfrontiert werden, zieht sich bei Singles das Herz zusammen. Auf Partys sieht man sie in der Ecke knuddeln. Auf Familienfeiern werden sie als Glückspaar vorgeführt und täglich twittert irgendeine Freundin von ihren romantischen Urlaubserlebnissen, Bilder inklusive! Klar tröstet man sich in solchen Momenten mit der Gewissheit, dass das vorgeführte Glück nicht von Dauer ist. Jeder Single hat längst verinnerlicht, dass die berühmte Verliebtheitsphase, die alle Hormone tanzen lässt, nachweisbar nur drei Monate hält. Dann sehen die Verliebten sich wieder ohne rosarote Brille und geben sich genauso schnell den Laufpass, wie sie sich gefunden haben. Und die, die zusammenbleiben, sind auch nicht zu beneiden. Man weiß ja, wie die Durchschnittsehe abläuft. Paare leben nicht zwingend glücklicher. Sie schlagen sich mit Eifersüchteleien, Konkurrenzdenken und Dominanzgehabe herum.

Ein Single kann jetzt durchatmen. Er hat sich alles so zurechtgelegt, dass er abends wieder froh ist, allein zu sein. Denn man kann nachts mit einem Buch ins Bett kriechen und muss sich nicht mit Endlos-Aussprachen den Schlaf rauben lassen. Herrlich!

Trotzdem, spätestens beim dritten tätschelnden und vertraut wirkenden Paar pro Tag spürt man dann doch den Kloß im Hals und lässt in Sekundenschnelle die Vergangenheit vorbeiziehen. Merkwürdige Gedanken beherrschen einen Single plötzlich. Hätte man doch nicht die Scheidung einreichen sollen? Vielleicht war es übereilt, nur weil mein Mann diese belanglose Affäre mit dem Au-pair-Mädchen hatte. Man hat beleidigt die Koffer gepackt und diesen Lebensabschnitt für beendet erklärt. Der große Irrtum! Hätte man sich damals nicht so angestellt, könnte man jetzt, auf der Hochzeit der Kollegin, auch mit dem großen Glück prahlen. Aber so: alles verpatzt. Das eigene Leben – desaströs. Man möchte sich verkriechen und dem bohrenden Schmerz hingeben.

Ähnlich klein, hilflos und grenzenlos gescheitert fühlen sich Singles nach einem Rauswurf im Job, nach der Nachricht, an einer chronischen Krankheit zu leiden, oder wenn sie mit einer heftigen Grippe zu Hause liegen. Keine Hand ist da, die die eigene hält, von einem warmen Tee oder einem aufmunternden Glas Wein ganz zu schweigen. Nicht mal die oft auch nötige Standpauke, die alles wieder geradrückt, bekommt man zu hören.

„Das Schlimmste ist, dass ich mir immer selbst genug sein muss", klagt deshalb auch Petra. Die einundvierzigjährige Grafikerin ist seit drei Jahren Single. Unfreiwillig. Nach ihrer Scheidung hatte sie nur zwei kurze Beziehungen. Ihr fehlt ein Mensch, dem sie alles sagen kann, auch ihren Frust und Groll. Sie ärgert sich über ihre Freundin und hat ständig Knatsch mit ihrer Mutter. „Ich hätte gern einen Partner, der all diesen Kleinkram in meinen Freundschaften auseinanderdröselt. Ich reagiere bestimmt manchmal über, aber niemand sagt es mir. Allein kann ich mich dann wunderbar in meine Krise hereindrehen. So lange, bis die ganze Welt gegen mich ist. Zumindest in meinem Kopf. Mein Mann hat mir manchmal den Kopf gewaschen und schonungslos gesagt, wo meine Fehler liegen. So zurechtgerüttelt fiel es mir viel leichter, mich auch mal zu entschuldigen. Dieses Korrektiv fehlt mir als Single." Petras Fazit: „Wer lange allein lebt, hat keine Selbstkritik mehr."

Warum bleiben so viele Singles allein?

20 Prozent der Haushalte bestehen aus einer Person. 15,9 Millionen Männer und Frauen wandern auf Solopfaden. Seit 1991 wuchs die Zahl um 4,5 Millionen, Tendenz steigend.

Was macht es denn so schwer, einen geeigneten Partner zu finden? „Ich habe einfach Pech und bin nie da, wo der Richtige auf mich wartet", glaubt Petra. Sie räumt aber auch ein, dass sie sehr anspruchsvoll ist. „Ich habe einfach eine klare Vorstellung" sagt sie mit fester Stimme. „Ich bin einmal geschieden und möchte jetzt einen Mann, der wirklich zu mir passt."

Gefragt, wie sie sich einen potenziellen Partner vorstellt, legt Petra los. Er muss mindestens 1,85 Meter groß sein. Schlank, gut gekleidet, in gehobener beruflicher Position. Dass er auch aus ihrer Heimatstadt Hamburg kommen muss, versteht sich von selbst. Auf keinen Fall darf er dunkelhaarig sein, das mag sie gar nicht. Auch zu viel Körperbehaarung kann sie nicht ertragen und unsportliche Männer sind ihr sowieso ein Gräuel. Petra hat sogar eine klare Vorstellung, in welchem

Berufsfeld ihr Traummann tätig sein sollte. „Etwas Seriöses, zum Beispiel ein Jurist, das wäre schon gut."

Petra hat keine Probleme einen Mann kennenzulernen. Sie sieht gut aus, ist beruflich erfolgreich und kann es sich leisten, häufig auszugehen. Aber sie lässt ihre Verehrer meistens gleich nach dem ersten Date wieder fallen. „Einer kam mit einem ungebügelten Hemd. Da kann ich mir ja gleich vorstellen, wie es bei ihm zu Hause aussieht. Und einer holte mich mit einem Kleinwagen ab. Nee, da bin ich erst gar nicht eingestiegen. Ich habe nicht zehn Jahre hart gearbeitet, um jetzt, mit Mitte Vierzig, wie eine Studentin über die Autobahn zu zuckeln."

Petra fährt ein schickes Cabriolet. Sie will sich an der Seite eines Mannes nicht verschlechtern. Wenn ihre Partnerschaft nicht mit einem gewissen Aufstieg verbunden ist, dann bleibt sie lieber allein.

!   WARUM FINDEN SO VIELE SINGLES KEINEN PARTNER?

Nach einer Umfrage der Universität Frankfurt sind Pech und zu hohe Ansprüche die häufigsten Gründe dafür, dass Singles alleine bleiben.
- 49 Prozent glauben, dass sie einfach Pech haben.
- 41 Prozent haben zu hohe Erwartungen.
- 36 Prozent geben sich nicht genug Mühe, weil sie keine Zeit haben.
- 17 Prozent sind zu schüchtern, um auf andere zuzugehen.
- 16 Prozent haben wenig Gelegenheit, sie sind meistens zu Hause.
- 13 Prozent empfinden sich als zu forsch und sehen das als Abschreckungsgrund.
- 12 Prozent hängen noch am Ex-Partner.
- 9 Prozent glauben, dass sie niemand will, weil sie kein Geld haben.
- 9 Prozent finden sich nicht ansehnlich genug.
- 8 Prozent sagen, dass sie keinen Partner wollen.

Warum finde ich keinen Mann?

Petra hat für sich die Antwort parat. Sie hält sich für zu anspruchsvoll. Doch viele Singles sind ratlos und enttäuscht. Sie können sich nicht erklären, warum ausgerechnet sie keinen Partner finden. Doch wer Singles bei der Partnersuche beobachtet, entdeckt schnell, warum so viele erfolglos bleiben. Es gibt sechs klassische Single-Hürden.

Die „Perfektionshürde"

Petra ist ein Paradebeispiel für jene Singles, die an dieser Hürde scheitern. Sie lebt seit längerer Zeit allein, hat verlernt, sich auf einen Partner einzustellen und Rücksicht zu nehmen. Sie kann entscheiden, wie der Tag verläuft. Mehr noch, sie plant ihr Leben allein. Und sie hat es geschafft, sich auch solo einen guten Lebensstandard zu erarbeiten. In den 1970er-Jahren haben sich die Frauen die Selbstständigkeit erkämpft. Seitdem ist es für sie selbstverständlich, sich gut ausbilden zu lassen und finanziell auf eigenen Beinen zu stehen. Für sie geht es bei der Partnerwahl längst nicht mehr nur um Versorgung oder Absicherung. Frauen leisten selbst etwas, verlangen sich viel ab, bringen Kinder und Job unter einen Hut. Das packt man nur mit Disziplin und Taktik.

Und so gehen sie auch an die Partnersuche. Mit hohen Ansprüchen und Forderungen, einem ausgeprägten Charakter und selbstbewusst. Sie sind erwachsene Frauen mit einer Lebensleistung. Das alles erwarten sie auch von ihrem künftigen Partner. Doch die Luft dort oben ist eng. Die „Perfektionshürde" bricht vielen Frauen bei der Partnersuche das Genick.

Die „Zeithürde"

Bei Vera, einer erfolgreichen Kauffrau mit einem gut gehenden Schreibwarengeschäft, ist es dagegen ganz anders. Sie ist Opfer der „Zeithürde". Die Mittvierzigerin hat zwei halbwüchsige Kinder und sehnt sich nach etwas Liebe und Geborgenheit. Status hat sie selbst.

Aber was ihr fehlt, ist Zeit. Zwischen der anstrengenden Selbstständigkeit, der Verantwortung für zwei Mitarbeiter, Schularbeiten und Fahrdienst für die Kinder, dazu einer kränkelnden Mutter, einem großen Garten und drei Schwestern hat sie nur noch nachts kurz vor dem Einschlafen Zeit, sich über die Partnersuche Gedanken zu machen. Woher soll er kommen, der Mann, den sie sich erhofft?

Bevor sie wegnickt nimmt Vera sich fest vor, am Wochenende mal mit einer Freundin um die Häuser zu ziehen. Sofern Ben bei seinem Freund schläft, sie die Buchführung für das Finanzamt fertig hat und ihre Mutter sie nicht zu der albernen Feier bei Pfarrer Leineweber mitnehmen will. Aber jetzt schließt sie erst einmal die Augen. Sie ist hundemüde. An einen Partner kann sie nicht mal mehr denken.

Die „Gelegenheitshürde"

Ina steht dagegen bereits seit Jahren vor der „Gelegenheitshürde". Ihre beiden Kinder sind aus dem Haus, sie ist Mitte Fünfzig und als Hausfrau in ihrem alten Freundeskreis geblieben. Und der besteht nun mal fast ausschließlich aus Ehepaaren. Bevor ihr Mann sie wegen einer „Kurliebe" verlassen hat, hatte die Familie viel zusammen unternommen. Man traf sich auf Familienpartys, wenn die Kinder Fußball spielten oder bei Schulfesten.

Ihr Mann ist ausgezogen, die Kinder studieren, Ina hält die Stellung in dem tagsüber nahezu menschenleeren Vorort. Ihre einzigen männlichen Gesprächspartner sind der Postbote und der nette Fleischverkäufer im Supermarkt. Da beide als Partner nicht infrage kommen, sieht es schlecht aus mit Ina. Auch bei den Einladungen zum Grillen bei den Nachbarn weiß sie schon genau, wer neben ihr auf der Gartenbank sitzen wird. Zumindest niemand, den sie sich in ihrem neuen, ach so spannenden Lebensabschnitt vorstellen könnte.

Die „Umzugshürde"

Viele Frauen ab dreißig sind Opfer der „Umzugshürde". Das Leben ist bislang bunt verlaufen. Wechselnde Partner, wechselnde Jobs. Mit jedem Umzug lässt man auch Freunde hinter sich. Die sozialen Kontakte verschwinden oder sind räumlich nur noch schwer zu erreichen. Was nützt die beste Freundin, wenn sie 300 Kilometer entfernt lebt? Im neuen Umfeld hat man noch keine Freunde gefunden, mit denen man spontan etwas unternehmen könnte.

So passiert es, dass gerade in den Großstädten die Singles zunehmend vereinsamen. Die Anonymität ist groß. Man kennt kaum den Menschen, der nebenan wohnt. Ausgehen, Leute treffen, sich Freundeskreise erschließen, das muss immer wieder neu versucht werden. Und manchmal ist man einfach zu müde dazu, immer wieder von vorn anzufangen. Zumal man mit zunehmendem Alter bei neuen Kontakten wählerischer wird.

Die „Bildungshürde"

Wobei wir bei der „Bildungshürde" wären. Eine Frau sucht sich immer einen Mann, der mindestens auf Augenhöhe mit ihr ist. Der Mediziner mit der Arzthelferin ist bis heute ein gängiges Beziehungskonzept. Doch umgekehrt klappt das nicht. Eine Akademikerin sucht sich fast immer einen Partner mit einem ähnlichen Bildungsniveau. Frauen gehen nur sehr selten eine Beziehung mit einem Mann ein, der ihnen bildungsmäßig unterlegen ist. Für Männer ist das weniger ein Thema. Also kann man rein rechnerisch sagen, dass die Luft dünner wird, je besser Frauen in der Schule aufgepasst haben. Und es leben nun mal weniger Juristen in Hamburg als Einzelhandelskaufmänner.

Die „Vergleichshürde"

Mit zunehmendem Alter wird es auch immer schwieriger, die „Vergleichshürde" zu nehmen. Sabine, eine zweiundvierzigjährige Sekretärin, hatte ihren Vorgesetzten geheiratet, den Juniorchef eines Autohauses. Gemeinsam haben sie in zwei Jahrzehnten ein großes Unternehmen aufgebaut. Wohlstand, Ansehen, gemeinsame Interessen. Alles war da. Bis sich Sabines Mann in eine Angestellte des Unternehmens verliebte und seine Frau einfach gegen die neue, jüngere austauschte. Sabine trauert den guten alten Zeiten fünf Jahre nach der Trennung immer noch nach. „Mit Mike war ich immer ...“ ist einer ihrer Lieblingssätze. Sie hat Mühe, sich von diesen Erfahrungen zu verabschieden und möchte keine Abstriche im Lebenswandel machen. Sie wird noch lange vergeblich nach dem „Richtigen“ suchen.

Überprüfen Sie Ihre innere Haltung

Letztlich sehnen sich Petra und Vera, Ina und Sabine alle nach einem Pendant, mit dem sie durchs Leben gehen können: 88 Prozent aller Single-Frauen geben es als größtes Glück an, einen Partner zu finden. Sie sehen das Single-Dasein nur als einen vorübergehenden Zustand an, eine Phase, die nicht ewig dauert. Denn sie suchen ein Gegenüber, an dem sie sich messen können, zum Reiben und Vergleichen, zum Lieben und Geliebtwerden.

Aber wer in den Armen eines geliebten Menschen einschlafen will, muss auch bereit sein, etwas dafür zu tun. Es reicht nicht, die Augen offen zu halten oder aktiv auf Partnersuche zu gehen. Wer erfolgreich sein will, muss zuvor seine Ansprüche auf den Prüfstand stellen und einen Blick auf die eigene Sichtweise werfen.

Test: Bin ich zu anspruchsvoll?

Sie haben viel zu bieten. Erwarten Sie das auch von Ihrem Partner?	
Natürlich. Ich brauche einen gleichwertigen Mann an meiner Seite.	3 P
Jeder Mensch hat seine Qualitäten. Ich muss erleben, dass wir uns ergänzen.	4 P
In der Theorie ja. Aber wenn man sich verliebt, ist vieles, was man sich immer vorgenommen hat, plötzlich unwichtig.	2 P
Ein Mann muss mir etwas bieten können. Sonst bleibe ich lieber allein.	1 P

Sie sind mit einem Mann zum Essen verabredet und haben sich schick
gemacht. Er kommt in Jeans und T-Shirt. Wie fühlen Sie sich?

Ich habe schon keine Lust mehr, mich mit ihm zu unterhalten. Ich mag keine stillosen Männer.	2 P
Ich schäme mich ein bisschen, denke mir aber, er wird seine Gründe dafür haben, sich so anzuziehen.	3 P
Mir ist egal, was andere von ihm halten. Hauptsache, wir haben eine nette Zeit zusammen.	4 P
Von einem Mann, der sich mit mir verabredet, erwarte ich, dass er sich anpasst.	2 P

Sie lernen beim Spazierengehen einen sympathischen Mann kennen,
der Ihnen gefällt. Er lädt Sie zu einem Kaffee ein und Sie erfahren im
Gespräch, dass er arbeitslos ist. Wie verhalten Sie sich?

In der heutigen Zeit kann man schnell seinen Job verlieren. Ich erkundige mich, was er unternimmt, um wieder eine Arbeit zu finden.	4 P
Auf Männer mit Problemen habe ich keine Lust. Ich habe selbst genug davon. Ich halte das Gespräch kurz und denke mir eine Ausrede aus, um das Treffen zu beenden.	0 P
Ich bin enttäuscht. Es hätte so schön werden können.	2 P
Ich frage genau nach, warum er den Job verloren hat, und erkundige mich auch nach seiner Gehaltsstufe.	3 P

Sie sollen aufschreiben, wie Sie sich Ihren Partner wünschen.
Können Sie das genau?

Es gibt Dinge, die mir absolut wichtig sind.	4 P
Das hängt von meiner Verfassung ab.	1 P
Ich habe ganz konkrete Vorstellungen.	2 P
Ich finde es schöner, offen zu sein.	3 P

In einer Partnerschaft muss jeder nachgeben. Wo bleiben Sie hart?

Wenn ich meinen Hund abgeben sollte.	4 P
Bei meinen Freunden, die lasse ich mir von keinem Mann ausreden.	3 P
Wenn ich seine Hobbys teilen soll.	2 P
Ich bin nicht mehr bereit, Dinge zu tun, die mir nicht gefallen.	0 P

Auswertung:

Weniger als 9 Punkte: Die Perfekte

Sie erwarten viel von sich und auch von Ihrem Partner. Wer das nicht erfüllen kann, hat in Ihren Augen keine Chance. Aber mit Ihrem Anspruchsdenken überziehen Sie oft. Niemand ist perfekt. Vergessen Sie nicht, dass auch Sie Ihre Fehler haben. Seien Sie etwas großzügiger mit den Menschen und zeigen Sie Bereitschaft, Kompromisse einzugehen. Das vergrößert Ihre Chancen, den Mann fürs Leben zu finden.

9 bis 14 Punkte: Die Verständnisvolle

Sie haben ein großes Herz und sind sehr einfühlsam. Bei einem Menschen bemühen Sie sich, zuerst das Positive zu sehen, Fehler entschuldigen Sie sofort. In der Partnersuche haben Sie es mit diesem Verhalten leicht. Männer fühlen sich bei Ihnen wohl, sie können endlich auch mal Schwäche zeigen und müssen nicht immer Helden sein.

Mehr als 14 Punkte: Die Offene

Sie suchen einen Mann, mit dem Sie gleichberechtigt leben können. Das heißt, Sie sind auch bereit, Ihren „Mann" zu stehen. Auf Sie ist Verlass, Sie können kämpfen. Starke Männer nehmen die Herausforderung an, schwache fühlen sich an Ihrer Seite unterlegen. In den Höhen, in denen Sie sich bewegen, ist die Luft allerdings dünn. Sie brauchen Geduld bei der Suche nach dem Richtigen.

So wird die Partnersuche erfolgreich

Bevor Sie aktiv werden und nach dem richtigen Mann fürs Leben Ausschau halten, müssen Sie erst noch ein paar Schularbeiten erledigen. Arbeiten Sie an sich! Mit Ihrer bisherigen Einstellung hat es nicht funktioniert, also müssen Sie etwas ändern. Was das ist, entscheiden Sie selbst, hier bekommen Sie jedoch ein paar Anregungen.

Es gibt fünf Vorsätze, denen Sie treu bleiben sollten. Sie sollten sie wie ein unsichtbares Gesetzbuch unterm Arm auf dem Weg zum richtigen Partner immer dabeihaben. Diese Vorsätze lauten:

1. Das Leben ist schön!
2. Offen sein für andere
3. So bleiben, wie man ist
4. Ehrlich sein
5. Auf die Intuition vertrauen

Das Leben ist schön!

„Das Leben ist bezaubernd, man muss es nur durch die richtige Brille sehen." Diesen Satz von Alexandre Dumas sollten Sie sich neben den Badezimmerspiegel hängen. Entscheiden Sie sich morgens, ob Sie die richtige Brille aufsetzen und den Tag genießen möchten. Sie können aufstehen und sich Sorgen darüber machen, was alles an Katastrophen auf Sie zukommen kann. Oder Sie öffnen die Fenster, schauen in den Himmel und sagen: „Das Leben ist schön. Ich werde jede Minute genießen!"

Gut, niemand ist gern allein und wir haben gelesen, wie schnell die Single-Trübsal-Falle zuschnappen kann. Aber Sie müssen sich diesen Gefühlen nicht ausliefern, sondern können etwas dagegen tun. Natürlich gibt es nach einer Trennung eine Zeit, in der Selbstmotivation nicht viel hilft. Eine tiefe Trauerphase ist normal und muss auch durchlebt werden. Aber anschließend können Sie sich bemühen, nach und nach immer mehr positive Seiten am Leben zu sehen.

Also weg mit dem Selbstmitleid. Schieben Sie trübe Gedanken nach dem Motto „Ach, war das schön damals mit Peter" einfach beiseite. Malen Sie sich nicht mehr aus, was alles hätte sein können, wenn Sie noch mit Ihrem Ex-Partner zusammen wären oder sich damals bei der Begegnung mit Traummann X nicht so dumm angestellt hätten. Vorbei ist vorbei! Basta! Das ist Geschichte. Es geht nach vorn, in eine wunderbare Zukunft.

Im Moment sind Sie Single, aber bitte ein Happy-Single. Malen Sie sich aus, welche Vorteile es hat, allein zu leben. Sie können jeden Tag auf Ihre eigenen Bedürfnisse abstimmen. Sie können unternehmen, was Sie sich schon immer vorgenommen haben. Sie können

Ihre Wohnung so gestalten, wie Sie es mögen. Und das Wichtigste: Sie können tolle, interessante Leute kennenlernen. Es gibt keinen Mann, der Ihnen die lustige Nachbarin madig macht. Kein muffeliges Gesicht, wenn Sie mit der neuen Kollegin in ein mongolisches Restaurant gehen möchten. Niemand ist da, der beleidigt ist, weil Sie am Samstagmorgen in der Fußgängerzone zehn Minuten mit dem rassigen Straßenmusikanten aus Rio geplaudert haben.

Entdecken Sie die Schokoladenseiten des Single-Lebens. Buchen Sie einen Segeltörn in der Karibik! Kaufen Sie sich ein quietschgelbes Sofa oder laden Sie Ihre schrillste Jugendfreundin zu einem Abendessen ein. Weinen Sie sich bei einem Nicolas-Sparks-Buch die Augen rot und lackieren Sie sich die Fußnägel um Mitternacht. Es gibt keinen Mann, der Ihnen reinreden kann. Denn Sie sind frei, alles zu machen, was Sie sich wünschen. Klingt doch ganz gut, nicht wahr? Also, Kopf hoch, lächeln und sich fragen: Was habe ich mir schon immer gewünscht? Jetzt haben Sie die Gelegenheit, sich diese Wünsche zu erfüllen. Denn die Uhr tickt und die Zeit der großen Freiheit ist bald wieder vorbei. Genießen Sie sie!

> Entdecken und genießen Sie die Schokoladenseiten des Single-Lebens.

Ein Happy-Single sollte aber nicht allein durchs Leben gehen. Deshalb sind Freunde und Bekannte jetzt besonders wichtig. Weil die Zeit mit ihnen einfach schöner ist, aber auch, weil man es leichter hat, wenn man sich auf jemanden verlassen kann. Gerade Menschen, die allein leben, brauchen ein funktionierendes soziales Netz.

Besonders für alleinerziehende Mütter, die noch kleine Kinder haben, ist es schwierig, aus dem Haus zu kommen. Die zweiundvierzigjährige Sigrun hat zwei schulpflichtige Jungen, Zwillinge. Sie sind noch zu klein, um abends allein in der Wohnung zu bleiben. Doch für einen Babysitter fehlt ihr das Geld. Zwei Jahre nach dem Auszug ihres Ex-Mannes fällt der lebensfrohen Lehrerin die Decke auf den Kopf. „Ich hatte so Lust, abends etwas zu unternehmen. Doch meine gebundenen Freundinnen hatten am Wochenende immer schon etwas vor.

Und meinen Single-Freundinnen ging es schnell auf die Nerven, dass ich immer meine Kinder im Schlepptau hatte. Also igelte ich mich ein und unternahm nur noch etwas mit meinen Kids. Doch wie sollte ich so einen Mann kennenlernen?"

Sigruns Nachbarin weiß Rat. Sie schlägt ihr vor, künftig an jedem zweiten Samstag Sigruns Zwillinge zu hüten, wenn sie dafür im Gegenzug auf ihre Kinder aufpassen würde. „Tolle Idee. Ich habe meine freien Abende total genossen und bin durch die Abwechslung wieder richtig fröhlich und lebensfroh geworden."

Ingrid, eine sechsundfünfzigjährige Finanzbeamtin, hat keine häuslichen Verpflichtungen, aber ihr macht es zu schaffen, dass sie in ihrem Freundeskreis nur Pärchen hat. „Ich kam mir immer so überflüssig vor. Ich fühlte mich nie mehr vollständig, sondern immer nur noch wie ein halbes Paar. Erst als ich begann, mir einen neuen Freundeskreis mit alleinstehenden Frauen aufzubauen, ging es mir besser. Ich konnte es viel mehr genießen, ins Theater oder zu Konzerten zu gehen. Mir fehlte kein Mann mehr an der Seite, denn mit den Frauen war es auch schön und entspannt."

Treffen Sie sich weiter mit den Paaren, nur sagen Sie offen, dass Sie an Singlefreunden interessiert sind und bitten Sie darum, Kontakte herzustellen. Am Arbeitsplatz sollten Sie sich trauen, die sympathische Kollegin anzusprechen. „Wie wär's mit einem Abendessen beim Italiener?" Oder: „Der Biergarten um die Ecke ist so einladend. Wollen wir nicht mal nach Büroschluss dort etwas trinken?"

Neue Freunde können auch neue Interessen wecken. Vielleicht macht es Ihnen ja Spaß, mal das Tennisspielen auszuprobieren, wenn die neue Bekannte so eine leidenschaftliche Spielerin ist und viel Zeit im Tennisclub verbringt. Auch die super Hobby-Köchin kann Sie für das Kochen begeistern, und künftig finden bei Ihnen zu Hause flotte Single-Abende statt, bei denen Sie diverse Köstlichkeiten zaubern. Wer sich einen neuen Freundeskreis aufbauen will, schafft es auch. Oft ist man nach ein paar Monaten schon so gefragt, dass man einen

Terminkalender führen muss, um sich nicht zu verzetteln. Sie glauben das nicht? Versuchen Sie es. Sie werden sehen, es klappt.

Wer so auf Partnersuche geht, versprüht Esprit und Lebensfreude. Das zieht andere an. Miesepeter und Jammerlappen sind nicht gern gesehen. Gut, eine Zeitlang hört man den Trauerklößen zu und versucht, zu helfen. Doch auf die Dauer geht man ihnen lieber aus dem Weg. Legen Sie also Ihre Leidensmiene ab und ersetzen Sie sie durch ein fröhliches Strahlen, dann werden Ihnen die Herzen zufliegen. Und eines könnte dem Richtigen gehören ...

> Ersetzen Sie Ihre Leidensmiene durch ein fröhliches Strahlen und schon fliegen Ihnen die Herzen zu.

Nehmen Sie Ihr Leben so an, wie es ist, und werden Sie nicht ärgerlich, weil es nicht so ist, wie Sie es sich wünschen. Denn wenn Sie mit Ihrem Schicksal hadern, kommen Sie nicht weiter. Also Kopf hoch, Augen auf und voller Tatkraft hinein in jeden neuen Morgen. Reißen Sie gleich morgen früh die Fenster auf, atmen Sie die frische Luft und rufen Sie mehr oder weniger laut: „Das Leben ist schön!"

Offen sein für andere

Viele Menschen haben genaue Vorstellungen davon, wie ihre Freunde sein sollen. Renate: „Ich wünsche mir eine Freundin, die einmal in der Woche mit mir einen Italienisch-Kurs an der Volkshochschule besucht. Anschließend möchte ich mit ihr etwas essen gehen und von meiner nächsten Toskana-Reise träumen."

Aber irgendwie findet die Zweiundvierzigjährige nie eine Gleichgesinnte. Mal ist ihr die Frau zu oberflächlich, mal zu wenig kunstinteressiert. Meist hat sie schon nach einem Abendessen genug und auch künftig keine Zeit mehr für die Frau. Auch in anderen Bereichen geht es nicht lange gut. „Ich liebe anspruchsvolle Konversation. Das oberflächliche Geplapper der meisten Frauen geht mir auf die Nerven", meint Renate. Allerdings geht es ihr mit Männern nicht anders.

Ihr trauriges Fazit: „Ich habe keine Freunde, an denen mir wirklich etwas liegt."

Renate muss in sich gehen. Auch sie wird nicht perfekt sein, sondern Macken haben, wie alle anderen Menschen auch. Wer nicht einsam sein will, muss tolerant sein und Menschen so akzeptieren, wie sie sind. Wer andere Menschen immer nur kritisiert und nach seinen Vorstellungen formen möchte, stößt auf wenig Gegenliebe. Es ist viel sinnvoller, mit offenem Herzen auf andere zuzugehen und in jedem erst einmal das Positive zu sehen.

> Lassen Sie Ihr Gegenüber erzählen. So kommen bunte Charaktere zum Vorschein, die es wert sind, sich mit ihnen zu beschäftigen.

Dazu ein Tipp: Zwingen Sie anderen nicht Ihre Themen auf, sondern lassen Sie sie erzählen. Sie werden sehen, es kommen bunte Charaktere zum Vorschein, die es allemal wert sind, sich mit ihnen zu beschäftigen. Gut, es kann einem nicht jeder liegen und manche Kontakte funktionieren einfach nicht, diese können und sollten Sie natürlich wieder aufgeben. Aber geben Sie Ihrem Gegenüber eine Chance: Menschen mit unterschiedlichen Lebensplanungen und gänzlich anderen Abläufen bringen mehr Spannung in den eigenen Alltag.

Zuhören, Interesse zeigen und offen sein für Neues und Unbekanntes. Nicht verurteilen, was man nicht kennt. Nicht abwerten, was man noch nie gehört hat, sondern einfach hingehen, zusehen und sich in den anderen hineinfühlen: So baut man sich einen bunten, spannenden Freundeskreis auf. Warum muss eine Freundin sich denn so kleiden, wie es Ihnen gefällt? Warum darf ein Freund nicht ein Hobby haben, das Sie verabscheuen? Sie sind nicht der Nabel der Welt. Ihre kleine Welt ist nicht die einzig richtige. Es gibt zahllose Parallelwelten. Tauchen Sie darin ein, lassen Sie sich inspirieren und sehen Sie, welche Schnittmengen Sie mit anderen Menschen finden.

Die dreiundvierzigjährige Gudrun ist eine superschicke Unternehmensberaterin. Sie kleidet sich klassisch, ist sehr gepflegt und liebt erstklassige Restaurants. Ihre beste Freundin Berta lebt in Südafrika und hat dort eine angesehene Filmproduktionsfirma. Sie liebt es äußerlich sehr lässig. Sie trägt nur Jeans und T-Shirt, dazu Lederjacken und Chucks. Wer die beiden sieht, kann kaum glauben, dass sie sich seit ihrer Schulzeit kennen, seither die besten Freundinnen sind. Warum das klappt? „Ich mag Bertas herzliche, liebevolle Art. Sie hat ein wunderbar großes Herz und ist eine zuverlässige Freundin. Was geht es mich an, wie sie sich anzieht." Berta antwortet ähnlich: „Gudrun ist immer da, wenn ich sie brauche. Im Laufe der Jahre ist sie zu einer Dame geworden. Ich schmunzele oft darüber, wie sie sich kleidet, und oft ziehe ich sie damit auf. Aber das ist nur Spaß. Unsere Freundschaft hat damit nichts zu tun."

Berta und Gudrun profitieren von ihren unterschiedlichen Lebenskonzepten. Hier die Künstlerin mit dem Gespür für Farben und Situationen, dort die strategische Planerin, die nichts dem Zufall überlässt. Oft konnten sich die beiden Frauen schon gegenseitig helfen, weil sie Ereignisse von einem unterschiedlichen Blickwinkel aus betrachteten. „Meine Firmengründung wäre ohne Gudrun garantiert nicht so reibungslos abgelaufen", sagt Berta. Und Gudrun meint: „Ich habe oft vergessen, auf meinen Bauch zu hören. Berta hat mich Intuition gelehrt."

So bleiben, wie man ist

Wenn sich Tina mit ihrer siebzehnjährigen Patentochter trifft, spricht sie nach ein paar Minuten genauso wie das junge Mädchen. Sie findet alles „cool", „geil" und „scharf" und ertappt sich selbst dabei, dass sie alle fünf Minuten ihren Facebook-Status checkt – dabei achtet die fünfzigjährige Chefsekretärin normalerweise sehr auf perfekte Umgangsformen. Wenn sie sich mit ihrer Tochter, einer leidenschaftlichen Motorradfahrerin, verabredet, tauscht sie ihr Kostüm bereitwillig gegen Jeans und Lederjacke. Anschließend bestellt sie sich im Lokal statt des üblichen trockenen Rieslings ein kaltes Pils. „Ich passe mich eben an", sagt sie leise. „Das ist doch nicht schlimm!"

Nein, schlimm ist das nicht. Aber einfach nicht nötig. Wer sich in einem abwechslungsreichen Freundeskreis bewegt, muss sich nicht immer umstellen und genauso auftreten wie sein Gegenüber. Es ist viel besser, sich so zu zeigen, wie man auch ist. Und das am besten immer.

> Zu seinen Schwächen und Stärken zu stehen ist ein Zeichen von Reife und Selbstbewusstsein.

Bleiben Sie sich selbst treu und stehen Sie zu Ihren Eigenarten und Vorlieben. Sonst erscheinen Sie als eine konturlose Masse Mensch und werden dadurch alles andere als interessant. Wenn Sie sich in einem roten Kostüm lieben, dann stehen Sie dazu und tragen es, wann immer Sie mögen. Genauso offen zeigen Sie Ihr ungewöhnliches Auto oder die abgewetzten Schuhe, wenn sie Ihnen denn so am Herzen liegen. Und wenn Ihre Wohnung nicht aufgeräumt ist, na und? Sagen Sie offen, dass es Sie nicht stört. Stehen Sie dazu, dass Sie nicht gern kochen und nie richtig schwimmen gelernt haben.

Zu seinen Schwächen und Stärken zu stehen ist ein Zeichen von Reife und Selbstbewusstsein. Nur unsichere Menschen vertreten nie eine Meinung und verändern ihr Auftreten wie ein Chamäleon.

Denken Sie doch mal zurück: An welche Menschen aus Ihrem Bekanntenkreis erinnern Sie sich auch noch nach zehn Jahren? Richtig – an die mit den Ecken und Kanten. Nichts ist belangloser als eine Person, die ihre Grundsätze nicht vertritt. Einen Menschen, der wie ein Palmwedel hin und her weht, vergisst man schnell. Was soll man sich denn auch merken? Es gibt ja nichts Fassbares.

Der eigene Stil, die eigene Meinung, das Einmalige, Unverfälschte, das macht Menschen unverwechselbar und attraktiv.

Wer auf der Suche nach einem festen Partner ist, sollte schnell damit anfangen, sich nicht mehr verbiegen zu lassen. Denn die Liebe macht sowieso empfänglich für ungewollte Veränderungen und nie geahnte Anpassung. Doch wenn man eine Beziehung mit völliger Anpassung beginnt, ist sie schon zu Ende, bevor sie angefangen hat. Irgendwann muss man sein wahres Gesicht zeigen und dann geht sowieso alles in die Brüche. Denn der Partner hat sich ja in eine ganz andere Person verliebt.

Versuchen Sie, sich so zu lieben, wie Sie sind. Seien Sie nachgiebig mit Ihren Schwächen und beurteilen Sie Ihr Aussehen nicht nach den Maßstäben einer Modelagentur. Laut einer Umfrage einer großen Frauenzeitschrift finden sich 74 Prozent aller Frauen zu dick, 64 Prozent sind mit ihrer Frisur und 49 Prozent mit ihrer Kleidung unzufrieden. Sie sind also in guter Gesellschaft mit Ihren Zweifeln und Ihrer Unzufriedenheit. Hören Sie trotzdem auf damit!

SO LERNEN SIE, SICH ZU MÖGEN

Sehen Sie sich im Spiegel an. Kritisch. Entscheiden Sie sich für maximal drei Dinge, die Sie ändern möchten. Gewicht? Frisur? Frechere Kleidung? Fragen Sie eine Freundin um Rat, was Sie ändern könnten. Dann geben Sie Gas. Statt lange an sich herumzunörgeln, werden Sie sofort aktiv. Machen Sie einen Termin beim Friseur. Beginnen Sie mit einer Diät. Durchforsten Sie Ihren Kleiderschrank nach Kleidung, die Ihnen gefällt bzw. die Sie nie mehr anziehen. Misten Sie Ihren Kleiderschrank aus, dann gönnen Sie sich ein paar neue Teile oder lassen welche ändern.

Wenn Sie das alles geschafft haben, werden Sie sich wohler fühlen – garantiert! Und jeden Tag lernen Sie ein bisschen mehr, sich wieder selbst zu lieben, und andere werden es dann auch bald tun.

Ehrlich sein

Bea sitzt mit ihrer Freundin Ulrike in einem Café, als ein alter Bekannter von ihr vorbeikommt und sich zu ihnen setzt. Kurz darauf traut Bea ihren Ohren nicht. Ihre Freundin Ulrike, mit der sie schon die Schulbank gedrückt hat, ist plötzlich Abteilungsleiterin geworden. Unglaublich wichtig, unglaublich erfolgreich. Ulrike erzählt ausgiebig von ihrem großen Verantwortungsbereich und ihren vielfältigen Aufgaben. War Ulrike nicht gerade noch eine einfache Sachbearbeiterin?

Doch seit Patrick am Tisch sitzt, ist die Freundin auf der Karriereleiter drei Stufen nach oben geklettert.

Und es geht weiter. Aus der kleinen Zweizimmerwohnung wird ein großzügiges Terrassenstudio auf zwei Ebenen. Ob Ulrike mit den zwei Ebenen die zwei Stufen im Wohnzimmer meint, die ihr Bruder ihr vor zwei Jahren eingezogen hat, um das alte Ofenrohr zu verkleiden? Und die Terrasse muss der mickrige Balkon sein, über den Ulrike immer schimpft, weil sie nicht einmal zwei Stühle darauf unterbringen kann.

„Du, deine Freundin gefällt mir. Die hat es weit gebracht. Toll, so etwas bewundere ich ja", hört Bea am nächsten Abend, als Patrick sie anruft und um Ulrikes Handynummer bittet. Was nun? Ulrike druckst bei Bea nur noch verlegen herum. „Meine Güte, der Typ sah so klasse aus und mit einer einfachen Tippse wie mir hätte der sich doch gar nicht abgegeben", entschuldigt sie ihre Lügenshow. „Dich kennt er von früher. Aber mich hätte er garantiert keines Blickes gewürdigt."

Tut er jetzt auch nicht mehr. Denn als Patrick sie am Abend zum Essen abholen wollte, war sein Interesse schnell Geschichte. „Ich habe keine Lust auf diese Prahlerei", hat er Bea noch erzählt. „Ich mag keine Aufschneider."

Verena hat sich ebenfalls schon einmal dank einer Lüge eine Abfuhr geholt. Sie hat auf einer Tagung in einer Hotelbar Mark kennengelernt, einen Kollegen aus einer norddeutschen Filiale. Ein smarter Typ mit Cabrio und dem Hauch von Abenteuer. Verena ist alleinerziehende Mutter von zwei Kindern, die sie mit viel Mühe für die zwei Tage bei ihrer Mutter untergebracht hat. Der Kollege hat sie umschwärmt. Sie war hin und weg. Der Abend wurde zum romantischen Klassiker. Als sie sich näherkamen, wollte Mark wissen, ob Verena ungebunden sei. Sie hat genickt. „Ich dachte, ich könnte das später erklären. Ich wollte mir den Abend nicht vermiesen lassen", erklärt Verena ihre Notlüge.

Zwei Tage später bekam sie einen Anruf. Mark war am Telefon. Er wollte sie wiedersehen. Egal wo. Verena hatte am Telefon nicht den

Mut, ihm die Wahrheit zu sagen. Stattdessen hat sie ihn vertröstet. Sie hätte so viel zu tun und könnte nicht weg. Mark hatte es aber voll erwischt. Er stand am Samstagabend mit Blumen vor Verenas Tür und wollte sie zum Date entführen. Sie trug einen Jogginganzug und baute gerade mit ihren beiden Söhnen Legotürme auf. Bingo!

Mark ließ sich noch zu einer Cola auf dem Sofa überreden. Dann musste er überraschend eilig los. „Am nächsten Morgen habe ich ihn angerufen und versucht, meine Lüge zu erklären. Aber er hat nur gesagt, dass er kein Vertrauen mehr zu mir habe. Er sei schon von zu vielen Frauen angelogen worden. Ich habe nie mehr etwas von ihm gehört.“

Wer beim Kennenlernen schummelt, bekommt wie Verena und Ulrike schnell Probleme. Ob bei Freundschaft oder Liebe, die Wahrheit kommt schneller ans Licht, als man denkt.

Geschichten aus der riesengroßen Fantasiekiste kommen ebenfalls nicht gut an. „Gestern war ich in Berlin, und wer steht plötzlich an der Ampel neben mir: Brad Pitt! Wir sind dann auf die Schnelle einen Kaffee trinken gegangen!“ Wer damit um Aufmerksamkeit buhlen will, hat schlechte Chancen. Auch eine Konfektionsgröße 46 sollte so bleiben. Es bringt nichts, am Tisch zu tönen, dass man gerade ein Kleid Größe 40 trägt. Das glaubt sowieso keiner und man macht sich nur lächerlich. Und wenn jemand, der gerade arbeitslos geworden ist, als Kündigungsgrund vorschiebt, dass er dem Chef endlich mal die Meinung gesagt habe, stößt er damit nicht unbedingt auf Bewunderung. In den meisten Fällen erntet er nur großmütiges Schweigen. Besser und klarer ist das Eingeständnis: „Man hat mich gefeuert.“ Da reagiert jeder mit ehrlichem Bedauern.

Auf der anderen Seite ist es ganz natürlich, dass man sich bei einem Menschen erst einmal von seiner besten Seite zeigen möchte. Man sucht das schönste Outfit aus, wählt ein Gesprächsthema, bei dem man glänzen kann. Alles richtig. Niemand muss sich selbst klein reden. „Ich kann das eigentlich gar nicht richtig“ klingt nach großer Unsicherheit und muss nicht sein. Aber bei den Rahmenbedingungen muss man bei der Wahrheit bleiben. Zwischen „Ich wandere gern in den Bergen" und „Ich habe schon diverse Dreitausender erklommen" liegen nun einmal sportliche Welten. Klar kann man an einem Urlaubsort einer Zufallsbekanntschaft damit imponieren. Doch wer an längerfristige Freundschaften oder gar eine Liebesbeziehung denkt, sollte bei der Wahrheit bleiben.

Harmlose Schummeleien beim Alter nach unten und bei der PS-Zahl nach oben werden in der Regel gnädig verziehen. Man muss auch nicht jeden angedunkelten Fleck aus der Vergangenheit offenlegen. Auch Übertreibungen werden noch hingenommen. Auf Bemerkungen wie „Ich bin die Beste in unserer Abteilung" oder „In unserem Verein hat noch niemand so viele Punkte geholt wie ich" reagieren die meisten nur mit Kopfschütteln. Aber Fakten, die den Beruf betreffen, den Lebensstandard, Kinder ja oder nein, die sollten stimmen. Denn wenn es um unterschlagene Ehen oder Kinder geht, um Lügen über die Schulbildung und berufliche Position, fühlen sich die meisten Menschen verletzt und abgestoßen. Was dies betrifft, ist kaum jemand, der an einem anderen Menschen ein ehrliches Interesse hat, tolerant.

> Bleiben Sie bei der Wahrheit, sonst werden Sie in zwischenmenschlichen Beziehungen immer Probleme bekommen.

Nicht zuletzt spricht es sich herum, wenn jemand gerne die Wahrheit verdreht. Das macht im Freundeskreis schnell die Runde, und dann kann man erzählen, was man will. Es glaubt einem keiner mehr ein Wort. Deshalb: Bleiben Sie bei der Wahrheit, sonst werden Sie in zwischenmenschlichen Beziehungen immer Probleme bekommen.

Auf die Intuition vertrauen

Im Unterbewusstsein jedes Menschen befindet sich ein gewaltiger Wissens- und Erfahrungsschatz. Wir crleben, speichern, denken, ziehen Schlüsse, ohne dass wir es mitbekommen. Und plötzlich, ohne dass wir uns rational erklären können warum, beurteilen wir eine

Situation ganz anders als geplant. Vielfältige Informationen werden unterbewusst verarbeitet, Rückschlüsse abgeleitet.

Bauchgefühl ist diese Mischung aus instinktivem Erfassen, gefühlsmäßiger Ahnung und Empathie und wird aus dem ungeheuren Vorrat an abgespeicherter Erfahrung genährt. Deshalb haben manche Menschen ein verlässlicheres, andere ein weniger verlässliches Bauchgefühl. Ein erfahrener Geschäftsmann schließt das todsichere Geschäft nicht ab, weil sein Bauch ihm „sagt", er solle die Finger davon lassen. Seine Kollegen verstehen ihn nicht. Er kann es auch nicht erklären. Er spürt aber, es ist besser, sich nicht darauf einzulassen.

Genauso ist es in der Liebe. Als junger Mensch fällt man leichter auf den Falschen herein als in fortgeschrittenem Alter. Es sei denn, es fehlt die Erfahrung. Sigrid hat sich vor zwei Jahren, mit Anfang fünfzig, von ihrem Mann getrennt. Sie hatte ihren Gerd in der Schule kennen- und lieben gelernt, war dann vierunddreißig Jahre mit ihm verheiratet gewesen. Einen anderen Mann hat es in ihrem Leben nicht gegeben.

Vor einem Jahr hat sie eine Kontaktanzeige aufgegeben und sich mit fast einem Dutzend Männern getroffen. Schließlich hat sie sich für einen gutsituierten Kaufmann entschieden, der sofort mit zwei Koffern zu ihr gezogen ist. Nach zwei Monaten war der Mann wieder weg, ihre Sparbücher allerdings auch. Die hatte sie ihm gegeben, weil er eine schwerkranke Tochter hatte, für die er eine Behandlung in den USA bezahlen musste. Von der Reise kehrte er allerdings nicht zu Sigrid zurück. Einen Monat hat sie ihm hinterher telefoniert. Dann musste sie erfahren, dass er zu einer anderen Frau gezogen war und gar keine Tochter hat. Sigrid ist aus allen Wolken gefallen. Ihre beiden erwachsenen Kinder wollten den Mann anzeigen, doch Sigrid hat ihnen das ausgeredet. Sie schämt sich. Warum hat sie nicht gemerkt, dass es ein Betrüger war? „Mir fehlte schlichtweg die Erfahrung, so einen Menschen und sein Verhalten richtig wahrnehmen zu können. Ich hatte doch bis dahin nur einen Mann, mit dem ich mich näher beschäftigen musste: meinen Ehemann. Frank habe ich jedes Wort glauben können. Ich wusste gar nicht, dass man auch angelogen werden kann."

Man fällt auf falsche Freunde herein. Man verliebt sich in den falschen Mann. Stimmt, das kann einem mit fünfzehn und mit fünfundvierzig passieren. Aber im Laufe der Jahre und einige Beziehungen weiter erkennt man schneller, ob etwas nicht richtig läuft, ob jemand sich nicht stimmig verhält oder welchen Wahrheitsgehalt die Geschichten haben. Das Unterbewusstsein meldet sich mit seinem Erfahrungsschatz im fortgeschrittenen Lebensalter häufiger als in jungen Jahren. Es bremst Verstand und Gefühle aus. „Aufpassen! Alarmleuchte an! Jetzt geht es dir an den Kragen!" warnt es uns. Und wenn wir klug sind, hören wir darauf. Das heißt nicht, dass wir uns von Menschen und Beziehungen sofort lösen müssen. Es bedeutet aber, wir sollten unsere Augen und Ohren offen halten, Dinge hinterfragen und uns einfach skeptisch verhalten.

Test: Wie gut ist Ihre Intuition?

Träumen Sie häufig schlecht? Und wenn ja, erinnern Sie sich an das, was Sie geträumt haben?	
Ich habe nie schlimme Träume. Ich schlafe immer ruhig und friedlich.	2 P
Ja. Ich bin morgens oft ganz aufgewühlt, so fesseln mich meine Träume.	4 P
Ich weiß nicht, ich erinnere mich nur selten an Träume.	0 P
Sie arbeiten konzentriert. Plötzlich fühlen Sie sich unwohl und haben das Gefühl, es könnte etwas mit Ihrer Mutter sein. Rufen Sie sie an?	
Natürlich, sonst finde ich den ganzen Tag keine Ruhe mehr.	4 P
Nein, ich schneide solche Gedanken ab und beunruhige mich nicht mehr damit.	2 P
Ich habe nie solche Fantasien. Ich bin zu sehr Realistin.	0 P
Ihre Arbeitskollegin wirkt bedrückt. Suchen Sie ein Gespräch?	
Natürlich, ich will doch wissen, ob ich ihr helfen kann.	4 P
Ich überlege, was es sein könnte, und nehme mir vor, sie bei nächster Gelegenheit danach zu fragen.	2 P
Ich habe zu viele eigene Sorgen und wäre ihr eine schlechte Ratgeberin.	0 P

Sie treffen sich mit einem befreundeten Ehepaar. Bekommen Sie es mit, wenn die beiden kurz vorher einen Streit hatten?	
Garantiert. Man merkt das sofort an der Art, wie sie miteinander sprechen.	4 P
Wenn sie gut schauspielern, können sie das vor mir geheim halten.	2 P
Das geht mich nichts an. Hauptsache, wir haben einen schönen Abend.	0 P
Sie können im Job ein tolles Geschäft abschließen, aber Ihr Bauchgefühl warnt Sie. Wie entscheiden Sie?	
Ich höre auf meinen Bauch. Er täuscht mich selten.	4 P
Ich überprüfe noch einmal die Zahlen. Im Geschäftsleben gibt es klare Kriterien, nach denen entschieden werden muss.	0 P
Ich stelle die Entscheidung zurück und bespreche sie mit einem Menschen, dessen Rat mir wichtig ist.	2 P
Ihre Tochter stellt Ihnen ihren neuen Freund vor. Sie ist begeistert von dem jungen Mann. Wie reagieren Sie?	
Ich weiß nach einem gemeinsamen Abend, ob er zu ihr passt.	4 P
Sie muss entscheiden, mit wem sie glücklich wird. Aus solchen Entscheidungen halte ich mich heraus.	0 P
Ich stelle ihm konkrete Fragen nach seiner Familie, seinem Beruf, seinen Hobbys. Dann kann ich einschätzen, ob sie den Richtigen hat.	2 P

Auswertung

Mehr als 17 Punkte: Sehr gute Intuition

Auf Ihre innere Stimme können Sie sich verlassen, sie hat Sie bislang gut durchs Leben geführt. Mit Ihrer ausgesprochen guten Intuition erspüren Sie schnell, was um Sie herum passiert. Sie sind sehr empathisch und nehmen Menschen und Situationen viel sensibler auf als die meisten anderen. Das ist bei der Partnerwahl sehr hilfreich denn es erspart Ihnen zwar keine Ernüchterungen, wohl aber Enttäuschungen.

9 bis 16 Punkte: Mittlere Intuition
Sie vertrauen eher Ihrem Kopf als Ihrem Bauch. Deshalb fühlen Sie sich bei Entscheidungen oft hin- und hergerissen und wirken nach außen oft unentschlossen. Einen möglichen Partner lassen Sie gern zappeln, dadurch haben Sie schon manche gute Chance, einen Mann näher kennenzulernen, vermasselt. Intuition kann man trainieren. Hören Sie ruhig öfter auf Ihren Bauch, er funktioniert schon recht gut. Mit der Zeit werden Sie immer treffsicherer.

Weniger als 9 Punkte: Keine Intuition
Für Sie gibt es keine innere Stimme. Wenn sie sich meldet, wollen Sie das gar nicht wissen. Was der Kopf sagt, das zählt. Mit großer Sachlichkeit beurteilen Sie Menschen und deren Verhalten. Im Prinzip ist das auch nicht verkehrt, aber Sie haken dadurch auch schneller Menschen ab, die vielleicht doch ganz gut zu Ihnen passen könnten. Sie haben mehr Chancen, wenn Sie auf Kopf und Bauch hören. Gemeinsam sind die beiden ein unschlagbares Team und können Sie schneller zum Glück führen.

DATING-KNIGGE

Auf der Suche nach dem großen Glück sollten Sie ein paar Spielregeln beherzigen. Wie beim Vorstellungsgespräch in einer Firma oder beim Abendessen in einem Luxusrestaurant gibt es auch bei der Partnersuche feste Regeln. Wenn Sie diese einhalten, werden Sie sich negative Erfahrungen ersparen, eine schöne Zeit haben und mit etwas Glück erfolgreich sein.

Hier können Sie den Mann fürs Leben finden

Sie fühlen sich gut, Sie sind zufrieden mit sich. Warten Sie jetzt nicht darauf, „gefunden" zu werden, sondern werden Sie selbst aktiv. Die Möglichkeiten sind vielfältig. Hier stelle ich Ihnen die erfolgversprechendsten vor.

Internet
Wer heute einen Partner sucht, kann es sich leicht machen. Man muss nicht einmal vor die Tür gehen, sondern kann sich ganz bequem vom Sofa aus nach dem Richtigen umschauen. Das Internet macht's möglich. Rund 10 Millionen Singles suchen im Netz nach einem Partner, das sind zwei Drittel aller Alleinlebenden. Online-Dating ist die

flexibelste Art der Partnersuche. Man ist zeitlich offen, geografisch unbegrenzt und erweitert seinen Suchradius über den Freundes- und beruflichen Kreis hinaus.

Ideal ist die Online-Suche zum Beispiel für alle, die zeitlich stark eingebunden sind. Wenn Sie einen anstrengenden Job haben, gehen Sie höchstens am Wochenende aus. Ins Internet können Sie aber auch noch am Montagabend um 22 Uhr gehen und dort Ausschau nach dem Richtigen halten. Bei Regen und Hagelschauer, wenn sich niemand mehr auf die Straße traut, haben Sie gute Chancen, im Internet auf einen Gleichgesinnten zu treffen. Ohne zu frieren oder nasse Füße zu bekommen.

Im Internet können Sie jederzeit und anonym Ausschau nach einem Partner halten.

Aber auch für Mütter, die wegen ihrer Kinder zu Hause angebunden sind, oder für ältere Frauen, die sich auf Männersuche in Bars und Lokalen nicht mehr sonderlich wohl fühlen, ist die Suche im Netz prima. Zumal Sie hier recht anonym suchen können. Denn gerade Frauen schämen sich häufig, offen zu gestehen, dass sie auf Partnersuche sind. Im Internet können Sie relativ unerkannt Ausschau nach einem Partner halten.

Wenn Sie bereit sind, bei einer Partnerbörse einen Einstiegspreis zu zahlen, erhöht dies die Chance, im Netz auf ernsthaft interessierte Männer zu treffen. Bei diesen Anbietern tummeln sich meist weniger Männer, die nur auf einen Flirt aus sind.

Doch ohne Engagement funktioniert auch die Partnersuche per Internet nicht. So müssen Sie sich am Anfang etwas Zeit nehmen, um sich selbst zu beschreiben und um Ihre Suchkriterien abzugleichen. Danach bekommen Sie die Kontaktdaten von Partnern, die – von einem Computerprogramm ermittelt – am besten zu Ihnen passen könnten. Die Suche lässt sich räumlich eingrenzen, von weltweit bis hin zu einem geringen Radius um den eigenen Wohnort.

Wenn Sie die Suche nicht regional begrenzt haben, bekommen Sie bei Partnerbörsen in der Regel mehrere hundert Männer vorgeschlagen, die anhand Ihrer Angaben zu Ihnen passen könnten. So viele

Männer, mit denen Sie sofort Kontakt aufnehmen können. Irgendwo in Ihrer Stadt, in Ihrem Land, auf Ihrem Kontinent. Das klingt so unglaublich vielversprechend, dass man sofort Lust bekommt, die vielen Angebote zu studieren. Sie können sich wegträumen, in die Arme eines Fallschirmspringers aus Stuttgart oder in die eines Arztes mit vier Kindern, der leidenschaftlich gern Rad fährt. Sie können sich überlegen, ob Sie mit der Macke „Leguan als Haustier" umgehen möchten oder bereit sind, mit einem begeisterten Segler Kap Horn zu umfahren. Sie müssen sich nicht zurechtmachen, sondern können bequem zu Hause in den Profilen stöbern, darüber nachdenken, Ihre Freundin fragen und – sollte Ihnen etwas nicht passen – das Profil einfach wegklicken und das nächste prüfen.

Außerdem sparen Sie Geld. Keine teuren Abendessen mit der Freundin, keine teuren Cocktails in der Bar. Es kostet höchstens eine Anmeldegebühr. Dazu kommt die Ablenkung, vielleicht auch Aufregung, wenn Sie sich schon morgens neugierig fragen, ob „er" geschrieben hat.

Doch Achtung: Sie müssen genau hinsehen, was Sie anklicken. Es gibt Single- und Kontaktbörsen, Flirt- und Dating-Netze, bei denen es eher darum geht, Kontakte aufzubauen und auf die nächste Party nicht allein gehen zu müssen. Daneben geht es den Mitgliedern von Partnerschaftsagenturen um eine dauerhafte Beziehung. Die Stiftung Warentest hat das Angebot getestet. Unter www.test.de/Partnerboersen finden Sie die Ergebnisse.

Die Vorgehensweise ist bei allen weitestgehend gleich. Benutzer machen online einen kostenlosen wissenschaftlich konzipierten Persönlichkeitstest. Danach vergleicht das System (Matching) das angelegte Persönlichkeitsprofil mit den bereits vorhandenen und zeigt Partnervorschläge an. Zudem bieten die großen Online-Börsen telefonische Beratung, Blogs, Ratgeber, Buch- und TV-Tipps etc.

Testsieger 2013 ist Parship, eine seriöse Onlinevermittlung mit mehr als 1 Million registrierter Singles. Parship richtet sich konsequent an Singles mit gehobenem Bildungs- und Einkommensniveau und festen Absichten. Diese klare Ausrichtung auf längerfristige Beziehungen beschert Parship laut einer Mitgliederbefragung eine Vermittlungsquote von 38 Prozent. Mitglieder bezahlen ab 24,90 Euro pro Monat. Wichtig: Es gibt eine App für mobile Endgeräte.

Ebenfalls empfehlenswert ist ElitePartner, die mit 100 Prozent handgeprüften Profilen und hohem Datenschutz werben. Drei Millionen niveauvolle Mitglieder, viele mit Hochschulabschluss, sind hier auf der Suche nach einer festen Beziehung. ElitePartner gibt eine Kontaktgarantie, ansonsten verlängert sich die Mitgliedshaft kostenlos und automatisch. Gebühr: ebenfalls ab 24,90 Euro pro Monat.

**Mein Rat:
Es lohnt sich, etwas Geld zu investieren!**

Weitere Marktführer sind eDarling und Be2. eDarling gilt als besonders benutzerfreundlich. Mit einem Durchschnittsalter von sechsunddreißig Jahren sind die 1,5 Millionen Mitglieder recht jung. Gebühr: ab 19,90 im Monat. Be2 hat mehr als 19 Millionen Mitglieder und richtet sich an jedermann. Kosten: ab 19,99 Euro monatlich.

Der preisgünstigste Anbieter mit einem wissenschaftlichen Persönlichkeitstest ist Partner.de mit 9,90 Euro pro Monat. Mein Rat: Es lohnt sich, etwas Geld zu investieren! Denn Sie bekommen schon wenige Minuten nach der Anmeldung und dem abgeschlossenen Testverfahren „Ihre" Partner-Vorschläge zum Stöbern, Lesen, Träumen, vielleicht auch schon zum Kennenlernen. Eben noch allein, haben Sie es jetzt Schwarz auf Weiß, dass sage und schreibe 1.243 Partner zu Ihnen passen. Na, das macht doch Mut, nicht wahr?

REGELN FÜR DIE PARTNERSUCHE IM INTERNET

Höflich sein! Im Internet ist man anonym. Das verführt viele Menschen dazu, nicht einmal die Grundregeln der Höflichkeit einzuhalten. Deshalb gilt: Schreiben Sie freundlich, ob es um eine Kontaktaufnahmen oder um eine Absage geht.

Dem Gegenüber nicht zu viel anvertrauen! Viele Menschen freuen sich über die Aufmerksamkeit eines Menschen, auch wenn sie ihn nur per Internet kennen. In ihrer Euphorie geben sie allerdings zu viel von sich preis. Man redet über den Seelenschmerz beim Tod der Mutter, die Freude bei der Geburt des Kindes oder – ganz schlimm – die Streitigkeiten mit dem Ex. „Du kannst dir ja gar nicht vorstellen, wie furchtbar er war ..." Tipp: Stellen Sie sich immer vor, Sie säßen mit Ihrem E-Mail-Partner an einem Tisch. Würden Sie ihm dann auch Ihr ganzes Leben anvertrauen? Garantiert nicht. Also, nicht so schnell vertraut werden, und schon gar nicht, bevor Sie Ihr Gegenüber persönlich kennengelernt haben.

Abweisung nicht persönlich nehmen! Sie haben jemanden angeschrieben und es kommt keine Antwort. Natürlich ist das verletzend. Es ist auch kränkend, wenn man plötzlich gelöscht wird oder eine kurze Absage bekommt: „Sie sind nicht mein Typ!" Dann ist das Profil des Wunschpartners gelöscht und man kann sich noch nicht einmal für die Boshaftigkeit rächen. Man muss schlucken und das nicht so selten. Bitte beziehen Sie es niemals auf sich selbst, wenn Ihr Gegenüber unhöflich ist, wenn er abweisend oder überhaupt nicht auf Ihre Anfrage reagiert. Er kennt Sie nicht und urteilt nur aufgrund dessen, was er gelesen hat. Dann passt es eben nicht. Absagen gehören nun mal zu den unangenehmen Nebenwirkungen bei der Partnersuche im Netz.

So schreiben Sie ein richtiges Profil

Nehmen Sie sich Zeit. Es sind nur ein paar Sätze, aber sie verraten ganz viel über Sie. Deshalb sollten Sie nicht kurz vor Mitternacht schnell etwas herunterrattern, sondern sich Zeit für das Ausfüllen nehmen. Schön wäre es auch, wenn Sie eine Freundin oder Ihre Tochter bitten, Ihre Antworten einmal durchzulesen. Denn das, was Sie schreiben, kann von einem Außenstehenden ganz anders verstanden werden, als Sie es gemeint haben. Ein unabhängiger Leser ist deshalb hilfreich.

Schreiben Sie möglichst spannend. „Ich fahre gern Fahrrad und liebe die Nordsee!" ist korrekt, aber langweilig. Besser: „Salzige Meeresluft auf der Haut, der Nordseewind im Haar und eine tosende Brandung im Ohr. Das sind die Augenblicke, in denen ich rundherum glücklich bin!"

Bleiben Sie unbedingt bei individuellen Aussagen und verzichten Sie auf Allgemeinplätze wie „Ich bin gern glücklich!" Beschreiben Sie konkret, was Sie begeistert, was Sie gern tun und mögen. Sie können die Frage, wie Ihr schönstes Wochenende aussähe, so beantworten: „Morgens lese ich Zeitung, dann fahre ich zu meiner Mutter, dann esse ich eine Kleinigkeit und danach besuche ich meine Tochter." Klingt aufregend, nicht wahr? Oder so: „Mit Barack Obama über Politik reden und mit Boris Becker ein Tennis-Match wagen. Am Wochenende sprudele ich über vor Tatendrang und guten Ideen. Mich hält nichts in der Wohnung. Ich möchte jede Minute genießen."

Und auch wenn es um die beliebte Frage nach Ihren Träumen geht, werden Sie erfinderisch. Schildern Sie, wovon Sie schon als Kind geträumt haben und wovon als Jugendliche. Und dann wovon Sie heute träumen. Hüten Sie sich vor Floskeln: „Mit einem Partner schöne Stunden zu verleben." Das schreibt nahezu jeder zweite. Besser: „Endlich ein Ziel zu haben: Dich verwöhnen!" Oder verraten Sie, wovon Sie ganz konkret träumen: „Von einem Tango-Kurs in Buenos Aires, einer Finca auf Mallorca und endlich Zeit für einen kleinen Hund zu haben."

Je konkreter Sie Ihre Träume angeben, desto lebendiger wirken Sie. Der Leser wird zumindest neugierig, aufmerksam und ist interessiert, mehr von Ihnen zu erfahren. Stellen Sie sich einfach vor, wie ermüdend es ist, wenn Sie zehn Profile lesen und fast alle die identischen Antworten geben: „Was macht Sie glücklich? – Ein Tag am

Meer." „Worauf freuen Sie sich am meisten? – Dass meine Partnerin mich liebt!" „Was möchten Sie in fünf Jahren tun? – Mit meinem Partner zusammen sein!"

Versuchen Sie in jede Antwort Ihre Persönlichkeit mit einfließen zu lassen. So bekommt derjenige, der liest, einen viel besseren Eindruck. Dazu stellen Sie sich die sechs W-Fragen: Wo? Wer? Was? Wann? Warum? Diese beantworten Sie eindeutig. Wo? – Am Meer. Was? – Am Strand spazieren gehen. Wann? – Abends. Warum? – Weil ich dann das salzige Wasser auf meiner Haut spüre und die Brandung hören kann. Dann fühle ich mich, als ob alle meine Sorgen aus mir herausgespült werden."

Auch auf die Frage „Wann waren Sie zuletzt glücklich?" antworten Sie ganz konkret, indem Sie die Situation schildern, und zwar so, dass derjenige, der es liest, sich dieses Glück vorstellen kann. „Als ich im letzten Jahr die Abiturfeier meines Sohnes erleben durfte, viele seiner Freunde mich umarmten und Danke sagten und ein Lehrer mir zu diesem Kind gratulierte."

„Ich mag nicht ..." Jetzt seien Sie ehrlich. Schreiben Sie, was Sie aus der Haut fahren lässt. Aber Sie wissen ja: Schildern Sie konkrete Situationen, vielleicht ein Erlebnis, das Ihnen noch im Kopf ist. „Als mein Hund sich an einer Hauptverkehrsstraße losgerissen hat und mir niemand geholfen hat, ihn festzuhalten. Zum Glück ging alles gut." Oder: „Als meine Tochter im Winter nicht ins Haus konnte und kein Nachbar ihr seine Hilfe angeboten hat."

Grundsätzlich gilt:
1. Schildern Sie immer konkrete Gegebenheiten. Das ist spannend zu lesen und gibt Aufschluss über Sie.
2. Beantworten Sie alle Fragen, sonst bringen Sie den Lesenden zum Grübeln. Warum schreibt sie hier nichts? Ach ja, sie weiß nicht, wann Sie glücklich war. Oder es ist eine ganz Hundertprozentige, die erst überlegen muss, wann sie glücklich war. Nee, das passt nicht!

3. Achten Sie auf die Rechtschreibung. Rechtschreibfehler zeugen von Flüchtigkeit oder mangelnder Kenntnis, und das kommt nicht gut an. Wer ernsthaft einen Partner sucht, sollte sich die Zeit nehmen, korrekte Sätze zu schreiben. Deshalb: Korrigieren Sie alle Texte, bevor Sie sie wegschicken, vorher lassen Sie sie am besten ein paar Stunden liegen.
4. Suchen Sie sich Vorbilder! Lesen Sie andere Profile und achten Sie darauf, was Ihnen am besten gefällt. So bekommen Sie Anregungen, wie Sie es besser und interessanter schreiben können.

Das richtige Foto
Ein Bild sagt mehr als tausend Worte, deshalb sollten Sie sich Mühe bei der Auswahl geben. Ein Urlaubsfoto vom letzten Spanien-Urlaub oder ein Schnappschuss von der Familienfeier? Lieber nicht, denn es geht ja um einiges. Sie suchen den Partner fürs Leben und gerade im Internet zählt der erste Eindruck über das Foto. Ein falsches Bild im Netz und Sie werden blitzschnell wieder weggeklickt. Ein gutes Foto erhöht Ihre Chancen. Deshalb lassen Sie sich Zeit und überlegen Sie in Ruhe, wie Sie an gute Bilder kommen. Es kann eine Freundin auf den Auslöser drücken, aber auch ein Gang zum Fotografen ist sinnvoll.

Zudem ist es wichtig, wie Sie sich darstellen. Zeigen Sie sich so, wie es Sie am besten trifft. Was bringt es, wenn Sie ein Starfoto à la Hollywood ins Netz stellen? Das erste Treffen bringt die Wahrheit ans Licht. Wählen Sie ein Foto, auf dem Sie sich gern sehen. Fragen Sie auch eine Freundin, ob das Foto Sie wiedergibt.

Wenn Sie das Foto dann eingestellt haben, sollten Sie es nicht für jeden sichtbar machen. Sie können wählen, wann Sie es für wen freigeben, in der Regel wird das bei einem Mailkontakt sein.

ZEHN TIPPS FÜR DIE FOTOAUSWAHL

1. Kinder, Tiere, andere Menschen haben auf dem Foto nichts zu suchen.
2. Verwenden Sie keine Accessoires wie Hüte, Mützen, Tücher, Sonnenbrillen. Das geht höchstens, wenn Sie mehrere Fotos ins Netz stellen.
3. Wählen Sie keine Ausschnittfotos, auf denen man erkennt, dass eine andere Person weggeschnitten worden ist. Denn dies regt die Fantasie an: War es die Ex-Frau, die Freundin etc.
4. Ein Urlaubsfoto mit dem Eiffelturm im Hintergrund ist ungeeignet. Es geht um Sie!
5. Nehmen Sie keine alten Fotos. Schummeln Sie nicht mit dem Alter, indem Sie ein Jugendfoto verwenden. Spätestens beim ersten Treffen fliegt Ihre Schummelei auf.
6. Vermeiden Sie Missverständnisse: Ein Foto von Ihnen in aufreizender Kleidung oder auf dem Bett wird falsch interpretiert. Wer sich so präsentiert, muss sich nicht wundern, wenn er anzügliche Reaktionen bekommt.
7. Achten Sie auf den Gesamteindruck. Im Hintergrund eine unaufgeräumte Wohnung, eine leere Flasche Wein und schmutzige Teller? Solche Schnappschüsse wecken keine Sympathien.
8. Machen Sie sich zurecht. Er soll mich so nehmen, wie ich bin. Richtig. Aber trotzdem können Sie sich für den ersten Eindruck von Ihrer besten Seite zeigen. Haare, Kleidung, Make-up – das sollte passen und Frische und Gepflegtsein vermitteln. Für ein Foto sollte man sich schön machen. Dass Sie so nicht zu Bett gehen, kann sich jeder Mann denken.
9. Verwenden Sie keine Selbstporträts. Solche Aufnahmen sind nie vorteilhaft. Sie wirken darauf angespannt und verkrampft. Vergessen Sie nie: Der Mann, der Ihr Profil sieht, hat Sie noch nie gesehen. Machen Sie es ihm nicht so schwer.
10. Ideal sind drei Fotos. Ein Porträt, dazu zwei Bilder in unterschiedlichen Situationen: eins in der Freizeit, eins im Job. Mit drei ausdrucksstarken Bildern hat man einen Eindruck von Ihnen.

So schreiben Sie die erste Mail

Die erste Mail ist immer eine Hürde. Sie signalisieren damit, dass Sie Interesse an dem anderen haben. Dieser erste Schritt aus dem Schneckenhäuschen ist mit Unsicherheit und Überwindung verbunden. Denn Sie geben zu erkennen: Du sprichst mich an. Du könntest mir gefallen.

Aber einen Partner zu finden gelingt in der Regel nicht, ohne ein paar Hürden zu überwinden. Fangen Sie also am besten gleich damit an. Sie wissen nicht, was Sie schreiben sollen? Es ist ganz einfach. Lesen Sie sich das Profil genau durch und schreiben Sie dann, was Ihnen daran besonders gefällt. Bauen Sie ein paar Fragen ein. Dann machen Sie es dem anderen leicht, darauf zu reagieren.

Schreiben Sie auch ein bisschen von sich. Allerdings reichen ein paar Einblicke in Ihr Leben, die sich vielleicht auch auf Gemeinsamkeiten beziehen. Wenn der andere gern Tennis spielt oder eine Leseratte ist – steigen Sie darauf ein. Dann werden Sie schnell ein paar Sätze formuliert haben.

Ob Sie jemanden duzen oder sie-zen hängt davon ab, wie Sie sich im Alltag verhalten. Das Internet ist insgesamt recht informell. Das Du in der Regel in Ordnung. Vermeiden Sie allerdings flapsige Anreden wie „Hey, Hinterwälder" oder „Na, Sie Romantikfan". Es ist netter, wenn man mit einem neutralen Hallo einsteigt.

> Trotz der Anonymität: Nehmen Sie den Menschen ernst, der hinter einer Anzeige oder Anfrage steckt, und begegnen Sie ihm höflich.

Bei der ersten E-Mail geben Sie am besten auch Ihr Foto frei, dann kann der andere entsprechend reagieren. Wenn man sich erst lange hin und her schreibt und der Kontakt nach der Fotofreigabe plötzlich einschläft, ist es viel verletzender.

Lesen Sie die Antwortmail, ohne viel hineinzudeuten. Denken Sie daran, dass der andere vielleicht müde und abgespannt ist und sich nicht stundenlang auf ein paar Zeilen konzentriert hat. Gefällt Ihnen Ausdruck und Ton, antworten Sie. Wenn nicht, antworten Sie bitte auch. Eine Mail zu ignorieren ist verletzend und Sie möchten das umgekehrt auch nicht. Nehmen Sie den Menschen ernst, der hinter einer Anzeige oder Anfrage steckt.

Die Anonymität des Internets verleitet leider viel zu viele Menschen dazu, die Grundregeln des höflichen Miteinanders zu vernachlässigen. Zu denen gehören Sie nicht. Schreiben Sie grundsätzlich eine kurze Begründung, warum Sie den Kontakt nicht weiterführen möchten. Seien Sie dabei offen, ohne verletzend zu werden. „Ich habe einen anderen Typ Mann im Kopf" oder „Unsere Interessen gehen doch zu weit auseinander" oder „Im Moment bin ich an diesem Kontakt nicht interessiert, weil ich einen anderen intensiv verfolge". Vergessen Sie dabei nicht, dem anderen weiterhin viel Glück für die Partnersuche zu wünschen. Ein netter Umgang tut gut.

Umgekehrt nehmen Sie Absagen nicht persönlich. Man kennt Sie nicht, hat nur ein paar Daten und eventuell ein Foto gesehen. Oft handeln Menschen auch aus einer Laune heraus oder weil sie glauben, gerade den richtigen Partner gefunden zu haben. Es muss nichts mit Ihnen zu tun haben. Und außerdem können Sie nicht jedem gefallen.

Schnell antworten

Das Internet ist ein schnelles Medium und Sie sollten das Tempo auch für sich nutzen. Haben Sie auf Facebook einen alten Jugendfreund entdeckt? Finden Sie das Foto eines Mannes, der Ihr Hobby teilt, besonders ansprechend? Dann schreiben Sie sofort! Und beantworten Sie umgekehrt Anschreiben möglichst genauso unverzüglich.

Wenn Sie sich sympathisch sind, sollten Sie schnell zum Telefonieren übergehen. Denn am Telefon ist mehr Nähe und Austausch möglich als am PC. Man hört die Stimme und kann auf spontane Reaktionen eingehen. Man hört Spritzigkeit und Temperament heraus oder merkt schnell, dass man sich eigentlich gar nichts zu sagen hat. Oder Sie haben jemanden in der Leitung, der Sie belehrt oder kritisiert. Beides ist selbstverständlich tabu in einem ersten Telefonat. Aber auch, wenn das Gespräch wunderbar verläuft, Sie sich die Sätze wie

Ping-Pong-Bälle zuwerfen – ob die Chemie wirklich stimmt und die Funken sprühen, kann nur eine persönliche Begegnung klären.

Auch dafür gilt: Verlieren Sie keine unnötige Zeit. Wenn das Telefonat klappt, zögern Sie nicht und schlagen Sie ein Treffen vor. Seien Sie aber nicht verletzt, wenn Sie sich eine Absage einhandeln. „Ich kann im Moment meine Termine nicht überblicken. Ich melde mich noch einmal bei Ihnen!" ist eine beliebte Ausrede, wenn das Interesse einseitig ist. Nehmen Sie es hin. Der Richtige wartet bereits irgendwo auf Sie.

Kontaktanzeige

„Nach großer Enttäuschung suche ich (55, mollig und traurig) einen Mann, der mich wieder zum Lachen bringt. Haus und Auto erwünscht."

Wer hat nicht schon mal in den wöchentlich erscheinenden Bekanntschaftsanzeigen der Tageszeitungen geschnüffelt. Bis heute erfreuen sich Kontaktanzeigen einer großen Beliebtheit, sie trotzen erfolgreich dem allmächtigen Internet.

Die Vorteile sind klar: Man sucht ganz gezielt und häufig auch regional begrenzt nach der Liebe und wenn man selbst die Anzeige aufgegeben hat, kann man in Ruhe die nach und nach eintrudelnden Zuschriften prüfen und auf sich wirken lassen. Man bleibt so lange anonym, wie man es möchte. Man muss nur reagieren, wenn einem die Zuschrift gefällt. Wer noch um ein Foto bittet, kann sich aus der Anonymität heraus auch optisch einen Eindruck vom Traumprinzen machen.

Was spricht dagegen? Eigentlich drohen die gleichen Gefahren wie beim Internet: Man kann auf Lügner und Betrüger hereinfallen. Zudem ist die Formulierung der Anzeige hier noch wichtiger.

Fünf Tipps, wie Sie richtig formulieren:

1. Ein origineller Einstieg macht auf Sie aufmerksam. Statt des gängigen „Wassermannfrau sucht ihren Löwen" können Sie einen pfiffigeren Einstieg wählen. „Wer zeigt mir die neue Richter-Ausstellung in Berlin?" ist ein netter Anfang. Auch ein Satz wie „Welcher Italienfan möchte mit mir in Erinnerungen schwelgen?" kann Interesse erwecken.

2. Wählen Sie knappe und kurze Formulierungen. Am besten steigen Sie mit einer Aufzählung Ihrer positiven Eigenschaften ein.
3. Nennen Sie grundsätzlich Ihren Bildungsgrad und Ihr familiäres Umfeld.
4. Schildern Sie konkrete Wünsche an den Traumpartner. Sehr wichtig sind Alter und Größe.
5. Schließen Sie mit einem humorvollen Satz.

Das Ergebnis könnte folgendermaßen aussehen:

„Herrchen oder Hundeschule? Humorvolle, reiselustige und kunstinteressierte Lehrerin (48, schlank) mit halbwüchsigem Sohn sucht gleichaltrigen gebildeten, sportlichen und fröhlichen Mann, der Spaß daran hätte, mit ihr den gerade angeschafften Labrador Oscar zu erziehen."

VORSICHT BEI FOLGENDEN FORMULIERUNGEN:

- **Großzügiger Herr.** Er ist bereit zu zahlen, auch für die Liebe.
- **Sie sollte freizügig und tolerant sein.** Es geht nur um ein Abenteuer und vermutlich auch um ungewöhnliche Sex-Praktiken.
- **Ich wünsche mir eine gehorsame bzw. strenge Partnerin.** Hinweis auf sadomasochistische Vorlieben.
- **Meine Traumpartnerin ist ungebunden.** Sie soll keine Kinder haben.
- **Ich habe Tagesfreizeit.** Hier ist ein verheirateter Mann auf der Suche nach einem Abenteuer.
- **Materielle Interessen sollten nicht im Vordergrund stehen.** Jemand ohne Geld hofft auf seine Traumfrau.

Partneragenturen

Früher nannten sie sich Eheanbahnungsinstitute, heute heißen sie Ehe- und Partnervermittlungen. Per Karteikarte oder auch Videobotschaft soll Herz zu Herz finden. Das Internet hat vielen Partnerschaftsvermittlungen arg zugesetzt. Statt sich für viel Geld an einen professionellen Vermittler zu wenden, versuchen Partnersuchende es im Internet selbst. Mittlerweile konnten sich Partnerschaftsvermittlungen aber wieder Marktanteile zurückerobern. Es ist zwar teurer, sich beraten zu lassen, als auf eigene Faust im Internet zu stöbern. Doch es hat auch Vorteile, die Suche in professionelle Hände zu geben.

Im Internet müssen Sie selbst die Spreu vom Weizen trennen. Das kostet Zeit und auch Mühe. In einer Partneragentur zahlen Sie dafür, dass Sie nur mit den Menschen zusammentreffen, die auch wirklich das sind, was sie vorgeben zu sein. Im Klartext: Betrüger und Hochstapler werden herausgefiltert. Sie müssen nicht mehr kontrollieren. Das hat bereits die Agentur für Sie gemacht. Ihnen werden ausgewählte Partner vorgeschlagen, die Ihren Anforderungen entsprechen.

Seien Sie aber vorsichtig bei der Auswahl einer Agentur. In der Branche sind viele schwarze Schafe unterwegs, denn um eine Partneragentur zu eröffnen, genügt ein Gewerbeschein. Es lockt ein Milliardengeschäft. Die Kosten für eine Mitgliedschaft liegen häufig bei mehreren tausend Euro. Leider versuchen einige Agenturen mit miesen Tricks Kunden zu gewinnen. In Zeitungsanzeigen locken sie mit Fotos hübscher Frauen und smarter Herren. Natürlich sind diese vergeben, wenn man bei der Agentur nachfragt. Doch gleich werden neue Kontakte versprochen, aber erst muss der Vertrag unterschrieben und Vorkasse geleistet werden.

Ein seriöses Institut gibt Interessenten Zeit, sich den Vertrag in Ruhe anzuschauen und händigt auch eine Kopie des Suchprofils aus. Wer eine verlässliche Agentur sucht, kann sich beim Gesamtverband der Ehe- und Partnervermittlungen informieren (www.g-d-e.de).

Volkshochschule

Volkshochschulen gelten als heimliche Partner-Pools. Egal ob Sie sich für einen Kurs über die italienische Küche einschreiben oder für ein Schriftsteller-Wochenend-Seminar, Volkshochschulen sind ein Single-Dorado. Die Stimmung ist meistens locker. Oft gehört es zum Stil, sich gleich zu duzen. Die Kontakte sind von Anfang an intensiv, weil die Gruppen klein und auf regelmäßige Zusammenkünfte ausgelegt sind. Man sieht sich also in spätestens einer Woche wieder. Die Kurszeiten sind in der Regel flirtfreundlich, häufig ist um 21 Uhr Schluss. Früh genug, um sich noch zu einem Glas Wein zu verabreden. Wenn Sie gleich mehrere Kursteilnehmer ansprechen, bleibt die Verabredung unverbindlich. In der Kneipe können Sie mehr über Ihre Kurspartner erfahren und bei gegenseitigem Gefallen spricht nichts dagegen, das nächste Mal zu zweit einen Absacker zu trinken.

Allerdings sollten Sie bei der Auswahl der Kurse zielgerichtet vorgehen. Bei Kursen wie „Technik der Quilt-Herstellung" findet man in der Regel wenige Männer. Und die Beschäftigung mit chinesischen Porzellanvasen aus der Ming-Dynastie deutet auf Teilnehmer mit einer gewissen Detailversessenheit hin. Besser: Belegen Sie einen Informatik-Kurs. Männer mögen es, wenn sie etwas erklären können. Schön und besonders heiter sind sämtliche Sprachkurse. Über den letzten Urlaub kommt man schnell ins Gespräch.

Sportverein und Sporttreffs

Sport ist gesund und macht Spaß. Für Singles ist insbesondere das Vereinsleben sehr wichtig, Sport- und Fitness-Clubs sind neben dem Internet die größten Flirt-Reviere. In Vereinen lernt man jede Menge Menschen kennen und hat über einen langen Zeitraum Gelegenheit, die Kontakte zu vertiefen. Bei Single-Frauen sind Golf-Clubs beliebt, weil diese immer noch wesentlich mehr gutsituierte Mitglieder haben als andere Vereine. Allerdings ist Golfspielen zeitaufwendig, was gerade für Mütter mit Kindern zum Problem werden könnte.

Aber auch der Tennis-, Reit- oder Handball-Verein kann bei der Suche nach dem Traumpartner hilfreich sein. Allerdings ist der Kreis überall begrenzt und bei amourösen Fehltritten drohen Schwierigkeiten. Eine gescheiterte Beziehung zu einem Vereinsmitglied bringt einen schnell ins Gerede. Ehefrauen werden hellhörig, Eifersüchteleien und im schlimmsten Fall Mobbing sind die Folge. Wenn Sie also im Verein nach einem passenden Partner Ausschau halten, sollten Sie sich Zeit lassen, den Richtigen zu finden, und sich nicht auf wechselnde Affären einlassen.

Theater und Ausstellungen

Auch wer bei der Partnersuche auf Kultur setzt, hat gute Chancen, erfolgreich zu sein. Aber Sie müssen gezielt vorgehen. Was nützt es, ins Kino zu gehen, wo es keine Pausen gibt? Im dunklen Kinosaal wird Sie niemand ansprechen. Besser ist also das Theater. Die Pause ist lang genug für einen Flirt und Sie haben die Option, sich nach der Veranstaltung zu verabreden.

> Besonders ideal für einen Flirt im kulturellen Umfeld sind die Wochenenden.

Ideal! Wenn Sie mit einer Freundin ins Theater gehen und in der Pause durchs Foyer schlendern, sollten Sie Offenheit signalisieren und auch ruhig selbst jemanden ansprechen.

Noch treffsicherer sind Ausstellungen. In einem Museum ist es kinderleicht, mit jemandem ins Gespräch zu kommen. Suchen Sie sich ein Bild oder eine Skulptur aus und warten Sie, bis „er" auftaucht. Dann stellen Sie gezielte Fragen: „Finden Sie diesen Cranach nicht auch besonders faszinierend? Obwohl mich der Anblick des kleinen Jungen in der zweiten Reihe immer ein bisschen traurig stimmt!" Welcher Mann wird darauf nicht eingehen?

Hier ist der Zeitpunkt wichtig. Besonders ideal für einen Flirt im kulturellen Umfeld sind die Wochenenden. Da sind Single-Männer einsam und dankbar, wenn eine gute Fee sie aus ihren trüben Gedanken reißt.

Urlaub

Im Urlaub ist man weit weg vom Alltagsstress. Man fühlt sich frei, ist entspannt und möchte sich den Kopf freipusten lassen. Nach einer Umfrage der Zeitschrift „Brigitte" haben 49 Prozent aller Frauen auch die Hoffnung auf einen Ferienflirt im Gepäck. Bei wie vielen es klappt, weiß man nicht, doch die Liebe unter Palmen blüht. Kein Wunder, man ist weit weg von Zwängen und Beobachtung. Die Urlaubsromantik tut ihr Übriges. Doch Vorsicht: Für eine dauerhafte Beziehung sind Urlaubslieben nur selten tauglich. Meistens steht neben kulturellen Unterschieden schon der räumliche Abstand im Weg. Denn zurück in Deutschland trennen die Liebenden viele hundert Kilometer. Dann kommt der Alltag wieder dazu mit seinen Anforderungen und Sorgen. Die Unbeschwertheit fehlt. Man muss Probleme bewältigen und das ist etwas anderes, als händchenhaltend am Strand zu liegen und den Sonnenuntergang zu beobachten. Sie sollten die Urlaubsliebe als i-Tüpfelchen der Ferienreise sehen. Mehr ist sie in der Regel nicht.

Ausnahme kann eine der vielen Single-Reisen sein. Sie können sich vor der Buchung beim Veranstalter erkundigen, ob viele Teilnehmer aus der Heimatregion kommen. Wer sich dann noch für eine thematisch gebundene Reise entschließt, hat bereits zwei Fliegen mit einer Klappe geschlagen. Die Mitreisenden sind alleinstehend und teilen Ihr Interesse zum Beispiel am Bergwandern oder an griechischer Kunst. Zwei Wochen Urlaub reichen, um sich ein Bild von einem Menschen zu machen. Wenn es dann funkt, können Sie die Liebe hinüber in den Alltag retten. Spezielle Single-Reisen veranstalten zum Beispiel Robinson- oder Aldiana-Clubs.

Arbeitsplatz

36 Prozent aller Beziehungen beginnen am Arbeitsplatz, hat die AOK einmal verkündet. Klingt schlüssig, denn den größten Teil des aktiven Tages verbringt man ja im Job. Dazu kommt der Vorteil, dass man den Partner einschätzen kann und es leicht ist, auch Auskünfte von

Dritten zu bekommen. Wer direkt zusammenarbeitet, kann sich quasi beiläufig einen Eindruck vom Wesen und den Interessen des anderen machen. Wenn es dann zu einer Beziehung kommt, weiß man schon recht gut, auf wen man sich einlässt. Doch was so schön einfach klingt, hat einen Haken: Was ist, wenn es keine lebenslange Partnerschaft wird, sondern die Liebe nach ein paar Wochen abgekühlt ist? Eine unglückliche Trennung, ein Eifersuchtsdrama, pikante Details, die der Verflossene nun weiß – all das kann zu einem Fallstrick für die Karriereleiter werden. Ruckzuck steht man im Mittelpunkt des Firmentratsches und irgendwann zieht der Chef die Reißleine und man wird aus der Firma gekickt.

Noch riskanter ist es, wenn man die Gefühle zum Vorgesetzten entdeckt. Auch wenn es noch so reizvoll ist – Finger weg! Natürlich kann sich eine solche Beziehung zu einer glücklichen Partnerschaft entwickeln. Aber das Risiko, dass sie unglücklich endet und man daraufhin seinen Job an den Nagel hängen muss, ist sehr groß.

Es ist überflüssig zu sagen, dass sich das Ganze potenziert, wenn der Wunsch-Partner aus der Firma verheiratet ist. Dann ist der Super-Gau vorprogrammiert. Wenn Sie der Ritt auf der Kanonenkugel trotzdem reizt, können Sie es natürlich darauf ankommen lassen. Aber dann machen Sie sich bitte, bitte vorher bewusst, was im schlimmsten Fall passieren kann.

Wenn trotz aller Warnungen das Herz Purzelbäume schlägt, sollten Sie die Beziehung möglichst lange geheim halten. Erst wenn Sie sich sicher sind, den Richtigen gefunden zu haben, informieren Sie gemeinsam den Chef, danach die Kollegen. Ein netter Anlass zu einer kleinen Feier nach Feierabend.

Single-Clubs

Single-Clubs sind eine fantastische Einrichtung. Sie nehmen die Langeweile und geben Verständnis und Geborgenheit. Die Strukturen sind unterschiedlich. Oft sind es reine Freizeitclubs, bei denen Sie für einen bestimmten Monatsbeitrag die unterschiedlichsten Freizeitangebote wahrnehmen können. Vorteil der Mitgliedschaft: Karten fürs Kino und Theater sind billiger und Sie müssen sich keine Gedanken darüber machen, ob Sie eine Begleitung finden. Die Mitglieder bekommen regelmäßig das Programm zugeschickt und können sich anmelden. Sie haben dann die Gewissheit, dass auch andere Clubmitglieder da sind. Die Angebote sind umfassend: von einer Radtour bis zur Kreuzfahrt kann alles gebucht werden.

Es gibt aber auch Clubs, die für ihre Mitglieder nur Stammtische und Ausflüge organisieren. Andere wiederum verquicken das Kennenlernen mit dem Helfen. Innerhalb des Clubs können Mitglieder um Hilfe zum Beispiel bei einem Umzug bitten und dafür ihren Einsatz bei der Gartenarbeit in Aussicht stellen. Im Internet wird man für jede Stadt fündig.

Kirchengemeinde

Kirchengemeinden haben ein reges soziales Leben. Gerade wer neu in eine Stadt zieht, findet in seiner Kirchengemeinde sofort Kontakt. Man trifft sich regelmäßig, die Gemeindearbeit ist intensiv. Freiwillige Helfer sind immer gesucht. In Windeseile hat man einen riesigen Bekanntenkreis. Wie die Stimmung ist und ob die Gemeinden überaltert sind, hängt wesentlich von den Verantwortlichen ab. Aber ein Besuch lohnt auf jeden Fall. Da sich alle untereinander kennen, haben Scharlatane kaum eine Chance. Wenn Ihnen ein Mann gefällt, können Sie schnell viel über ihn herausfinden.

Zufall

Wer einen Tierfreund sucht, kommt mit einem Hund schneller zum Ziel. Ein Hund ist ein idealer Kontaktstifter. Völlig unverbindlich kann man mit jemand anderes in ein Gespräch kommen. Was ist das denn für eine Rasse? Diese Frage freut jeden Hundehalter. In der Regel plaudert er sofort fröhlich drauflos. Ideal, um sich näher kennenzulernen.

Ähnlich gut funktioniert es beim Einkaufen im Supermarkt. „Entschuldigen Sie, aber können Sie mir bitte das Paket dort oben aus dem Regal nehmen. Ich bin einfach zu klein!" So ermuntert fühlen sich alle Männer gleich ein bisschen wie Helden und sind sehr gesprächsbereit.

Ideal sind auch längere Zugfahrten in geschlossenen Abteilen. Dort kann man richtig nette Gespräche führen und wenn König Zufall mitspielt, sitzt auch mal der passende Mann dort.

Viele Paare lernt sich durch Zufall kennen – dem können Sie aber auch etwas auf die Sprünge helfen. Wichtig ist es, sich zu überlegen, wann Männer aus der gewünschten Zielgruppe wo anzutreffen sind. Wer sich nach einem erfolgreichen Mediziner sehnt, wird kaum Erfolg haben, wenn er sich morgens um halb zehn an der Käsetheke aufbaut. Der Mediziner steht nämlich um diese Zeit im OP. Dafür haben Rentner und Hausfrauen Zeit, doch die sind nicht die Zielgruppe. Besser sind Einkäufe nach 18 Uhr. Da hetzen alleinstehende berufstätige Männer gestresst und vereinsamt durch die Lebensmittelabteilungen der Kaufhäuser. Ähnliche Zeiten sollte man beim Gassigehen berücksichtigen. Sonntage sind prima. Da fühlen sich Männer einsam und sind gesprächsbereiter als an den Abenden in der Woche, wenn sie nach einem Zehn-Stunden-Tag nur noch nach Hause auf das Sofa wollen.

> Egal wo Sie sind, halten Sie die Augen offen.

Wenn Sie mit Ihrer Freundin ausgehen, sollten Sie wissen, dass in der Woche auch die Ehemänner Ausgang haben. Begegnen Sie aber am Samstagabend einem Mann allein in einem Lokal, stehen die Chancen gut, dass er allein lebt.

Insgesamt gilt: Egal wo Sie sind, halten Sie die Augen offen. Und damit Sie Mr. Right nicht übersehen, achten Sie darauf, dass auch er Sie sehen kann, und dass er einen positiven Eindruck hat. Bevor Sie morgens aus dem Haus gehen, sagen Sie zu sich: Ich könnte heute dem Mann fürs Leben begegnen. Wird er mich so mögen? Ist die Antwort Nein, dann sollten Sie noch ein paar Minuten in Ihr Aussehen investieren.

Test: Habe ich ein gutes Händchen bei der Männersuche?

Erinnern Sie sich an Ihre verflossenen Beziehungen – wie viele Fehlgriffe waren dabei?

Keiner. Ich achte darauf, mit wem ich mich einlasse.	**4 P**
Wer nicht versucht, kann nicht gewinnen. Die Liebe ist immer ein Risiko.	**2 P**
Ich habe mir einen Fehltritt gegönnt, danach war Schluss damit. Ich mache Fehler nur einmal.	**3 P**
Bei mir geht in der Liebe alles schief. Ich gerate einfach immer an den Falschen.	**0 P**

Sie haben sich auf einen One-Night-Stand eingelassen. Was nun?

So etwas passiert mir nicht. Ich habe kein Interesse an Abenteuern für einen Abend.	**4 P**
Ich denke nicht darüber nach. Es ging um Sex, nicht mehr.	**3 P**
Ich decke den Frühstückstisch, hole uns frische Brötchen und gebe ihm eine Chance.	**2 P**
Ich plane das nächste Wochenende mit diesem wunderbaren Mann. Eine Fahrt ins Blaue, ein schönes Restaurant, vielleicht ein Besuch bei meiner besten Freundin.	**1 P**

Zwei Männer sprechen Sie auf einer Party an. Der eine sieht klasse aus, hat Humor und fängt Sie mit einem flotten Spruch ein. Der andere fragt Sie, ob Ihnen das Büfett gefällt. Er ist unscheinbar und wirkt auf Sie eher schüchtern. Mit wem möchten Sie sich am liebsten unterhalten?

Mit beiden! Jeder wird auf seine Weise interessant für mich sein.	**4 P**
Natürlich mit dem Flotten. Ich mag Männer, die sich gezielt die Frau aussuchen, die ihnen gefällt.	**2 P**
Der Schüchterne. Der bekommt bestimmt nie eine Frau und ist froh, wenn ich mich mit ihm unterhalte.	**1 P**
Mit keinem von beiden. Ich suche mir meine Gesprächspartner gern selbst aus.	**3 P**

Stellen Sie sich vor, Sie könnten mit einem Mann, den Sie gerade kennengelernt haben, verreisen. Wohin soll die Reise gehen?

In ein Luxus-Resort weit weg. Ich möchte mich verwöhnen lassen und wie eine Prinzessin fühlen.	**0 P**
Ich wandere mit ihm durch die Berge. Natur und gute Gespräche, das wird ein Traumurlaub.	**4 P**
Eine Rundfahrt durch die USA im Mietwagen. Da lernt man sich am besten kennen.	**3 P**
Eine Safari in Südafrika. Wenn er sich nicht traut, weiß ich gleich, dass er nicht zu mir passt.	**2 P**

Auswertung

Mehr als 12 Punkte: Die Ausgeglichene

Sie lassen jeden Mann so, wie er ist, und gehen entspannt auf ihn zu. Dabei haben Sie keine festen Vorstellungen, wie der Mann auszusehen hat, der zu Ihnen passt. Sie sind neugierig auf alles Neue und lassen sich vorurteilsfrei darauf ein. Sie kennen sich gut, ruhen in sich und erspüren genau, was Ihnen guttut. Wenn der Richtige da ist, werden Sie das sofort erkennen und sich auch auf neue Lebenskonzepte mit Freude einlassen. Sie haben bestimmt keine Probleme, einen passenden Partner zu finden. Fehlgriffe? Fehlanzeige.

8 bis 12 Punkte: Die Stürmische

Sie mögen Bewegung im Leben, sind spontan und ungeduldig. Herausforderungen ziehen Sie an. Nichts erscheint Ihnen unerreichbar. Ein Blick genügt und Sie sind neugierig genug, sich auf ein neues Spiel der Liebe einzulassen. Was daraus wird? Sie fragen nicht. Sie suchen das Abenteuer, genießen den Moment und umreißen nur selten, was auf Sie zukommt. Die Liebe kann für Sie schnell anstrengend werden. Einen Mann für immer finden Sie nur, wenn Sie wählerischer werden und sich vorher überlegen, was Sie von dem Mann erwarten, den Sie gerade begehren. Fehlgriffe? Ständig!

Weniger als 8 Punkte: Die Vorsichtige

Sie haben schlechte Erfahrungen gemacht und sind super vorsichtig geworden. Sie lassen sich auf keinen Mann ein, ohne ihn vorher von allen Seiten beleuchtet zu haben. Sie fragen Ihre Freundinnen um Rat, erkundigen sich hintenherum an seinem Arbeitsplatz. Doch erfolgreich sind Sie trotzdem nicht. Denn Sie haben zu viel Angst, um auch mal Ihr Herz sprechen zu lassen. Sie müssen Ihre Ängste kippen und einen gesunden Mittelweg zwischen Vorsicht und Spontaneität finden. Denken Sie bei einem Mann nicht immer, ob es der Richtige ist, sondern lassen Sie sich einfach mal ohne Hintergedanken auf eine Bekanntschaft ein. Sie werden sehen, dass Sie plötzlich Männer kennenlernen, mit denen Sie sich sonst nie näher befasst hätten. Fehlgriffe? Nein. Aber auch nur wenige Chancen auf ein neues Glück.

Richtig flirten

Mit einem Flirt stellen Sie spielerisch einen unverbindlichen, oberflächlichen Kontakt zu einer anderen Person her. Per Blick, durch Smalltalk oder mit einer Geste wie die Tür aufhalten oder den Koffer abnehmen. Doch Vorsicht! Wenn Sie beim Flirten eine Beziehung im Hinterkopf haben, werden Sie verkrampft und verlieren Ihre Lockerheit. Das ist schade. Denn wenn Sie die Leichtigkeit und Unverbindlichkeit des Flirtens beherrschen, wirken Sie insgesamt offener, fröhlicher, sympathischer. Und das kommt Ihnen in vielen Situationen zugute: im Job, bei Freunden, im Alltag.

Doch richtig Flirten will gelernt sein. Neben der Einstellung ist die Körpersprache entscheidend, die Haltung, Bewegung, Mimik und Gestik. Nur wenn alles passt, reagiert das Gegenüber erfreut und aufgeschlossen. Dabei gibt es keine wirkliche Strategie. Jeder kann seine eigene Art der sympathischen Kontaktaufnahme entwickeln. Sie können jedoch Ihre individuelle Technik optimieren, indem Sie ein paar Tipps berücksichtigen.

Blickkontakt suchen

Fast 75 Prozent aller Flirts beginnen mit einem Blickkontakt. Mit einem tiefen Blick in die Augen Ihres Gegenübers signalisieren Sie Interesse. Meist sieht der Angesehene erst einmal weg, irritiert, eine Spur verlegen. Wenn Sie dann den Blick wieder einfangen können, heißt das deutlich: Ich habe Interesse. Es kann losgehen!

Natürlich bleiben

Es bringt nichts, sich zu verstellen. Spielen Sie nicht die Femme fatale, wenn Sie eher der pragmatische Typ sind. Geben Sie sich so, wie Sie sind. Wenn Sie eine Rolle spielen, werden Sie nur schwerlich überzeugen, es sei denn, Sie sind Schauspielerin. Wer natürlich auftritt, wirkt anziehender.

Präsent sein

Wenn Sie jemanden auf sich aufmerksam machen möchten, sollten Sie sich nur darauf konzentrieren. Atmen Sie tief durch und fokussieren Sie alle Sinne auf das, was Sie sich wünschen: ein nettes Gespräch.

Durchstarten

Jetzt heißt es, keine Zeit verlieren. Wer lange überlegen muss, was er sagt, kommt unecht herüber. Das Gespräch wirkt nicht mehr spontan, sondern gekünstelt und ausgedacht. Finger weg von häufig gehörten Flirtsprüchen. Mit „Mein Name ist Bond. James Bond. Ist natürlich nur ein Scherz!" oder „Heute war kein schöner Tag. Aber egal – jetzt sind Sie ja da!" erreichen Sie nichts. Das wirkt entweder albern oder routiniert. Wenn Ihnen nichts einfällt, das zur Situation passt, können Sie einfach „Hallo" sagen. Besser ein netter, neutraler Einstieg als ein aufgesetztes geschnörkeltes Gequatsche.

Komplimente passen immer

Nach der ersten Kontaktaufnahme ist es am einfachsten, mit einem netten Kompliment einzusteigen. „Sie haben ein wirklich schönes

Auto. Davon habe ich schon immer geträumt!" lenkt die Aufmerksamkeit auf ein gemeinsames Thema und das Gespräch kann beginnen. Auch eine schöne Anzugfarbe kann man ansprechen oder die tolle Leistung auf dem Tennis- oder Golfplatz. Wichtig: Das Gespräch kommt in Schwung, wenn man eine Frage anfügt. „Sie spielen ja richtig gut Tennis. Sind Sie schon lange hier im Club?" oder: „Ich habe gerade Ihren tollen Schlag beobachtet. Welches Handicap haben Sie denn?" Das Gespräch kommt in Gang. Sie dürfen gespannt sein.

> Das Gespräch kommt in Schwung, wenn Sie eine Frage stellen.

Wer fragt, zeigt Interesse

Scheuen Sie sich nicht, ein bisschen neugierig zu sein. Fragen Sie, was Sie wissen möchten. „Ich habe Sie hier noch nie mit dem Hund gesehen. Wo gehen Sie denn sonst immer spazieren?" oder beim Flirt in einem Supermarkt: „Haben Sie schon einmal diesen Bordeaux probiert? Den habe ich im letzten Frankreichurlaub das erste Mal getrunken. Es ist schon faszinierend, was für wunderbare Weine die Franzosen machen können."

Doch Vorsicht! Wer viel fragt, kann abschrecken. Deshalb ist es wichtig, zwischen den Fragen auch von sich zu erzählen. „Ich kaufe samstags immer auf dem Viktualienmarkt ein. Da gibt es einen wunderbaren Käsestand. Sind Sie auch schon einmal dort gewesen?" So hat Ihr Gegenüber das Gefühl, dass Sie auch etwas von sich preisgeben und fühlt sich nicht ausgefragt.

Jede Menge Themen

Beim Flirten bleibt man an der Oberfläche. Sie sollten nie die Leichtigkeit im lockeren Gesprächs-Pingpong verlieren. Es geht ums Wetter, um Sport, Sightseeing oder die Empfehlung eines leckeren Drinks oder Salats. Hauptsache beide können etwas dazu sagen.

Auf keinen Fall sollten Sie über andere lästern oder mit Politik oder Krankheiten beginnen. Oder fänden Sie es schön, wenn Sie bei einem herrlichen Spaziergang einen gutaussehenden Mann kennenlernen, der ihnen ausgiebig von seinem letzten Krankenhausaufenthalt erzählt? Sie würden viel lieber weitergehen und zwingen sich, Mitgefühl zu heucheln. Das ist kein Flirt, das ist eine Zumutung. Und jede Erotik verpufft innerhalb von Sekunden.

Genauso falsch sind Prahlereien. Wenn Sie im Supermarkt an der Käsetheke einen netten Kunden vermuten und Sie völlig überraschend auf einen neunmalklugen Käse-Spezialisten stoßen, vergeht Ihnen nicht nur der Appetit auf Käse, sondern auch auf einen spontanen Flirt. Deshalb: leichte Themen und flotte Dialoge, das bringt Spaß.

Körpersprache

Versuchen Sie auf Ihre Körpersprache zu achten. Das können Sie bereits im Alltag trainieren, längst bevor sich die Gelegenheit zu einem Flirt ergibt. Drehen Sie sich dem Gesprächspartner frontal zu. Halten Sie dem Blick stand. Stehen Sie aufrecht und gerade.

Auf keinen Fall sollten Sie die Hände in die Hosentaschen stecken oder die Arme vor der Brust verschränken. Das signalisiert Unsicherheit und eine schlechte Kinderstube. Vermeiden Sie es, nervös an der Handtasche zu spielen oder am Jackenknopf zu drehen, das macht Sie selbst und auch Ihr Gegenüber kribbelig. Mit Ihrer Körpersprache senden Sie Signale, die Ihnen selbst oft nicht bewusst sind und die auch Ihr Gegenüber eher unbewusst wahrnimmt. Geübte können diese Signale aber auch ganz gezielt einsetzen. Wenn Ihnen Ihr Gegenüber sehr gut gefällt, können Sie sich beispielsweise die Haare aus dem Gesicht streichen oder durch eine flüchtige Berührung signalisieren: Du gefällst mir.

Erfolgsdruck meiden

Vermeiden Sie beim Flirt Gedanken wie „Der könnte passen!" oder „Vielleicht können wir uns heute Abend zum Essen treffen". Wenn es nicht klappt, sind Sie enttäuscht und trauen sich bei der nächsten Gelegenheit nicht mehr, auf einen Flirt einzusteigen.

Besser ist es, ganz unbedarft zu plaudern. Nicht jeder, mit dem Sie ein paar Sätze wechseln, muss der Mann fürs Leben sein. Es kann Ihnen auch einfach guttun, eine nette Atmosphäre und lockere Stimmung schaffen. Flirten macht auch Spaß, wenn der Flirtpartner eine Generation älter ist oder rein optisch gar nicht ins Beuteschema passt.

Am Ball bleiben, wenn es passt

Die ersten Bälle sind hin und her geflogen, der Mann scheint interessant. Wie geht es nun weiter? Sparen Sie sich nervöses Kichern, lange Gesprächspausen und unsicheres Herumgehampel. Wenn Sie kein Teenager sind, passt dieses Verhalten nicht mehr. Sie sind eine erwachsene Frau und stehen mitten im Leben. Wenn Ihnen ein Mann gefällt, dürfen Sie das auch zeigen, indem Sie ihm sagen, was Sie sich vorstellen.

Früher mussten Frauen noch ihr Taschentuch fallen lassen, um einen Mann auf sich aufmerksam zu machen. Heute dürfen Frauen alles – auch sagen, dass sie Interesse haben, mit ihm essen zu gehen. Die meisten Männer mögen offensive Frauen. Sie sind erleichtert, wenn sie nicht immer die Initiative ergreifen müssen.

Vergessen Sie nicht, dass Männer keine Interpretationen mögen. Sie wollen nicht psychologisieren und sich einfühlen, sondern sie wollen klare Ansagen. Geben Sie sie ihnen. „Haben Sie heute schon etwas vor? Es gibt in der Nähe einen sehr schönen Italiener. Wenn Sie mögen, können wir uns am Abend dort treffen!" Das ist deutlich und unmissverständlich, gleichzeitig aber auch neutral genug, um sich nicht zu weit aus dem Fenster zu lehnen.

Genauso wäre es bei einer Einladung zum Konzert oder einer anderen Veranstaltung. „Für den Samstag habe ich eine Karte für das Kabarett übrig. Hast du Lust, mitzukommen?"

Keine Angst, Sie vergeben sich nichts. Sie sagen damit nur, dass Sie diesen Menschen gern ein paar Stunden um sich hätten und ihn etwas näher kennenlernen möchten. Was kann passieren? Schlimmstenfalls bekommen Sie ein „Leider habe ich heute keine Zeit" zu hören. Na und? Dann klappt's beim nächsten Mal. Wer zu kompliziert an das Thema Flirten geht, hat keinen Spaß dabei.

ACHTUNG FALLE!

Allerdings gibt es auch ein paar Flirtfallen, die Sie vermeiden sollten.

Männer mögen zwar aufgeschlossene, moderne Frauen, die offen zu ihnen sind. Aber sie wollen nicht „abgeschleppt" werden. Deshalb vermeiden Sie jegliche Form von Aufdringlichkeiten. Tabu sind sexuelle Anspielungen und Einladungen über Nacht. Wer beim Flirt Erotik ins Spiel bringt, liefert die Grundlage für ein Abenteuer, aber garantiert nicht für eine dauerhafte Beziehung. Heben Sie sich solche Anspielungen für Momente auf, wenn Sie sich nähergekommen sind und einander besser kennen.

Und verkneifen Sie sich jede Form von Bevormundung. „Du weißt bestimmt nicht, wie du zu dem tollen griechischen Restaurant in der Nordstadt kommst. Ich rufe dich morgen an und erkläre dir den Weg. Ich kann es dir aber auch per WhatsApp schicken!" Mit solchen Sätzen geben Sie Männern das Gefühl, nicht die Kontrolle zu haben, und schrecken sie dadurch ab.

Auch Nachhaken, wenn er zögerlich reagiert, ist kein gutes Flirtverhalten. „Was überlegst du denn? Du wirst doch mal zwei Stunden Zeit haben. Oder siehst du lieber fern? Das wäre ja peinlich." Dies ist aufdringlich und unmöglich.

Wenn er zögert, lächeln Sie und reagieren betont gelassen. „Schade, aber das macht nichts. Vielleicht klappt es ja beim nächsten Mal, wenn wir uns sehen!" ist die einzige passende Antwort.

Besser nicht! So beenden Sie den Flirt

Und was ist, wenn Ihr Gegenüber mehr Interesse signalisiert, als Sie empfinden? Auf jeden Fall immer charmant bleiben. Sie können sich freundlich verabschieden, am besten mit einem Hinweis, dass der Tag hoffentlich so nett weitergeht, wie er sich eben gezeigt hat. Aber nun sind Sie in Eile.

Wer dann hartnäckig bleibt, hat immer noch Freundlichkeit verdient. Aber auch eine offene Absage. „Nicht böse sein, aber ich habe wirklich keine Zeit. Aber bestimmt finden Sie noch eine nette Begleitung. So sympathisch wie Sie sind, dürfte das kein Problem für Sie sein!"

Dabei Lächeln und den Blick halten. So wird Ihr Flirtpartner Sie garantiert in bester Erinnerung behalten und Sie gehen mit dem guten Gefühl, ihn für den nächsten Versuch perfekt präpariert zu haben.

Test: Können Sie gut flirten?

Samstagmorgen auf dem Markt schenkt Ihnen ein Mann plötzlich einen Blumenstrauß. Wie reagieren Sie?	
Haben Sie ein Problem mit Ihrer Partnerin? Wollen Sie reden? Ich bin eine gute Zuhörerin!	**2 P**
Sie irren sich! Wir kennen uns doch gar nicht!	**0 P**
Oh wie schön, als Ausgleich lade ich Sie jetzt zum Kaffee ein.	**4 P**
Sie möchten einen Kunden anrufen, haben aber einen wildfremden, sehr sympathischen Mann in der Leitung. Was sagen Sie?	
Ich sage sofort „Verzeihung" und beende das Gespräch.	**0 P**
Wenn ich Zeit habe, verwickele ich ihn in ein Gespräch. Mal sehen, ob etwas daraus wird.	**2 P**
Ich frage ihn unter einem Vorwand nach seiner Nummer und rufe wieder an, wenn ich mehr Zeit habe.	**4 P**
Im Supermarkt sehen Sie einen tollen Mann. Was machen Sie?	
Ich überlege mir, wie ich mit ihm ins Gespräch komme, z. B. indem ich ihn bitte, mir etwas aus einem hohen Regal zu geben.	**2 P**
Nichts, ich denke „schade" und kaufe weiter ein.	**0 P**
Ich folge ihm und hoffe, dass wir an der Kasse hintereinander stehen und ins Gespräch kommen.	**4 P**

Wie oft flirten Sie in der Woche?	
Das kann ich nicht zählen. Ich flirte bei jeder Gelegenheit.	**4 P**
Jede Woche ergibt sich das nicht, vielleicht ein- oder zweimal im Monat.	**2 P**
Ich kann mich nicht erinnern, wann ich das letzte Mal geflirtet habe.	**0 P**
Warum flirten Sie?	
Weil es Spaß macht. Es nimmt dem Tag die Schwere.	**4 P**
Ich suche den Mann fürs Leben.	**0 P**
Ich teste damit meinen Marktwert.	**2 P**
Sie gehen abends allein zu einer Party zu Freunden. Was ziehen Sie an?	
Das hängt vom Anlass ab und von meiner Verfassung.	**4 P**
Ich ziehe mich immer so an, dass mir jederzeit der Mann meines Lebens begegnen kann.	**2 P**
Ich mache mir nicht viel aus meinem Äußeren. Wer mich einlädt, soll sich auf mich freuen und nicht auf mein Outfit.	**0 P**

Auswertung

Mehr als 16 Punkte: Die Spitzen-Flirterin

Sie sind ein Naturtalent, beherrschen die Kunst des Flirtens perfekt. Schön ist, dass Sie es leicht nehmen und auch einen Korb problemlos wegstecken können. Für Sie ist Flirten so etwas wie ein gutes Essen oder ein schöner Film. Es entspannt. Als Genussmensch gönnen Sie sich diese Freude so oft es geht.

8 bis 16 Punkte: Die Gelegenheits-Flirterin

Flirten ja, aber nur wenn Sie gerade solo sind. Flirten ist für Sie ganz klar der erste Schritt zu einer Beziehung. Und den gehen Sie nur, wenn Sie frei sind und die Dinge sind entwickeln können. Wenn Sie in einer Partnerschaft sind, gehen Sie jedem Flirt beharrlich aus dem Weg. So konsequent wie beim Flirten sind Sie auch sonst im Leben.

Weniger als 8 Punkte: Der Flirt-Muffel
Flirten ist für Sie oberflächlich und unnötig. Für das leichte Spiel des
Kennenlernens sind Sie nicht zu haben. Wenn Ihnen ein Mann wirk-
lich gefällt, haben Sie auch den Mut, das offen zu sagen. Überflüssiges
Drumherum brauchen Sie nicht. Sie kommen direkt zum Ziel.

Ich habe ein Date – so macht es richtig Spaß

Sie haben ein Date! Bestimmt sind Sie jetzt richtig aufgeregt. Bei der
besten Freundin steht das Telefon nicht mehr still. Sie möchten wissen, was Sie anziehen sollen, wo Sie sich treffen können und wie Sie
im entscheidenden Moment, nämlich wenn er Ihnen gegenübersteht,
möglichst locker und ansprechend auf ihn wirken. Die Nervosität
lässt Sie nicht mehr zur Ruhe kommen. Muss das sein?

Nein! Nicht, wenn Sie planerisch vorgehen. Ein Date kann die
Weichen für ein neues Leben stellen. Es kann aber auch das vorzei-
tige und unwiderrufliche Ende eines netten Kontakts bedeuten. Also
entspannen Sie sich. Alles ist offen. Hoffen Sie nicht gleich darauf,
die große Liebe zu finden, sondern erwarten Sie einfach nur ein paar
nette Stunden. Denn die Chance, dass sofort der Funke überspringt,
ist nicht sehr groß.

Aber egal, was dabei herauskommt, freuen Sie sich auf eine Zeit
mit einem Menschen, der in Ihnen den einen oder anderen Schmet-
terling fliegen lassen könnte. Wie gesagt: könnte!

Wo treffen wir uns?

Ein Latte Macchiato im Bistro? Oder ein Drei-Gänge-Menü beim Italiener? Letzteres birgt Risiken. Was ist, wenn Ihr Gegenüber sich als
Langweiler entpuppt? Dann gibt es keinen sanften Weg, das Essen
abzubrechen. Nach der Vorspeise aufzustehen, wäre schon sehr verletzend.

Besser ist es deshalb, sich auf einen Kaffee zu verabreden, am besten am Vormittag gegen 11 oder am späten Nachmittag gegen 17 Uhr. Dann ist man in jeder Hinsicht frei. Wenn sich das Date als Volltreffer entpuppt, kann man ein Mittag- bzw. Abendessen anhängen. Wenn es ein Flop ist, kann man unkompliziert auf die Uhr blicken und gehen oder eine wichtige Geschäftsmail erwähnen, die man angeblich gerade auf dem iPhone bekommen hat.

Allerdings sollte man für das Treffen mindestens eine Stunde einplanen. Sonst ist es unhöflich und man stößt den Gesprächspartner vor den Kopf.

Ebenso unverfänglich ist im Sommer die Verabredung zu einem Spaziergang, im Winter bietet sich der Besuch einer Ausstellung an. Man sitzt sich nicht starr gegenüber, sondern hat mehr Abwechslung. Themen fallen einem leichter zu, weil sich ständig die Umgebung ändert, und Gesprächspausen fallen weniger auf. Was spricht dagegen, einfach mal ein paar Meter schweigend nebeneinander herzugehen? Allerdings sollte man sich mit einem Mann, den man kaum kennt, nicht in einsamen Waldgebieten verabreden, sondern grundsätzlich nur gut besuchte Parkanlagen aufsuchen. Sicher ist sicher!

Der große Vorteil eines Spaziergangs: Die leidige Frage nach dem Bezahlen entfällt. Für viele ist das nach wie vor ein großes Thema, denn obwohl die meisten Frauen sich als absolut emanzipiert betrachten, hört es damit auf, wenn im Restaurant die Rechnung auf den Tisch kommt. Dann hat „frau" es gern, dass „mann" das Portemonnaie zückt und sie lässig zum Essen einlädt.

Das kann er auch gern tun, aber doch nicht gleich beim ersten Mal mit einer bis dato noch flüchtigen Bekanntschaft. Ein Mann auf Partnersuche käme finanziell ganz schön in die Bredouille, wenn

> Für ein erstes Date ist die Verabredung zu einem Spaziergang oder der Besuch einer Ausstellung schön unverfänglich.

er jeden netten Kontakt gleich mit einem Essen belohnen muss. Und etwas Durchschnittliches darf es ja auch nicht sein. Sonst denkt „frau" sofort, dass er spießig ist. Wählt er keine Vorspeise, tut sie ihn als geizig ab. Interpretationen ohne Ende sind möglich.

Man kann aus der Thematik schnell die Luft rauslassen: Beim ersten Date stellen Sie gleich klar, dass Sie getrennte Kassen wünschen. Dann fühlt sich der Mann nicht verpflichtet, wenn er trotzdem darauf besteht zu zahlen, können Sie dankend annehmen. Ausnahme ist der Latte Macchiato. Hier übernimmt einer von beiden die Rechnung, darüber sollte nicht viel gesprochen werden. Zwei Kaffee getrennt abzurechnen, wirkt kleinlich und wenig souverän.

Kino und Theater sind nicht so passend für das erste Date, denn man hat kaum Gelegenheit, sich zu unterhalten. Und stummes Nebeneinandersitzen ist gerade in der ersten Kennenlernphase eine Tortur. Gut, man kann die Vorstellung als Auftakt nehmen und sich anschließend einen gemeinsamen Drink genießen. Aber ein Date hat ja einen anderen Sinn und in den zwei Stunden Vorstellung konzentrieren sich beide vermutlich kaum auf das, was auf der Bühne oder der Leinwand passiert. Zu groß ist die Spannung.

Das Lieblingslokal oder die Stammkneipe ist auch kein guter Ort für das erste Date. Muss denn jeder gleich sehen, mit wem Sie sich verabredet haben? Das gibt nur unnötiges Gerede, das Sie sich ersparen können. Wählen Sie einen neutralen Ort, an dem Sie sich ungezwungen unterhalten können. Denn auf unerwartet auftauchende Freunde, die plötzlich mit am Tisch sitzen möchten, können Sie gut verzichten. Auch wenn Sie sich noch so große Mühe geben, die Situation entspannt zu meistern, wird der Eindringling immer spüren, dass er stört. Zudem müssen Sie mit unbedachten Äußerungen rechnen: „Wo ist denn der nette Kerl, mit dem du letzten Samstag hier gewesen bist? Du weißt doch, der große Blonde, der diesen klapprigen BMW fuhr. Das war doch dein Kollege. Sind Sie auch in der Firma?"

Muss das sein? Eindeutig nicht. Vermeiden Sie solche Peinlichkeiten, indem Sie ein Lokal vorschlagen, in dem Sie fremd sind. Allerdings ist es gut, wenn Sie sich das Lokal schon einmal angesehen haben, so vermeiden Sie Überraschungen. Wie würde Ihr Date aussehen, wenn das Lokal Ruhetag hat oder gerade eine Familienfeier stattfindet? Oder wenn das Publikum gar nicht zu Ihren Vorstellungen passt? Schließen Sie solche Risiken aus, indem Sie wissen, wohin Sie Ihren Flirtpartner bitten.

Auf keinen Fall sollten Sie sich zu Hause treffen. Ob bei Ihnen oder bei ihm. Es ist absolut unpassend, für das erste Date das private Umfeld vorzuschlagen. Frauen fühlen sich schnell als Beute und werden abgeschreckt. Männer werden unsicher, weil sie nicht wissen, was man von ihnen erwartet. Bei beiden springt unnötig der Denkapparat an. Das können Sie vermeiden, indem Sie diesen Vorschlag einfach nicht machen.

Was ziehe ich an?

„Ich war mit meinem Hund unterwegs, als mich dieser gutaussehende Jogger ansprach. Er wollte meinen Benny streicheln, einen Jack Russel. Angeblich hatte er als Student auch einmal so einen Hund gehabt. Wir haben geredet und uns für den kommenden Samstag in einem Lokal verabredet. Ich hatte einen lässigen Mann um die fünfzig in Erinnerung. Also wollte ich auch lässig sein und kam in Jeans, Bluse und Turnschuhen zum Treffpunkt. Er kam auch, allerdings in einem dunkelblauen Anzug mit lind-

> Für ein Date kleiden Sie sich so, wie es dem Anlass und Ihrem Wohlbefinden entspricht.

grüner Krawatte. Das Lokal war schick. Meine Güte, war mir das peinlich." Mittlerweile kann die vierundvierzigjährige Ärztin Friederike über diese Geschichte schmunzeln. Zumal sie sich normalerweise sehr gediegen und klassisch kleidet.

Sie hat einen der typischen Fehler gemacht, den Frauen beim ersten Date begehen: Sie wollte sich anpassen, um zu gefallen. Falsch!

Wer ein Date vor sich hat, passt sich nicht dem Mann an, sondern dem Ort, in dem man verabredet ist. Man kleidet sich so, wie man es auch ohne Partner tun würde. Wählen Sie die Kleidung dem Anlass und Ihrem Wohlbefinden entsprechend. Wenn Sie gern im Kostüm zum

Essen gehen – bitte schön. Dann hat Ihr Gegenüber gleich den richtigen Eindruck. Wenn Sie sich gern schick machen, zeigen Sie es. Es bringt nichts, sich zu verstellen. Lange hält man das sowieso nicht durch – und wenn Sie einen Mann in Turnschuhen und abgewetzter Jeans eigentlich nicht mögen, dann lassen Sie die Finger von ihm. Denn auch er wird sich nicht umkrempeln lassen, zumindest nicht dauerhaft.

Verpönt sind allerdings ein zu tiefer Ausschnitt, bauchfreie Tops und zu kurze Röcke. Das lädt Ihr Gegenüber nicht zum Gespräch ein, sondern fordert ihn geradezu auf, Sie als Beute zu betrachten. Also: nicht präsentieren, sondern repräsentieren. Nämlich sich selbst, so, wie Sie sind.

Worüber reden wir?

Kaum zu glauben, aber der erste Eindruck besteht zu 93 Prozent aus Gestik, Mimik und – der Stimme. Die trifft manchmal wirklich direkt ins Herz und rüttelt jede Menge Gefühle wach.

Was gesagt wird, ist erst einmal zweitrangig. Vorausgesetzt, es ist nicht abfällig, provozierend oder aggressiv. Sie müssen sich also keine Gedanken über möglichst spannende Einstiegsthemen machen. Reden Sie über das Wetter oder Ihre Hobbys. Auch mit Alltagsthemen kann man viel über sein Gegenüber herausfinden. Beobachten Sie, lassen Sie die Stimmung auf sich wirken, saugen Sie Eindrücke auf. Das reicht für die erste Stunde eines Dates. Denn diese Phase dient vor allem dazu, die Ausstrahlung des anderen wahrzunehmen und zu spüren, ob man einander sympathisch ist.

Fangen Sie die Blicke des anderen auf, entgegnen Sie dem Lächeln, lauschen Sie der Stimme. Mögen Sie die Körperhaltung? Was vermittelt sie Ihnen? Dominanz, Selbstsicherheit, Schüchternheit? Darum geht es.

Damit Sie selbst gut wirken, sollten Sie nicht versuchen, mit tollen Bemerkungen zu punkten oder gar mit Zoten aufzufallen. Bleiben Sie natürlich. Halten Sie seinem Blick stand und lächeln Sie und vor allem: Schauen Sie nicht alle paar Minuten auf Ihr Handy!

Stellen Sie Fragen

Fragen Sie nach Interessen, Hobbys, Urlaubszielen. Erkundigen Sie sich, wie Ihr Gegenüber wohnt. Dies sind beliebte Gesprächsthemen für den Anfang. Hören Sie dabei aufmerksam zu und gehen Sie auf seine Antworten ein. Nehmen Sie auf, was er gerade gesagt hat, und spinnen Sie den Gesprächsfaden so immer weiter.

„Wie lange wanderst du denn mit deinen Freunden in den Bergen?" – „In der Regel eine Woche. Mehr gibt leider der Beruf nicht her." – „Und wo übernachtet ihr dann?" – „Auf ganz einfachen Berghütten, meistens ohne fließendes Wasser. Nachts ist es häufig unruhig, weil wir mit bis zu zwanzig Wanderern in einem Zimmer schlafen!" – „Oh ja, das kann ich mir vorstellen. Wie schaffst du es denn, dabei einzuschlafen?"

Und, und, und ... Mit gezielten Nachfragen vermitteln Sie Interesse an dem Thema und Sie können stundenlang miteinander sprechen.

Stellen Sie zielgerichtete Fragen, ohne dabei übers Ziel hinauszuschießen. Erkundigen Sie sich nicht nur nach den Hobbys, sondern fragen Sie nach, warum sich Ihr Gesprächspartner ausgerechnet dafür entschieden hat. Fragen Sie, wie oft er Tennis spielt und wo er seine Stärken in dem Sport sieht. Gibt es einen Anlass, der ihm besonders in Erinnerung geblieben ist? Kann er sich an den ersten Sieg und die erste Niederlage erinnern? Spielt er am liebsten in der Halle? Oder lieber im Freien? Hat er feste Mitspieler? Und wie gefällt ihm das Vereinsleben?

So kommt das Gespräch in Fluss, und wenn Sie immer wieder einflechten, was Sie gern tun, können Sie diverse Themen entspannt durchsprechen.

Gesprächskiller sind einsilbige Antworten oder auch nur Ja oder Nein. „Fährst du im Sommer gern ans Meer?" – „Ja." – „Was gefällt dir daran so gut? Mir ist es im Süden immer zu heiß. Besonders am Mittelmeer. Geht dir das nicht auch so?" – „Nein!" – „Was machst du denn auf Mallorca. Bist du nur am Strand?" – „Ja." – „Hast du deinen nächsten Urlaub schon geplant?" – „Nein."

So versandet jedes Gespräch. Wenn Fragen nicht ausführlich, sondern nur mit Ja oder Nein beantwortet werden, signalisiert das Desinteresse. Das Gespräch wird holprig. Der interessiert Fragende verliert irgendwann die Lust daran, seinem Gegenüber jedes Wort aus der Nase ziehen zu müssen. Es entstehen minutenlange Gesprächspausen. Sie rührt mit dem Löffel im Kaffee. Er starrt gelangweilt aus dem Fenster. Aus. Das war's. Das Date ist ein Flop.

SECHS TIPPS FÜR EIN GELUNGENES DATE

1. *Seien Sie pünktlich!* Planen Sie, wie lange Sie zum verabredeten Zeitpunkt brauchen. Berücksichtigen Sie den Feierabendverkehr oder eine Verspätung mit öffentlichen Verkehrsmitteln. Lieber 15 Minuten Luft einbauen, als den anderen warten zu lassen. Sie kommen dann abgehetzt zum Treffen und Ihr Gegenüber hat sich schon Gedanken gemacht, ob er versetzt wird. Das setzt beide unnötig unter Stress.
2. *Umgangsformen sind nach wie vor angesagt.* Frauen dürfen sich verwöhnen lassen. Die Tür offenhalten, aus dem Mantel helfen, den Stuhl rücken. Freuen Sie sich über den Gentleman.
3. *Präsente sind beim ersten Date unnötig.* Allerdings ist es nett, ein Thema des Kennenlernens aufzunehmen. Das signalisiert Aufmerksamkeit und Einfühlung. Sie haben am Telefon über Ihre Vorliebe für Nascherei gesprochen – bringen Sie eine Tafel Ihrer Lieblingsschokolade mit. Sie wissen, dass sich Ihr Gesprächspartner für Fußball interessiert? Nehmen Sie einen Bundesliga-Kalender mit. Die Liste der klitzekleinen Mitbringsel ist lang. Machen Sie sich ein paar Gedanken. Der Erfolg ist Ihnen garantiert.
4. *Zigaretten bleiben in der Tasche.* Sie ist Nichtraucher, er freut sich auf die Zigarette nach dem Essen. Geht nicht! Kein Mann kann eine Frau allein im Restaurant zurücklassen, um sich vor der Tür eine anzustecken. Klingt brutal, aber da gibt's keinen Kompromiss. Leicht wird es, wenn beide rauchen. Dann kann man gemeinsam in den Garten gehen. Das entspannt die Situation und man kommt locker ins Plaudern.

5. *Stellen Sie das Handy auf lautlos.* Zeigen Sie, dass Sie die Zeit Ihrem Gesprächspartner widmen. Der Job, die Freunde, das zählt im Moment nicht. Wenn Sie Kinder haben, die Sie erreichen müssen, oder auf einen dringenden geschäftlichen Rückruf warten, kündigen Sie es am besten vorher an und legen das Telefon auf lautlos gestellt neben sich. Wenn es klingelt, können Sie nach einer kurzen Entschuldigung das Gespräch annehmen, aber auf keinen Fall am Tisch führen, sondern in einer ruhigen Ecke. Halten Sie es kurz, denn es ist unhöflich, jemanden warten zu lassen.

6. *Passt nicht.* Kein Problem, Sie können das Date ruhig abkürzen. Aber ein paar höfliche Sätze zum Abschied und ein entspannter Aufbruch müssen schon sein. „Oh, jetzt sehe ich erst, wie spät es schon ist. Nun muss ich aber langsam los. Meine Tochter kommt gleich vom Training und ich möchte nicht, dass sie allein zu Hause ist. Vielleicht gehen wir noch gemeinsam zum Auto. Ich habe gesehen, wo Sie Ihren Wagen geparkt haben."

Diese Gesprächsthemen sind tabu

Finanzen. Wie hoch ist die Miete? Geht Sie nichts an. Auch nicht, was der Urlaub an der Algarve gekostet hat. Genauso wenig fragt man nach der Gehaltsabrechnung. Am einfachsten ist die Grundregel: Finanzen nie ansprechen.

Ex-Partner. Lobeshymnen über den Ex-Partner verunsichern den anderen. Denn der beginnt sich zu vergleichen und fühlt sich im schlimmsten Fall minderwertig. Zudem signalisiert das Schwärmen deutlich, dass man die Beziehung noch nicht verarbeitet hat. Wer dagegen über den Ex-Partner herzieht, wirkt unsympathisch. Man zeigt sich gleich von seiner schlechtesten Seite, als nachtragender, gehässiger Mensch. Also passen Sie auf! Gerade frisch Getrennte tappen oft in diese Falle. Kaum ist das Thema angeschnitten, sprudeln sie los. Wie gemein der Partner doch war. Was er alles falsch gemacht hat und wie man sich an seiner Seite langweilen musste. Was wird davon hängenbleiben? Entweder man wird als haltloses Opfer gesehen oder als boshaftes, nachtragendes Monster. Beides möchte man nicht sein. Also besser den Mund halten und die Akte „Ex" geschlossen lassen.

Krankheiten und Gewichtsprobleme. Kopfschmerzen und Gelenkprobleme? Das klingt nach wehleidig und nicht belastbar. Sie wollen doch attraktiv und begehrenswert sein! Präsentieren Sie sich auch so. Lange Krankenhausgeschichten langweilen, und wer sich mit Jammerei in den Mittelpunkt stellen will, hat sowieso schon verloren. Auch das leidige Diät-Thema wird zum Stimmungskiller: „Ich habe ein paar Pfunde zu viel auf den Hüften!" Ach ja, das sieht er doch. Bitte weisen Sie ihn nicht noch auf Ihre vermeintliche Schwachstelle hin. Wie soll er denn darauf reagieren? Es kann doch nur peinlich enden. Behalten Sie für sich, dass Sie schon lange abnehmen möchten, und stehen Sie zu Ihrem Aussehen. Plaudern Sie lieber über Ihre Stärken, allerdings ohne zu prahlen. „Ich bin die beste Spielerin im Verein!" und „Niemand macht die Lasagne so gut wie ich!" gehören nicht hierher. Wenn Sie Ihre Stärken herausstellen wollen, machen Sie es geschickter. „Ein Freund hat mir einmal ein riesengroßes Kompliment gemacht. Er hat gesagt, dass ich die beste Lasagne in seinem ganzen Freundeskreis mache. Darüber habe ich mich sehr gefreut."

Wollen wir uns wiedersehen?

Ein Blick zur Uhr. Das schöne Treffen geht zu Ende. Was nun? Wollen wir uns wiedersehen? Sie möchten schon. Und er?

Meistens spürt man, ob sich der andere wohlgefühlt hat. Doch manches Mal verstrickt man sich auch so sehr in Wunschvorstellungen, dass man sich keinen klaren Blick mehr zutraut. Es gibt jedoch deutliche Anzeichen dafür, ob man sich verstanden hat. War die Stimmung durchgehend entspannt? Hatte man viel Blickkontakt? Lief das Gespräch wie von selbst? Hatten Sie den Eindruck, die Chemie stimmt zwischen Ihnen? Dann sollten Sie es wagen und offen ansprechen, was Sie sich wünschen: „Ich finde es war ein sehr schönes Treffen. Ich würde es gern wiederholen, wenn Sie mögen!" ist ein netter, unaufdringlicher Satz.

Damit erreichen Sie, dass Sie schnell wissen, was los ist. Sie haben kein Interesse daran, tagelang auf einen Anruf zu warten. Sie möchten gleich hören, woran Sie sind. Und das ist gut so und erspart Ihnen endlose Gespräche mit den Freundinnen und die ständig kreisenden Gedanken, ob und wann er sich wohl melden wird.

Wenn Sie nach einem Date abends im Bett liegen, müssen Sie sicher sein, ob Sie sich bald wiedersehen oder ob Sie Ihr Date vergessen und abhaken können. Das macht es Ihnen die Partnersuche leichter.

Vergessen Sie nicht, dass Sie auch im Alltagsleben zielstrebig und direkt sind, sonst könnten Sie Ihren Job nicht erledigen, Ihre Kinder nicht versorgen, kein Auto kaufen und nicht mal die Verantwortung für ein Haustier übernehmen. Mit der Liebe ist es nicht anders. Auch hier braucht es klare Aussagen, damit man Freude an ihr hat und sie einem nicht das Leben zur Qual macht. Die Zeiten, in denen wir Frauen warten, bis man uns ein Angebot macht, sind vorbei.

Doch Achtung! Sie müssen damit rechnen, dass Ihr Gegenüber anders reagiert, als Sie es erwarten. Ein „Schön, dich kennengelernt zu haben" ist höflich, aber neutral. Das zeigt, dass er offensichtlich kein Interesse hat. Was nun? Sie können offen fragen, warum nicht. Doch das setzt voraus, dass Sie Kritik vertragen können.

> Er hat kein Interesse an einem Wiedersehen? Grübeln Sie nicht lange darüber nach. Haken Sie es ab.

Wenn nicht, sagen Sie einfach nur: „Schade, dass ich Sie nicht so begeistern konnte wie Sie mich!" Dann verabschieden Sie sich mit einem fröhlichen Lächeln und nehmen die Ablehnung sportlich. Sie können ja nicht jedem gefallen.

Danach gilt: nach vorn sehen. Grübeln kostet nur Kraft, und die brauchen Sie ja für die Partnersuche. Es ist also sinnlos, sich zu Hause hinzusetzen und den Abend Revue passieren zu lassen. War es falsch, nach seinem Job gefragt zu haben? Darauf hat er doch ein bisschen harsch reagiert. Oder hätte ich ihn nicht bezahlen lassen sollen? Vielleicht hat ihn das abgeschreckt. Oder habe ich in seinen Augen zu viel getrunken, zwei Gläser Wein? Vielleicht denkt er jetzt, ich sei eine Trinkerin.

Sie können sich noch tagelang mit dem erfolglosen Date auseinandersetzen und sich selbst sezieren. Sie können auch Ihren Freundinnen alles haarklein schildern und deren Meinung zu Ihrem Verhalten einholen. Guttun wird Ihnen das allerdings nicht. Sie werden sich danach völlig verunsichert fühlen und sich die nächsten Wochen nicht mehr zutrauen, mit einem Mann an einen Tisch zu sitzen. Das muss alles nicht sein. Ein schnelles Abhaken ist besser.

Eine zweite Chance

Wenn Sie allerdings unsicher sind, ob Sie Ihr Gegenüber wiedersehen wollen, wischen Sie die Zweifel beiseite. Geben Sie Ihrem Date-Partner doch einfach eine neue Chance. Oft versperrt die Spannung beim ersten Date den Blick auf das Wesentliche.

Er hat so albern gelacht! Na und, als ob das wichtig ist. Vielleicht hat Sie etwas an seinem Aussehen gestört. Wer ist schon perfekt? Wenn er Sie wiedersehen möchte, sagen Sie Ja und nutzen Sie die Gelegenheit, sich an einem gänzlich anderen Ort noch einmal wiederzusehen. Vielleicht entdecken Sie beim zweiten Date Gemeinsamkeiten, die Sie bislang gar nicht wahrgenommen haben.

Stellen Sie sich einfach vor, mit wie vielen Menschen Sie so ein nettes Treffen wie dieses erleben können. Es sind bestimmt nicht viele. Also haben Sie bereits das große Glück, diesen Menschen getroffen zu haben. Er ist es wert, sich noch näher mit ihm zu beschäftigen. Und wenn es wirklich nicht die große Liebe wird, dann können Sie zumindest einen netten Freund finden.

Wer ruft zuerst an?

Die Nacht war unruhig. Sie haben sich nervös hin und her gewälzt, immer wieder tauchten Bilder von „ihm" in Ihrem Kopf auf. In Ihrem Bauch sieht's flau aus, Sie spüren kleine Schmetterlinge und können es kaum abwarten, dass er sich meldet. Sie wollen sich doch wiedersehen. So sind Sie gestern auseinandergegangen. Und jetzt können Sie es kaum abwarten, seine Stimme wieder zu hören, mit ihm genauso angeregt zu plaudern wie beim gestrigen Date.

Am liebsten möchten Sie gleich am Morgen anrufen. Sie könnten ihn fragen, ob er auch so schlecht geschlafen hat wie Sie, und dann ganz schnell den neuen Termin festzurren. Am besten noch heute Abend.

Aber das darf „frau" ja nicht. „Er" muss sich melden! Und Sie müssen sich gespielt gelangweilt geben und in Ruhe Ihren Terminkalender durchsehen, ob Sie einen Abend für diesen Mann freischaufeln können. Zurückhaltung weckt Begehrlichkeiten. So schreibt es doch der Dating-Knigge vor. Wirklich?

Ach was! Es ist doch ganz einfach. Sie hatten ein schönes Treffen und möchten den anderen so schnell wie möglich kontaktieren? Sie möchten ihm sagen, wie sehr Ihnen das Date gefallen hat und wie gern Sie ihn wieder treffen würden? Dann machen Sie es doch einfach. Denn auch in dieser Situation gilt: Bleiben Sie natürlich, tun Sie, wonach Ihnen ist.

Auch wenn Sie ihn schon am nächsten Tag anrufen, sollten Sie sich mit einer weiteren Verabredung etwas Zeit lassen. Ein bisschen Abstand zwischen den Begegnungen tut ganz gut. Sonst verfällt man in einen Rausch der Gefühle, und der trübt den Blick für das Wesentliche. Lassen Sie die vielen Eindrücke ein paar Tage lang sacken, finden Sie einen neuen Blickwinkel. Das tut gut und hilft, sich selbst und den Mann besser einschätzen zu können.

Der erste Kontakt nach dem Treffen

- *Sie bestimmen, wie Sie Kontakt aufnehmen.* Ein kurzer Anruf, eine SMS, eine E-Mail – alles ist erlaubt, um mitzuteilen, dass Sie sich wohlgefühlt haben und sich auf ein neues Treffen freuen. Und wenn der Mann Interesse hat, freut er sich riesig.
- *Warten Sie nicht zu lange.* Selbstauferlegte Anstandsfristen bringen nichts. Reagieren Sie ruhig noch am selben Tag oder am nächsten Morgen. Wer zu lange wartet, schreibt nicht mehr aus der

Stimmung heraus. Zudem könnte Ihr Gegenüber es anders interpretieren und als Gleichgültigkeit auslegen.

- *Achten Sie auf die Zeiten.* Überlegen Sie, wo sich Ihr Dating-Partner gerade aufhalten könnte, wenn Sie ihn anrufen. Im Job, im Auto, auf einem Termin. Alles ist denkbar. Deshalb fassen Sie sich kurz und wundern Sie sich nicht, wenn er kurz angebunden ist. Sie wollen nur ein Zeichen setzen und dürfen keine ausgiebigen Plaudereien erwarten.

- *Hinterlassen Sie eine Nachricht.* Wenn Sie ihn nicht erreichen und nur der Anrufbeantworter anspringt – legen Sie nicht auf. Das wirkt unreif und wenig selbstbewusst, denn in den meisten Fällen verrät die Nummernkennung, dass Sie es waren. Hinterlassen Sie daher auf jeden Fall eine Nachricht. Tipp: Bitten Sie nicht um einen Rückruf, sondern kündigen Sie an, sich wieder zu melden oder schreiben Sie ihm eine WhatsApp-Nachricht. Dann haben Sie es in der Hand, sich zu melden, und Sie sind nicht in der Passivrolle und müssen warten.

- *Nerven Sie ihn nicht.* Beim zweiten Anruf bitten Sie um Rückruf. Wenn Sie dann nichts von ihm hören, sollten Sie zwei, drei Tage verstreichen lassen, bevor Sie es ein drittes Mal versuchen. Danach ist Schluss. Wenn er sich jetzt nicht meldet, müssen Sie akzeptieren, dass er wider Erwarten kein Interesse hat. Jetzt hinterherzutelefonieren ist nur noch peinlich.

- *Zweifeln Sie nicht an sich.* Das Leben geht merkwürdige Wege. Warum meldet sich Ihr Dating-Partner nicht zurück? Er wirkte doch so interessiert und hat Sie als erstes auf ein Wiedersehen angesprochen. Nur das Wo und Wann wollten Sie noch klären. Sie können das Verhalten nicht verstehen. Versuchen Sie es auch gar nicht! Das Leben ist unkalkulierbar, die Menschen sind es manchmal auch. Vielleicht hat er ausgerechnet nach Ihrem Treffen seine Traumfrau gefunden und es ist ihm unangenehm, Ihnen eine Absage zu erteilen. Er könnte auch ein Scharlatan sein, der verheiratet ist und Sie nur als nette Abwechslung gesehen hat. Jetzt will er unnötige Schwierigkeiten vermeiden. Oder er muss für seine Firma dringend einen Auftrag erledigen und hat den Kopf voll mit Terminen und Besprechungen. Was auch immer. Sie spielen für ihn jedenfalls keine Rolle, und das sollten Sie akzeptieren. Wer wirklich Interesse an Ihnen hat, meldet sich. Zeit für eine Whats-App-Nachricht oder eine SMS ist immer. Also – grübeln Sie nicht lange, sondern haken Sie ihn ab! Solche enttäuschenden Erfahrungen gehören auch dazu, wenn man auf der Suche nach dem Richtigen ist.

Test: Wie ist mein Marktwert?

Können Sie gut zuhören?	
Dafür werde ich immer gelobt. Ich bin für viele eine Kummerkasten-Tante.	4 P
Nein, ich habe zu viel um die Ohren.	0 P
Hängt davon ab, ob mich das Thema interessiert.	2 P
Sind Sie treu?	
Auf jeden Fall. Ohne Treue hat eine Beziehung für mich keinen Wert.	4 P
Das hängt davon ab, ob ich mich in einer Partnerschaft wohlfühle.	2 P
Was heißt schon Treue? Menschen können einander auf verschiedene Weise treu sein. Da muss man sich erst einmal einigen, was gemeint ist.	0 P
Worüber unterhalten Sie sich gern?	
Politik und Wirtschaft.	4 P
Mode und Frisuren.	1 P
Kinder und Küche.	1 P
Andere Menschen, gern Prominente.	2 P
Sport und Autos.	4 P

Ein Freund von Ihnen hat sich furchtbar danebenbenommen und bittet Sie um Ihren Rat. Wie verhalten Sie sich?

Ich wasche ihm gehörig den Kopf. Wieso macht er so etwas?	0 P
Ich lasse ihn reden. Mich interessieren die Gründe für seinen Ausrutscher.	4 P
Ich erzähle erst einmal von meinen Fehlern, bevor ich mir sein Problem anhöre.	2 P
Ich suche mit ihm gemeinsam nach einer Lösung, den Fehler wieder auszugleichen.	4 P

Ihre Freundin hat soeben ihren Mann verlassen. Sie weiß nicht, wo sie übernachten soll. Was bieten Sie ihr an?

Sie kann in meinem Bett schlafen. Ich ziehe auf das Sofa.	4 P
Ich suche ihr eine kleine Pension, in der sie preiswert übernachten kann.	2 P
Ich fahre mit ihr zu ihrem Mann und zu dritt suchen wir eine Lösung.	3 P
Ich appelliere an ihre Vernunft und bringe sie nach Hause.	4 P

Ihre Tochter hat sich ein viel zu teures Kleid gekauft. Jetzt kommt sie mit dem Geld nicht aus. Wie reagieren Sie?

Ich gebe ihr das Geld, sage aber klipp und klar, dass sie es mir sofort am Monatsanfang zurückzahlen muss.	2 P
Diese Lektion muss sie lernen. Aus Schaden wird man klug. Das nächste Mal gibt sie nicht wieder so leichtsinnig Geld aus.	1 P
Ich freue mich, dass ihr das Kleid gut steht und übernehme den Kaufpreis.	4 P
Ich rede mit der Verkäuferin, damit sie es zurückgeben kann.	0 P

Auswertung

Mehr als 15 Punkte: Die Traumfrau

Bei Ihnen passt alles. Sie sind vielseitig interessiert, verständnisvoll und einfühlsam. Wenn ein Mann bei Ihnen über die Stränge schlägt, nehmen Sie ihn erst einmal in den Arm, bevor Sie liebevoll nachfragen, warum er sich so verhalten hat. Sie verzeihen schnell, tragen nichts nach und bemühen sich, dass Alltagsleben immer auch aus der Sicht Ihres Partners zu sehen. Und was „er" sich wünscht, ist auch Ihnen wichtig. Davon träumen alle Männer.

8 bis 15 Punkte: Die Beliebte

Sie sind eine beliebte Frau. In Ihrer Nähe fühlt sich jeder wohl. Sie haben das Herz auf dem rechten Fleck und sind immer für alle da. Bei Männern kommen Sie bestens an. Leider oft nur als „Kumpel", denn Sie hören gut zu und wissen oft Rat. Aber die meisten Männer fühlen sich Ihnen als Partner nicht gewachsen. Sie trauen sich nicht zu, Sie dauerhaft zu faszinieren und Ihnen ein fesselnder Partner zu sein. Aus Angst vor einer Enttäuschung bleiben sie lieber auf freundschaftlicher Distanz.

Weniger als 8 Punkte: Die schwer Vermittelbare

Sie sind sehr diszipliniert, erfolgreich und haben eine Neigung zum Perfektionismus. Den hohen Anspruch an sich selbst übertragen Sie auch auf die Männer in Ihrer Umgebung. Das schreckt viele ab. Sie haben in Ihrer Nähe nicht nur das Gefühl, beobachtet und kontrolliert zu werden, sie fühlen sich auch unterlegen. Da nehmen Männer schnell Reißaus.

Das zweite Date – ist es jetzt für immer?

Beim ersten Date sind Sie auf Nummer sicher gegangen und haben sich erst einmal zu einem Kaffee verabredet? Jetzt, beim zweiten Date, sollten Sie sich in einem gemütlichen Restaurant verabreden. Hier können Sie sich ungestört unterhalten und sich entspannt näherkommen. Wenn Sie einen guten Restaurant-Tipp haben, sagen Sie es ruhig und übernehmen Sie es auch, den Tisch zu reservieren.

Verabreden Sie sich auch jetzt noch nicht in Ihren eigenen vier Wänden. Wenn Sie nicht allein leben, müssen Sie Ihren Kindern den

Besuch vorstellen. Dafür ist es aber viel zu früh. Wenn Sie allein leben, kann es zu unnötigen Missverständnissen kommen. Männer interpretieren Einladungen nach Hause auch heute noch häufig falsch. Erwartet sie, dass er jetzt aufs Ganze geht? Soll er vorpreschen und zärtlich werden? Wenn er es nicht tut, denkt sie dann, er wolle nichts von ihr? Ersparen Sie sich dieses unnötige Durcheinander.

Ein schönes Abendessen in einem Restaurant, mit zeitlich offenem Ende, am besten also an einem Freitag- oder Samstagabend, bringt Sie auf der Suche nach dem Mann fürs Leben garantiert ein Stückchen weiter. So oder so. Denn nach dem zweiten Date merkt man meist genau, wohin die Reise geht. Horchen Sie in sich hinein. Spüren Sie erste zaghafte Funkenschläge? Wenn nicht, sollten Sie jetzt einen Schlussstrich ziehen und nur noch von Freundschaft sprechen. Können Sie sich mehr vorstellen, sagen Sie es offen. Für Unsicherheiten ist jetzt gar kein Platz mehr. Sie sind so vertraut miteinander, dass Sie offen besprechen können, wie es weitergehen könnte.

Kann ich alles glauben?

Zugegeben, die weitaus meisten Männer sind ehrlich und wirklich auf der Suche nach der richtigen Partnerin. Aber wie in allen Lebensbereichen gibt es auch bei der Partnersuche schwarze Schafe. Dabei geht es nicht nur darum, sich jünger, schöner, reicher, erfolgreicher zu machen, also etwas zu dick aufzutragen. Nein, es geht auch um Männer, die mit den Herzen und dem Portemonnaie ihrer angeblich Angebeteten spielen wollen. Die Liebesschwüre und die Aufmerksamkeit sind nur Mittel zum Zweck. Gerade wer einen Partner über das Internet sucht, sollte vorsichtig sein. Hier wird auch mit falschen Fotos und Namen gesucht. Dahinter können sich harmlose Spieler verbergen, Ehemänner, die auf der Suche nach einem schnellen Abenteuer sind, aber auch richtige Kriminelle, die sich Frauen ausgucken, um ihnen finanziell schwer zu schaden. Sie hinterlassen geplünderte Konten und ein gebrochenes Herz.

SO SCHÜTZEN SIE SICH VOR BETRÜGERN

Bevor Sie sich nach einem zweiten Date noch näher auf einen Mann einlassen, sollten Sie Ihr Herz kurz mal wegpacken und den Kopf einschalten. Arbeiten Sie eine Checkliste ab, auf der steht, worauf Sie achten sollten. Denken Sie nicht, Sie seien viel zu misstrauisch. Gehen Sie einfach davon aus, dass die Vorsicht berechtigt ist.

- Haben Sie seine Festnetznummer? Versuchen Sie eine Rückwärts-Suche und überprüfen Sie den Eintrag.
- Lassen Sie sich seine konkrete Anschrift geben und fahren Sie an der angegebenen Adresse vorbei. Scheuen Sie sich nicht, unauffällig das Namensschild zu prüfen.
- Ist es zu weit, überprüfen Sie die Adresse anhand von Google-Earth. Stellen Sie danach konkrete Fragen zu Größe und Lage der Wohnung, natürlich spielerisch. Stimmen seine Angaben mit den Bildern bei Google-Earth überein?
- Googlen Sie seinen Namen. Wenn er eine Firma hat, muss sie zu finden sein. Auch Praxen, Kanzleien und andere Existenzen sind nachprüfbar.
- Suchen Sie seinen Namen bei Facebook oder Xing.
- Fragen Sie nach Freunden. Wenn Sie aus der gleichen Gegend kommen, sollte es Übereinstimmungen geben.

Einladung nach Hause?

Bitten Sie erst dann jemanden zu sich nach Hause oder lassen sich von ihm einladen, wenn Sie sich vertraut sind. Die ersten Dates sollten niemals in den eigenen vier Wänden stattfinden. Zum einen aus reiner Vorsicht, denn mit einem Fremden in der Wohnung zu sein, ist nicht ungefährlich. Des Weiteren auch, um keine falschen Stimmungen zu erzeugen. Doch wenn Sie Ihr Gegenüber „ausgecheckt" haben und an weiteren Begegnungen interessiert sind, gibt die eigene Wohnung dem Treffen den richtigen Rahmen.

Denn die Wohnung eines Menschen gibt viel über ihn preis. Das Mobiliar, die Deko, Urlaubsfotos an den Wänden, Bücher im Regal.

Sie sehen, was Ihr Gastgeber mag, womit er sich gern umgibt. Sie erkennen, ob jemand gern zu Hause ist, gern liest, ein besonderes Hobby hat. Sie registrieren Ordnungsliebe und Lässigkeit. Sind die Bücher nur Deko oder werden sie auch gelesen? Ist die Küche nur eine Notwendigkeit oder wird sie auch viel benutzt? Gibt es Zimmerpflanzen, Blumen, eine hübsch bepflanzte Terrasse? Dann mag der Bewohner auch die Natur.

Frühestens das dritte Date darf in Ihrer oder seiner Wohnung stattfinden.

Doch nicht nur Sie können bei einem Besuch im Zuhause Ihres Dating-Partners viel erkennen. Auch Ihr Gast kann viel aus Ihrer Umgebung ablesen. Entscheiden Sie vorher, ob Sie das schon wollen. Wenn ja, dann lassen Sie den großen Frühjahrsputz und die Grundentrümpelung. Es bringt nichts, sich zu verstellen. Wenn es mit der Partnerschaft etwas wird, müssen Sie sowieso die Maske fallenlassen. Wer nicht sonderlich ordentlich ist und für den Besucher die Wohnung ausnahmsweise picobello aufräumt, schneidet sich ins eigene Fleisch. Denn lange kann man sich nicht verstellen und den anderen täuschen. Besser ist es, zu seinem Verhalten zu stehen. Charmant ein paar Bücher zur Seite zu legen und lächelnd zu sagen: „Bei mir sieht man eben, dass jemand in der Wohnung lebt!", ist erfolgversprechender, als tagelang seine ganze Habe in Schränke zu verbannen.

Achtung: Eine Einladung in die eigenen vier Wände ist immer auch eine Einladung ohne Öffentlichkeit. Sie signalisiert, dass man zu zweit sein möchte, ungestört. Das kann zu Missverständnissen führen, Männer können darin eine Aufforderung zur Intimität sehen. Deshalb ist es für Frauen wichtig, die richtigen Signale zu senden. Wenn Sie sich nur unterhalten wollen, sollten Sie korrekt angezogen sein und auf ein sexy Outfit verzichten. Schaffen Sie eine unverfängliche Atmosphäre und stellen Sie klar, wo Ihre Grenzen sind: „Die Kinder schlafen nebenan, wir müssen etwas Rücksicht nehmen" oder „Da ich morgen früh aus dem Haus muss, darf es heute Abend nicht so spät werden".

Missverständnisse lassen sich übrigens am einfachsten vermeiden, wenn Sie sich nicht abends, sondern nachmittags in der Wohnung zu einem Kaffee treffen.

Oder laden Sie Ihren Auserwählten zum Kochen ein und bitten Sie ein befreundetes Paar dazuzukommen. Dann ist die Stimmung unkompliziert und Sie bekommen noch ein Feedback von anderer Seite. Nehmen Sie die Meinung Ihrer Freunde übrigens ernst. Sie haben vermutlich schon die rosarote Brille auf und keinen klaren Blick mehr. Ihre Freunde sind dagegen neutral. „Er wirkt sehr arrogant" oder „Ich finde ihn viel zu langweilig für dich" kann zumindest dazu führen, dass man sich Gedanken macht, ob etwas Wahres daran sein könnte.

Ist er der Richtige?

Wer intensiv auf Partnersuche ist, verliert leider oft den klaren Blick. Die Sehnsucht wird im Laufe der Zeit immer größer. Man möchte endlich mit einem Menschen zusammenleben und wird ungeduldig. Und je mehr man sich sehnt, desto eher denkt man sich eine Bekanntschaft schön. Diesmal passt doch alles. Man „liebt" endlich wieder. Wirklich? Oder redet man sich das große Gefühl nur ein?

„Ich war richtig ausgehungert nach Liebe und ständig auf der Suche nach einem Mann" gesteht die fünfundvierzigjährige Technikerin Isabell. „Als in unserer Firma ein neuer Kollege anfing, habe ich mich sofort erkundigt, ob er unverheiratet ist. Er war es. Und Fred sah gut aus und war superfreundlich zu mir. Als er mich einmal zum Essen einlud, war ich hin und weg. Für mich war es gleich Liebe. Ich habe ihn angehimmelt und mir ausgemalt, wie schön unser gemeinsames Leben aussehen könnte. Doch Fred stand lieber auf dem Fußballplatz, als sich mit mir zu treffen. Sogar das habe ich hingenommen, weil ich einfach alles an ihm toll fand. Denn er war freundlich zu mir. Für mich schon Anlass genug, mir die ganz großen Gefühle einzureden. Dabei war ich nur euphorisch, weil ich glaubte, mit ihm wäre das Ende meiner Einsamkeit gekommen. Erst als ich zu einem zweiwöchigen Seminar musste, bekam ich wieder einen klaren Blick. Als ich Fred danach wiedersah, konnte ich mich überhaupt nicht mehr verstehen. Fred war alles andere als ein Traummann. Eigentlich war er ungepflegt und träge und sein ständiges Gerede über Fußball ging mir plötzlich auf die Nerven. Daraus habe ich gelernt und meine Partnersuche erst einmal auf Eis gelegt. Wer so verkrampft ist, findet doch nie den Richtigen."

Isabell hat aus ihrem Fehler gelernt. Sie hat sich danach die Zeit genommen, in Ruhe zu überlegen, welcher Mann zu ihr passen könnte. Dazu hat sie einige gute Freundinnen und auch ihre Mutter befragt. Sie hat sich sagen lassen, wo sie ihre Stärken, aber auch, wo sie ihre Schwächen hat. Und sie hat sich überlegt, welche Eigenschaften sie bei einem Mann gar nicht vertragen könnte. Klar muss man Kompromisse eingehen, das weiß Isabell auch. Aber es hat keinen Sinn, Eigenarten erst einmal zu akzeptieren, obwohl man genau weiß, dass sie einen langfristig stören werden. Nur weil man schnell „von der Straße" will und Angst hat, das Alleinsein nicht mehr aushalten zu können. Auf jeden Topf passt ein Deckel, sagt ein altes Sprichwort. Das stimmt, aber der Deckel muss gut schließen. Sonst kann man den Topf nicht wirklich nutzen.

HIER MÜSSEN SIE MISSTRAUISCH WERDEN!

- Er gibt Ihnen nur seine Handynummer.
- Wenn Sie außerhalb der verabredeten Zeiten anrufen, läuft immer nur die Mailbox.
- Er schildert sein Berufsbild sehr diffus.
- Auf klare Fragen „Wo arbeitest du?" oder „Wo wohnst du?" bekomme Sie nur ausweichende Antworten.
- Er hat beim Abendessen angeblich sein Portemonnaie vergessen.
- Am Wochenende hat er keine Zeit.
- Er hat angeblich keinerlei Kontakt zu seiner Familie.
- Er gibt an, keine Freunde zu haben.

Psychologen bezeichnen das Verhalten, sich einen potenziellen Partner schönzureden, als Tunnelblick. Man sieht das glänzende Ende, den krönenden Höhepunkt, und will nicht sehen, was davor ist.

Aber der Körper macht es einem auch schwer, einen klaren Blick zu bewahren. In der Begeisterung, endlich einen Partner gefunden zu haben, schüttet er Glückshormone aus, sogenannte Endorphine. Der Mann wird idealisiert, alles an ihm ist perfekt. In so einer Stimmung sieht man in Männern den Richtigen, die eigentlich gar nicht zu einem passen können. Die Entzauberung kommt später. Doch dann hat man oft schon Weichen gestellt: einen gemeinsamen Urlaub gebucht oder eine Wohnung gemietet.

„Ich frage mich, warum du so für diesen Mann schwärmst. Das ist doch ein totaler Langweiler", sagt Inge zu ihrer Freundin Viola, als die ihr ihren angeblichen Traummann präsentiert. Diese will das nicht glauben und ist sogar etwas beleidigt, weil die Freundin die tolle „Beute" so schlecht macht. Erst als die Sechsundvierzigjährige mit ihrem Traummann drei Wochen Urlaub auf einer ruhigen Nordseeinsel macht, kühlen ihre Gefühle schlagartig ab. Jetzt sieht sie ihren Partner klarer. Plötzlich merkt sie, wie schleppend die Gespräche mit ihm ablaufen und wie wenige Interessen er eigentlich hat. „Inge hat recht", denkt sie bei der Abreise. „Er ist wirklich langweilig."

Viola hat ein Urlaub die Augen geöffnet. Isabell hat sich in eine einseitige Schwärmerei hineingesteigert. Beide hätten sich die Erfahrung sparen können, wenn sie vorher in Ruhe überlegt hätten, was sie von einem Partner erwarten, was sie brauchen. Dann hätten sie schneller erkannt, dass sie mit ihren Gefühlen völlig falsch liegen.

Also bleiben Sie kritisch! Schalten Sie den Kopf nie aus. Ein klopfendes Herz allein kann den Weg nicht weisen. Fragen Sie sich ehrlich, was Ihnen an dem Mann gefällt. Dabei müssen Sie trennen: Ist es nur schön, dass jemand bei Ihnen ist und Ihnen das Alleinsein nimmt, oder mögen Sie wirklich genau seine Eigenschaften?

Wer sich eine ernsthafte Partnerschaft wünscht, sollte sich auch überlegen, ob die Lebenszuschnitte zueinander passen. Für eine Frau mit drei kleinen Kindern ist die Begegnung mit einem abenteuerlichen Globetrotter sicherlich spannend, aber dauerhaft kann sie mit ihm nicht glücklich werden. Und eine unternehmungslustige Frau trifft keine gute Wahl, wenn sie sich für einen Mann entscheidet, der sein Glück im Hobbykeller findet.

> Sehen Sie die Ente, wie sie ist, und suchen Sie weiter nach dem Schwan.

Klar gleichen sich Menschen einander an. Aber das geht nur bis zu einem gewissen Grad. Nehmen Sie Unterschiedlichkeiten von Anfang an ernst, denn eine lockere Bekanntschaft zu beenden ist einfacher und garantiert weniger schmerzhaft als eine mehrjährige Beziehung. Wer rechtzeitig die Notbremse zieht und seine Gefühle überprüft, erspart sich viel Liebesleid.

Und eines müssen Sie wissen: Es wird nicht der letzte Mann sein, der Ihnen gefällt. Es werden viele andere kommen. Vertrauen Sie der Zukunft und dem Fluss des Lebens. Reden Sie sich nicht ein, dass Sie aus einem hässlichen Entlein einen schönen Schwan machen können. Sehen Sie die Ente, wie sie ist, und suchen Sie weiter nach dem Schwan.

Dann gibt es noch diejenigen, die einfach nur „verliebt in die Liebe" sind. Sie mögen des Gefühl zu schweben und versuchen sich dieses Glücksgefühl immer wieder zu holen. Der Flirt am Telefon, das erste Date, das erste Mal zu Hause, der erste Sex. Alles, was neu ist, reizt sie, und sie können nicht genug von dieser rosaroten Brille und den Schmetterlingen im Bauch bekommen. Sobald aber die erste Verliebtheit verfliegt und der Alltag einkehrt, nehmen solche Männer und Frauen Reißaus. Schlimmstenfalls führt das zu einer Art „Partner-Hopping". Diese Menschen gehen nur lockere Bindungen ein. Sowie es ernst wird, kneifen sie und lassen ihre Partner im Stich.

Aber glauben Sie jetzt nicht, dass sie das mit kühler Berechnung machen. Keineswegs. Diese Menschen sehnen sich wirklich nach einer innigen Liebe. Aber sie haben andere Vorstellungen davon. Sie wollen nur den Kitzel der Verliebtheit. Als Konzept für das wirkliche Leben ist das nicht geeignet.

Die zweiundvierzigjährige Susanne ist das Opfer eines Partner-Hoppers geworden. Im vergangenen Sommer lernte die attraktive Betreiberin eines Fitness-Studios den Mann im Internet kennen. Sie lebt in Wiesbaden, er in Wien. Die Entfernung schreckt sie nicht, bereits nach zwei Wochen sitzt sie im Flieger und ist auf dem Weg zu ihm. Er arbeitet bei den Stadtwerken in einer Führungsposition und hat eine schöne Wohnung im feinen Ersten Bezirk. Susanne verliebt sich am ersten Wochenende und fliegt von nun an alle zwei Wochen zu ihm. Nach drei Monaten träumt sie sich in ein neues Leben. Sie planen gemeinsam den Neustart in Wien. Susanne, eine leidenschaftliche Reiterin, vermietet ihr Fitness-Studio und ihre Wohnung und zieht mitsamt Pferd nach Wien um. Was dann kommt, klingt unglaublich. Als Susanne mit dem Umzugsunternehmen bei ihm ankommt, nimmt Ulf sie beiseite. „Er druckste ganz komisch herum. So hatte ich ihn noch nie erlebt. Schließlich sagte er offen: ,Ich denke, du solltest dir eine eigene Wohnung nehmen. Dann können wir uns besser aneinander gewöhnen. Ich habe mich auch schon um etwas gekümmert. Komm, ich habe die Schlüssel und zeige dir dein Reich.'"

Susanne vergießt bittere Tränen. So war es nicht abgesprochen. Sie wollte mit ihm leben. Doch ein Zurück gibt es nicht. Sie lässt ihre Möbel in die neue Wohnung tragen, abends weint sie sich in den Schlaf. Auch am nächsten Morgen wirkt Ulf verändert. Er möchte sie nicht jeden Tag sehen, es wäre ihm lieber, wenn sie ihre Partnerschaft langsam aufbauen. Susanne wird misstrauisch. Sie hat noch einen Schlüssel zu seiner Wohnung und das Passwort für seinen Zugang zur Partnerbörse im Internet. Hier entdeckt sie die ganze Wahrheit. Vom ersten Tag ihrer Bekanntschaft an hatte Ulf regelmäßige Kontakte zu anderen Frauen. Selbst an den Wochenenden, an denen Susanne in Wien war, hat er fleißig anderen Frauen geschrieben, sich sogar mehrmals gleich nach ihrer Abreise mit ihnen verabredet. Susanne ist schockiert. Ihre große Liebe, der Mann, für den sie ihre Existenz aufgegeben hat, hat die ganze Zeit ein Doppelspiel gespielt. Als sie ihn damit konfrontiert, bricht Ulf weinend zusammen. „Ich war das Opfer und musste ihn jetzt auch noch trösten. Er sagte, dass er sich eine enge Beziehung wünsche, aber immer kneife, wenn es soweit wäre. Er hätte immer mehrere Frauen gleichzeitig und habe Angst, sich auf eine einzige fest einzulassen. Denn dann sei das schöne Spiel vorbei und es komme unweigerlich der Alltag. Und den wolle er eigentlich gar nicht. Wie ein Häufchen Elend saß er vor mir und gab sogar zu, dass er seit Jahren zu einem Psychologen geht, der ihm hilft, mit dieser Einstellung zurechtzukommen."

Innerhalb einer Woche verlässt Susanne samt Möbeln und Pferd Wien. Sie findet bei ihren Eltern Unterschlupf und baut sich mühsam wieder eine neue Existenz auf. Die Männersuche hat sie nicht aufgegeben. „Aber ich bin vorsichtig geworden und achte darauf, ob jemand nur verliebt in die Liebe ist oder wirklich in mich."

Deshalb gilt: Prüfen Sie, ob der Partner wirklich der ist, den Sie suchen. Im Kasten finden Sie ein paar Fragen, an denen Sie sich orientieren können. Am besten schreiben Sie sich Ihre Antworten

WIE GUT PASSEN SIE ZUSAMMEN?

1. Passen Ihre Lebensziele zusammen?
2. Haben Sie gleiche Werte, was Familie, Kinder, Freunde und Arbeitseinstellung betrifft?
3. Können Sie sich vorstellen, mit diesem Mann/mit dieser Frau Ihr ganzes Leben zu verbringen?
4. Sind Sie bereit, mit seinen/ihren Macken und Eigenarten zu leben?
5. Malen Sie sich aus, wie ein gemeinsamer Alltag aussehen könnte. Sind Sie sehr häuslich oder lieben Sie es, viel unterwegs zu sein?
6. Wie möchten Sie wohnen? In einem Haus oder einer Wohnung?
7. Sind Sie eher ein Stadt- oder ein Landtyp?
8. Wohin gehen die gemeinsamen Urlaubsreisen?
9. Wie könnte Ihre gemeinsame Freizeitgestaltung aussehen?

auf – noch besser ist es, wenn Sie die Fragen gemeinsam mit Ihrem Auserwählten beantworten. Wenn Sie ehrlich sind, wissen Sie am Ende ganz genau, ob Sie eine Chance haben oder besser die Finger voneinander lassen sollten.

Daran erkennen Sie, ob er will

Die Temperaturen steigen schon mittags auf verführerische 22 Grad, Sie haben sich zu einem Spaziergang am See verabredet. Die Luft ist samtig. Ihre Stimmung auch. Sie gehen zwanglos nebeneinander her, scherzen, lachen. Plötzlich legt er seinen Arm um Ihre Schultern. Ihr Herz pocht. Es ist mehr als nur Freundschaft, die er für Sie empfindet. Oder? Am Abend bringt er Sie noch zu Ihrem Auto. Sie stehen an der Fahrertür und bedanken sich artig für den schönen Tag. Sie riechen den Duft seines Eau de Toilette, als er Sie zum Abschied fest in die Arme nimmt. Sie schließen die Augen und – ja, hoffen. Sie hoffen auf einen Kuss, innig, voller Zärtlichkeit. Stattdessen gibt's nur ein Bussi auf die Wange und ein freundliches: „Es war schön mit dir. Hoffentlich wiederholen wir das einmal!"

Sie steigen in Ihr Auto und er winkt Ihnen nach, als Sie langsam den Wagen anrollen lassen. Nach ein paar Metern kullern Ihnen die Tränen über die Wangen. Sie sind enttäuscht. Der Tag, er war ein Flop. Immerhin war es Ihr drittes Treffen. Seit drei Wochen telefonieren Sie täglich. Heute wäre die Zeit reif gewesen, seine Gefühle zu offenbaren. Ein Kuss, und alles wäre klar gewesen. Jetzt ist gar nichts klar. Sie haben sich verliebt. Und er? Was will er eigentlich? Sollen Sie die gute Freundin werden, die man beim nächsten Liebeskummer um Rat bittet? Oder sind Sie nur ein Zeitvertreib, bis er die Richtige findet?

Beide Rollen schmecken Ihnen nicht und Sie beginnen zu grübeln. Die Gänseblümchen-Nummer mit „Er will mich" und „Er will mich nicht" bringt in Ihrem Alter auch nichts mehr. Sie brauchen Klarheit, immerhin haben Sie keine Zeit mehr zu verlieren. Sie wünschen sich einen Partner. Jetzt und nicht erst in ferner Zukunft.

Detailliert lassen Sie die letzten drei Treffen in Ihrem Kopf ablaufen, versuchen sich an jeden Satz und jede Geste zu erinnern. Hätte er aus meinem Glas getrunken, wenn er nicht schon Tornados im Bauch gespürt hätte? Oder warum sollte er die teure Theaterkarte kaufen, wenn ich ihm nicht wichtig wäre? Obwohl! Ja, den Sonntag, den hat er mit seinem Freund beim Tennis verbracht. Vielleicht bin ich doch nur eine nette Abwechslung, aber sicher nicht die Frau fürs Leben.

Merken Sie es? Das bringt alles nichts. Grübeln ist Zeitvergeudung. Es gibt untrügliche Zeichen, woran Sie erkennen, ob ein Mann mehr von Ihnen will als einen Flirt oder ein schnelles Abenteuer.

Er meldet sich. Sitzungen, Auslandsflüge, wichtige Termine bei Kunden, aber auch der Geburtstag der Tante und eine längst getroffene Verabredung zum Bowlen. Gründe, dass man im Stress ist oder einfach keine Zeit hat, gibt es viele. Doch wenn er wirklich will, meldet er sich. Schnell eine SMS oder eine WhatsApp-Nachricht vom Flughafen oder ein kurzes Telefonat aus dem Garten der Tante – wenn Männer Interesse an einer Frau haben, finden sie Gelegenheiten, sich zu melden.

Er sieht Sie an. Sie sitzen in einem Lokal und unterhalten sich lebhaft mit einem Mann, der Ihnen gefällt. Wie verhalten Sie sich? Sie können sich nicht sattsehen, stimmt's? Natürlich schmachten Sie ihn nicht dauernd an. Aber Sie versuchen schon, so oft es geht, einen Blick zu erhaschen. Sie suchen seine Augen, halten seinem Blick stand. Und wenn sich Ihre Blicke treffen, könnten Sie versinken im Glücksstrudel. Sehen Sie, und so geht es einem Mann auch, wenn er Interesse an einer Frau hat. Er nimmt Augenkontakt auf, hat sie immer im Blick, auch wenn sie auf einer Party in einer anderen Ecke des Raums ist. Er will sie nicht aus den Augen verlieren, jede Gelegenheit nutzen, in ihrer Nähe zu sein. Zumindest mit Blicken wird er sie festhalten wollen.

Er hört zu. Sie reden lebhaft über seinen Job. Stolz erzählt er Ihnen, wie sehr sein Chef ihn lobt und dass er die besten Umsätze in der Firma hat. Und dann kommen Sie. Sie erzählen von Ihrer letzten

Beförderung und wie sehr Sie sich darüber gefreut haben. Und er? Wie reagiert er? Hört er zu? Stellt er Fragen? Hakt er nach? Männer, die ernsthaftes Interesse haben, hören ganz genau zu, weil sie viel wissen wollen von der Frau, mit der sie vielleicht einmal das Leben teilen wollen. Sie versuchen zwischen den Zeilen zu lauschen, ob sie ehrgeizig oder bequem, durchsetzungsstark oder ängstlich ist. Wenn sie von ihrer Mutter schwärmt, fragen sie nach, was genau sie so schätzt, und sie wollen wissen, warum sie sich so rührend um die Neffen kümmert. Es interessiert sie, an welchen Sportarten ihre Kinder Freude haben und warum ihnen beim Segelkurs so schlecht geworden ist. Wer eine Frau für eine ernsthafte Beziehung sucht, ist froh, wenn er viele Dinge erfährt, die ihr wichtig sind. Denn dann weiß er umso schneller, woran er ist.

Er behält auch Kleinigkeiten. Sie bestellen sich im Garten-Café ein Stück Schwarzwälder Kirschtorte und er wirft lachend ein, dass Sie die schon immer gern mit Ihrer Oma gebacken haben. Bingo! Jetzt sind Sie wirklich baff! Denn diese nette Anekdote haben Sie beim allerersten Date erzählt. Damals, als Ihnen die ganze Sahne auf den Boden geknallt ist und die Oma Sie noch liebevoll getröstet hat. „Das hast du behalten?", fragen Sie fasziniert. Er lächelt. Sie können jetzt ganz zuversichtlich sein. Denn wer sich Kleinigkeiten merkt, saugt alles auf, was Sie erzählen. Weil Sie ihm wichtig sind, weil er alles von Ihnen wissen will. Ein tolles Kompliment!

Er lässt Schwächen zu. Bei der ersten Begegnung zeigte er sich von seiner besten Seite: schönes Auto, gepflegte Manieren und beruflich auf der Überholspur. Jetzt sitzt er entspannt im Pulli im Lokal und erzählt mit ernster Miene, wie sehr es ihn trifft, dass sein Kollege ihn mobbt. Seit ein paar Wochen schläft er unruhig und hat Sorge, bald seinen Arbeitsplatz zu verlieren. Er suche deshalb eine neue Aufgabe. Denn sich ständig verteidigen, nein, das könne er nicht. Wenn Sie so ein offenes Geständnis bekommen, können Sie davon ausgehen, dass er es ernst mit Ihnen meint. Männer lieben die Fassade des Starken und Unbesiegbaren. Wenn sie sich hinter die Kulissen sehen lassen, dann zeigen sie echtes Vertrauen. Es ist ein Zeichen, dass er sich bei Ihnen wohlfühlt, Sie ernst nimmt und sich ein Leben an Ihrer Seite gut vorstellen kann.

Wo möchtest du denn in fünf Jahren sein? Diese Fragen kennen Sie vielleicht von einem Einstellungsgespräch. Personalberater stellen gern zukunftsgerichtete Fragen, weil sie wissen möchte, ob der Bewerber in die Firma passt. Ähnlich ist es bei einer sich anbahnenden Partnerschaft. Männer, die in die Zukunft gerichtete Fragen stellen, wollen auch herausfinden, ob sie mit der Frau, die sie im Auge haben, glücklich werden können. „Kannst du gut kochen?" ist ziemlich plump. Also geht's durch die Hintertür. „Könntest du dir ein Leben auf dem Lande vorstellen?" fragt er gern, wenn er schon auf dem Dorf lebt. Oder „Hast du mal daran gedacht, einen Golfkurs zu machen?" wenn er selbst gern auf dem Platz steht. Solche Fragen zeugen von einem ernsthaften Interesse. Sie dürfen weiterhin Herzklopfen haben.

Wann Sie keinen Gedanken mehr an ihn verschwenden sollten

Das erste Date war wunderbar. Die drei anderen auch. Er hat so nett mit Ihnen geplaudert und beim Abschied versprochen, sich zu melden. Jetzt warten Sie schon seit vier Tagen auf seinen Anruf. Vermutlich musste er ganz schnell ins Krankenhaus. Seinen Kindern könnte ja etwas passiert sein. Oder er hat selbst einen Unfall gehabt. Natürlich erinnern Sie sich an den Filmklassiker „Die große Liebe meines Lebens" mit Gregory Peck und Deborah Kerr, in dem sie auf dem Weg zu dem verabredeten Date vom Auto überrollt wird und nicht kommen kann. Sie bleibt gelähmt und will ihn nicht mit ihrer Krankheit belasten. Nur durch Zufall trifft er sie wieder. Tief enttäuscht, weil er immer noch denkt, dass sie bewusst nicht zum verabredeten Treffpunkt erschienen ist. Dann erkennt er, was wirklich passiert ist: Sie hatte einen tragischen Unfall. Nur dieser Schicksalsschlag stand den Gefühlen im Wege. So könnte es auch bei Ihrem Wunschpartner sein.

Blödsinn! Stellen Sie Ihre Fantasie einfach ab. In der Regel werden Männer, die sich nach einem Date nicht mehr melden, nicht von einem Auto erfasst. Sie mussten auch nicht überraschend nach Nicaragua und sitzen jetzt in einem Funkloch fest. Nein, sie haben einfach keine Lust auf Sie.

Gut, so können Sie das nicht stehenlassen. Sie wollen Klarheit. Immerhin haben Sie ein gutes Einfühlungsvermögen und können einschätzen, ob sich ein Mann für Sie interessiert oder nicht. Na, dann rufen Sie ihn an und fragen ihn direkt, warum er sich nicht gemeldet hat. Sie können es auch auf sein Band sprechen oder ihm eine SMS mit der Frage schreiben. Wieder Funkstille? Vergessen Sie ihn. Verschwenden Sie keinen Gedanken an diesen Mann. Sparen Sie sich Ihre Energie für einen anderen.

Liebe auf den zweiten Blick

Die langbeinige Blondine steht in der Straßenbahn und schwups fällt ihr die Aktentasche aus der Hand. Der sympathische Lockenkopf hebt sie auf. Ihre Blicke treffen sich. Und es macht zoom. Liebe auf den ersten Blick. Sicherlich, es gibt sie wirklich. Aber sie ist nicht die Regel. Liebe braucht Vertrauen, und das baut sich nur langsam auf.

Innerhalb von wenigen Sekunden haben wir eine Vorstellung davon, ob ein Mensch zu uns passen könnte. Blitzschnell ordnen wir den äußeren Eindruck ein: Kleidung, Auftreten, Sprache. Es geht um biochemische Prozesse und Glückshormone. Es prickelt. Wir haben Interesse. Aber schon nach ein paar Minuten kann das Prickeln vorbei sein. Es reicht ein Satz, der zu hart über die Lippen kommt. Ein falscher Ausdruck, der uns nicht gefällt. Vielleicht auch ein Geruch, der in uns schlechte Erinnerungen wachruft. Und schon wird aus der anfänglichen Zuneigung Distanz.

Doch davon sollten Sie sich nicht abschrecken lassen. Das muss nicht heißen, dass es sich nicht lohnt, diesen Menschen näher kennenzulernen.

Verlieben kann man sich nicht auf Knopfdruck, auch nicht, wenn alles da ist, was wir uns von einem Partner wünschen. Besonders auffällig ist es bei Internet-Bekanntschaften. Man kann sich in den Portalen alles wünschen: Größe, Alter, Augenfarbe, dazu den Beruf, das Häuschen und die Leidenschaft für eine Nordsee-Insel. Wie ein Kleid, kann man auch den Traumpartner via Internet anfordern. Klick – 395 Partner entsprechen den gewünschten Vorstellungen. Noch ein Klick und 46 leben sogar in der näheren Umgebung. Vielleicht kann man das Ganze noch auf einen Umkreis von zwei Kilometern einschränken und mit etwas Glück findet man einen perfekten Partner in der Nebenstraße. Aber das allein reicht nicht. Denn das Herz lässt sich nicht überrumpeln.

> Wenn Sie ernsthaft einen Partner fürs Leben suchen, sollten Sie sich Zeit für einen Menschen nehmen und zweimal hinschauen.

Vielleicht ist es sogar der Richtige, aber Sie haben gerade so viel Stress am Arbeitsplatz oder machen sich Sorgen um Ihre kranke Mutter. Vielleicht suchen Sie ausgerechnet an dem Tag auch das Haar in der Suppe. Alles passt, aber Sie wollen keinen Mann, der nicht gern im Harz wandert.

Wer eine Liebe fürs Leben sucht, sollte deshalb immer auch einen zweiten Blick wagen. Nicht gleich abhaken, sondern genau hinsehen. Nicht aufgrund von Äußerlichkeiten vorschnell aussortieren, sondern andere Qualitäten suchen.

Viele Menschen leben heute in der Großstadt, sie kennen kaum ihre Nachbarn und in der Firma hat man nur mit einer Handvoll Kollegen näher zu tun. Wir sind bei Kontakten zu anderen Menschen vorsichtig geworden. Unsere Wahrnehmung ist geschult und wir packen Menschen anhand von Merkmalen, die wir als typisch erachten, schneller in Kästchen. Aber Vorsicht: Vielleicht ist der flotte Cabriolet-Fahrer gar kein Hallodri, sondern ein durchaus ernstzunehmender Partner, der einfach nur gern open air fährt. Und die hübsche Blondine in den Stilettos ist gar kein oberflächliches Dummchen, sondern eine anerkannte Rechtsanwältin. Wenn Sie ernsthaft einen Partner fürs Leben suchen, sollten Sie sich Zeit für einen Menschen nehmen.

Da geht es nicht nur um Biochemie, um Sex und Leidenschaft. Da geht es um Partnerschaft und Vertrauen, um gemeinsame Ziele und um eine große Portion Verstand.

Das heißt nicht, dass Sie sich einen Mann schön reden sollen, weil er irgendwann schon passen wird. Es heißt aber, dass Sie einem Menschen Zeit geben sollen, sich zu entfalten, zu wirken. So lange Sie sich in der Gesellschaft eines Mannes wohlfühlen, genießen Sie die Zeit, die Treffen. Egal, was daraus wird. Lassen Sie Ihr Miteinander fließen. Wenn es dann doch nicht funkt, sind Sie zumindest um eine gute Erfahrung reicher.

Test: Bin ich über den Ex-Partner hinweg?

Eine Freundin hat Ihren Ex-Partner mit seiner Neuen gesehen. Was fragen Sie?	
Hat er sie angefasst?	0 P
Wie sah sie aus?	2 P
Was haben Sie denn gemacht?	4 P
Sie gehen in das Lokal, in dem Sie häufig mit Ihrem Ex waren. Was fühlen Sie?	
Ich bin traurig und sehe mich in Gedanken mit ihm am Tisch sitzen.	2 P
Es macht mir nichts aus.	4 P
Ich verlasse sofort das Lokal. So etwas tue ich mir nicht an.	0 P
Eine Bekannte fragt Sie, woran die Beziehung gescheitert ist. Was antworten Sie?	
Es haben immer beide Schuld.	4 P
Ich grüble ständig darüber nach und finde keine Antwort.	2 P
Er hat mich ganz gemein betrogen, dieser Schuft.	0 P

Sie müssen mit Ihrem Ex sprechen, wegen der Kinder, wegen noch zu regelnder Formalitäten. Was empfinden Sie?	
Ich bin furchtbar nervös und kann ihn kaum ansehen.	2 P
Ich bringe die Begegnung hinter mich.	4 P
Ich muss mich zusammenreißen, um ihn nicht anzuschreien.	0 P

Sie hören das Lied, das Sie immer zusammen mit Ihrem Ex gehört haben. Was empfinden Sie?	
Ich könnte heulen, weil alles vorbei ist.	0 P
Ich höre den Titel noch genauso gern wie mit ihm zusammen.	4 P
Ich mache es sofort aus. Damit will ich mich nicht mehr belasten.	2 P

Ihr Ex hat Ihnen auf den Anrufbeantworter gesprochen und um Rückruf gebeten. Was denken Sie?	
Er will eine zweite Chance.	2 P
Bestimmt will er mich beleidigen.	0 P
Gar nichts. Ich rufe zurück und warte ab, was er von mir will.	4 P

Was haben Sie für die Zukunft vor?	
Neue Wohnung, neuer Job, neuer Partner. Ich stecke voller Pläne.	4 P
Abwarten. Ich brauche Zeit, um alles zu verarbeiten.	2 P
Keine Ahnung, im Moment schaffe ich sowieso nichts.	0 P

Was erinnert Sie noch an Ihren Ex?	
Alles. Die ganze Wohnung ist noch voll von Dingen, die ihm gehören oder die wir gemeinsam angeschafft haben.	0 P
Die Kinder. Wenn ich sie ansehe, denke ich an ihn.	2 P
Gar nichts. Alles ist weit weg.	4 P

Auswertung

Weniger als 14 Punkte

Sie stecken noch tief in der alten Beziehung und haben weder in Ihrem Kopf noch in Ihrem Herzen Platz für eine neue Liebe. Achtung! Daran müssen Sie arbeiten. Stecken Sie Ihre Energie nicht länger in die Vergangenheit, sondern sehen Sie nach vorn. Dazu ein Tipp: Nehmen Sie sich etwas vor, das Sie ablenkt und auf andere Gedanken bringt. Oft hilft der einfache Satz „Vorbei ist vorbei!"

14 bis 24 Punkte

Es gibt noch wehmütige Momente und ab und zu kullern Ihnen auch noch die Tränen. Aber das gehört zu einer Trennung dazu. Jede zerbrochene Liebe kostet Kraft und Zeit, das Auseinandergehen zu verarbeiten. Aber Sie sind fast durch, haben sich längst wieder gefangen. Ein neuer Partner trocknet jetzt die letzten Tränen.

Mehr als 24 Punkte

Natürlich denken Sie dann und wann noch an Ihren Ex-Partner. Aber Sie sehen deutlich seine Vor- und Nachteile, können ihm ein neues Glück wünschen und sich für ihn freuen. An die Zeit mit ihm denken Sie entspannt zurück. Sie ist ein Teil Ihres Lebens, aber sie ist auch Vergangenheit und in der Gegenwart nicht mehr relevant. Sie sind frei für ein neues Glück.

Ich hab' ihn – so halten Sie Ihr Glück fest

„Ich hab' ihn" ist der Werbespruch einer großen Partnerbörse. Ihnen geht es jetzt auch so. Sie haben alle Tipps für die Partnersuche befolgt und sind fündig geworden. Frisch verliebt genießen Sie das Leben und freuen sich auf eine wunderbare Zukunft mit dem Mann, den Sie aus ganzem Herzen lieben. Doch Vorsicht! Sie haben nur den ersten Schritt gemeistert. Wer das Glück halten will, darf sich jetzt nicht nur von Träumen und schönen Stimmungen leiten lassen. Die meisten Partnerschaften beginnen nicht unter idealen Voraussetzungen. Es müssen Hürden genommen und Hindernisse aus dem Weg geräumt werden. Nur wer es richtig anpackt, hat Erfolg in der Liebe. Dann vielleicht für immer.

Fernbeziehung

Gerade in fortgeschrittenem Alter müssen viele Paare eine Beziehung mit räumlicher Trennung führen. Wer sich mit vierzig kennenlernt, hat bereits einen Lebensmittelpunkt. Schulpflichtige Kinder, einen Job, ein Haus – das alles kann man nicht einfach aufgeben, nur weil man sich verliebt hat. Also muss man eine Zeitlang zwischen den Wohnsitzen pendeln, bis man sich sicher ist, dass man dauerhaft zusammenleben möchte.

Menschen, die mit ihrer beruflichen und – jenseits der beginnenden Partnerschaft – privaten Lebenssituation zufrieden sind, kommen in der Regel gut damit zurecht, dass der Partner nicht „um die Ecke" lebt. Sie mögen es, gerade am Anfang ihrer Liebe auch noch genug Zeit für ihre Freunde zu haben und ihren Hobbys nachgehen zu können. Das begrenzte Miteinander ermöglicht es Ihnen, langsam in ein neues Leben mit dem geliebten Menschen hineinzugleiten.

> Für das Gelingen einer Fernliebe ist es wichtig, dass es eine zeitliche Perspektive gibt: Nach zwei Jahren sollten Sie näher zusammenwohnen.

Wer dagegen mit seinem eigenen Alltag hadert, überträgt seine Unzufriedenheit schnell auf die neue Lebenssituation. Man hat sich von einer Partnerschaft erhofft, dass sie das ganze Leben in Ordnung bringt. Doch obwohl man sich verliebt hat, ist das Leben nicht rundherum schön. Es muss einfach an der Situation, an der Fernliebe liegen. Solche Menschen neigen dazu, bei jedem Abschied zu jammern und bei jedem Wiedersehen zu fremdeln. Sie bekommen keinen harmonischen Wechsel zwischen Nähe und Distanz hin. Die Beziehungen scheitern schnell.

Für das Gelingen einer Fernliebe ist es allerdings wichtig, dass es eine zeitliche Perspektive gibt. Psychologen raten, dass man sich nach zwei Jahren räumlich nähergekommen sein sollte.

Wenn Sie sich auf eine Fernliebe einlassen und bereit sind, die Durststrecke bis zur dauerhaften Zweisamkeit durchzuhalten, sollten Sie bestimmte Spielregeln einhalten:

Feste Rituale in der Kommunikation. Schicken Sie sich Guten-Morgen- und Gute-Nacht-SMS, zwischendurch Fotos via WhatsApp. Telefonieren Sie regelmäßig ausführlich – am besten täglich.

Teilnehmen lassen. Erzählen Sie Ihrem Partner auch von alltäglichen Erlebnissen wie dem Besuch des Handwerkers oder Ihrem Tratsch mit der Nachbarin. Auch ob es Ärger mit dem Chef gibt oder Ihre Kunden nicht zahlen, Sie sollen ihm alles sagen, damit er Ihre Reaktionen versteht.

Treue und Transparenz. Ohne Treue läuft nichts. Es ist wichtig, dass Sie einander absolut vertrauen können. Wenn sich Misstrauen einschleicht, weil der Partner abends nicht erreichbar ist, steht eine Fernbeziehung auf tönernen Füßen. Man ist nun mal nicht zusammen und kann sich nicht kontrollieren. Deshalb ist es wichtig, immer verlässlich zu sagen, wo man sich aufhält und auch am besten mit wem. „Ich gehe mit zwei Kolleginnen heute Abend zum Italiener" macht es dem 300 Kilometer entfernt lebenden Partner leicht, sich entspannt zurückzulegen, und ist besser als „Ich bin heute Abend nicht erreichbar".

Keine spontanen Grundsatzdiskussionen per SMS oder am Telefon. Sie haben sich geärgert und möchten Ihren Groll loswerden? Warten Sie damit besser bis zum Wochenende. Denn es spricht sich leichter, wenn man sich gegenübersitzt. Auch Andeutungen per WhatsApp-Chat oder via Facebook-Messanger führen zu nichts. „Ich bin stocksauer und muss mit dir reden. Am Freitagabend sage ich dir, was los ist" ist unfair und verschafft dem Partner unruhige Nächte. Besser ist es, nichts zu sagen und bis zum Wochenende mit dem Thema zu warten. Man kann auch einen festen Telefontermin absprechen, an dem beide Zeit haben, etwas Wichtiges zu diskutieren.

Zeit für Gemeinsamkeiten freihalten. Wer nur das Wochenende für die Liebe hat, sollte es auch so weit wie möglich für die Partnerschaft freihalten. Verabreden Sie sich nicht ständig mit Freunden oder mit der Familie. Mindestens ein Tag des Wochenendes gehört der Zweisamkeit, sonst sind die Partnerschafts-Batterien schnell leer. Ebenfalls wichtig sind gemeinsame Reisen, auf denen man das enge Miteinander üben kann.

Zukunft planen. Setzen Sie sich einen festen Zeitpunkt, an dem Sie über Ihre Zukunft sprechen wollen. „Nach einem Jahr werde ich entscheiden, ob ich mein Haus zum Verkauf gebe und zu Uwe nach Hannover ziehe" nahm sich die zweiundvierzigjährige Hamburgerin Ute vor, als sie sich in den smarten Arzt verliebt hatte. Danach haben beide das Leben einfach nur genossen. Doch auf den Tag genau ein Jahr später haben sich die beiden in ein schickes Restaurant gesetzt und über ihre Beziehung gesprochen. Beide fühlten sich darin prima und gut aufgehoben. Für Ute war damit die Entscheidung gefallen. Mittlerweile sind die beiden verheiratet und glücklich.

Patchwork

Sie hat zwei Kleinkinder, er zwei halbwüchsige, nun wünschen sie sich ein gemeinsames Kind. Oder zwei? Heutzutage sind solche Familienkonstellationen Alltag geworden. Es gibt viele Beispiele, bei denen das bestens klappt. Kinder sitzen mit beiden geschiedenen Elternteilen und den jeweils dazugekommenen neuen Partner unterm Weihnachtsbaum oder alle feiern zusammen beim Tanzstunden-Abschlussball oder der Abifete. Küsschen links und Küsschen rechts. So kann es gehen.

Aber leider sieht die Regel weniger harmonisch aus. Es geht um Mitsprache, Eifersucht, Geld. Jugendämter werden eingeschaltet und Familienrichter müssen Entscheidungen fällen. Ex-Partner verbieten gerichtlich die Urlaubsreise nach Marokko, weil sie dem gemeinsamen Kind den Saharastress nicht zumuten wollen, und aufgeheizte Eltern streiten wochenlang über die Schulwahl der Scheidungskinder. Der neue Partner sitzt dazwischen. Er hat keine Rechte, aber jede Menge Pflichten. Er muss Rücksicht üben, wenn die Kinder Schulprobleme haben, und kann abends nicht weggehen, weil die treusorgende Mutter das Töchterlein nachts von der Disco abholen muss. Die Schwiegermutter in spe guckt durch ihn hindurch, weil sie den Ex-Schwiegersohn viel netter fand. Und die pubertierenden Kinder mögen den neuen Mann von Mama überhaupt nicht und strafen ihn mit Nichtbeachtung oder im schlimmeren Fall patzigem Dauer-Kontra. Das hält die größte Liebe nicht lange aus.

Wer sich auf Partner mit Kindern einlässt und oder selbst Kinder mitbringt, muss höchst sensibel vorgehen, damit die Liebe nicht im Patchwork-Strudel untergeht. Wenn zu den vorhandenen Kindern noch gemeinsame kommen, verändert sich die Familienstruktur ein weiteres Mal. Patchwork bedeutet Flickwerk – wie ein bunter Teppich setzen sich diese Familien aus scheinbar zufällig zusammengewürfelten Personen zusammen. Die müssen irgendwie unter einen Hut gebracht werden. Eine anspruchsvolle Aufgabe. Bis jedes Familienmitglied

> Bis in einer Patchwork-Familie jeder seinen Platz gefunden hat, dauert es im Schnitt fünf Jahre.

seine Rolle in dem neuen Gefüge gefunden und akzeptiert hat, vergeht eine ganze Weile. Im Schnitt rechnet man fünf Jahre.

Nach Schätzungen des deutschen Jugendinstituts in München ist fast jede sechste Familie in Deutschland eine Patchwork-Familie. Tendenz steigend. Wer sich auf Patchwork einlässt, muss wissen, dass reichlich Beziehungsarbeit vor ihm liegt. Zu den üblichen Paarproblemen kommt familiärer Zündstoff wie Hickhack unter den Kindern. Aber auch Unterhaltsverpflichtungen für Partner oder Kinder aus früheren Beziehungen belasten, und die wesentlich teurere und aufwendigere Organisation eines großen Haushaltes nimmt Freiheiten. Hinzu kommt, dass Stiefmütter oder -väter lange nicht als vollwertig akzeptiert werden. Alle Beteiligten müssen einen Balanceakt meistern.

IHR NEUER PARTNER HAT KINDER? UND SIE BRINGEN SELBST WELCHE MIT IN DIE BEZIEHUNG? FÜNF TIPPS, DAMIT DIE LIEBE NICHT SOFORT ZUM FLOP WIRD:

- Bringen Sie Zeit mit, denn gerade Kinder müssen sich an neue Personen im Leben gewöhnen. Erwarten Sie bei den ersten Begegnungen nicht zu viel.
- Ziehen Sie im Beisein der Kinder niemals über die Ex-Partner her, sondern sprechen Sie immer mit Respekt über Vater und Mutter.
- Sprechen Sie mit Ihrem neuen Partner ausführlich über Ihre Erziehungsstile. Sie sollten hier gemeinsam an einem Strang ziehen.
- Akzeptieren Sie die Vergangenheit Ihres Partners und dadurch auch die Personen, die darin eine Rolle spielen. Das sind auch die Großeltern und Geschwisterkinder seiner Kinder und natürlich der Ex-Partner.
- Minimieren Sie Verlustängste, indem Sie Kindern und Erwachsenen Sicherheit geben, zum Beispiel getroffene Absprachen grundsätzlich einhalten.

Trotzdem müssen Sie jetzt keine Angst bekommen. Patchwork-Familien können auch wunderbar funktionieren. Aber Sie sollten eine Ahnung davon haben, was auf Sie zukommt und entsprechend gut vorbereitet in das bunte Familienleben einsteigen.

Altersunterschied

In jedem Altersabschnitt haben wir unterschiedliche Bedürfnisse. In den Zwanzigern möchte man sich ausprobieren und orientieren. Die meiste Energie fließt in die Ausbildung und Jobsuche. Ab dreißig ist man mit der Familiengründung beschäftigt. Ab vierzig hat man in der

Regel Kinder und lebt in einer Ehe oder einer festen Beziehung. Man hat die Erfahrung gemacht, dass nicht alle Träume wahr werden und die roten Äpfel höher hängen als erwartet. Meist ist man in jeder Hinsicht eingespannt zwischen Kindern, Job, eigenen Ansprüchen. Erste Ernüchterungen folgen und man stellt Dinge wie eine Karriere oder das Haus im Grünen in Frage. Viele fühlen sich jetzt eingeengt und brechen aus ihrem festen Lebensrahmen aus.

Ab fünfzig positioniert man sich noch einmal neu. Man stellt sich bewusst in den Mittelpunkt. Die Kinder sind aus dem Haus oder auf dem Weg dahin. Die beruflichen Erfolge sind kein zentrales Thema mehr, sondern selbstverständlich oder unwichtig geworden. Man fragt sich, was man noch erleben möchte und erfüllt sich lang gehegte Wünsche, macht zum Beispiel eine weite Reise oder beginnt mit einem neuen Hobby. Erfahrungen hat man reichlich gemacht. Gute und schlechte. Man weiß, was man will und hat die Sicherheit, auch dazu zu stehen.

Wer über vierzig oder fünfzig ist und einen neuen Partner sucht, der weiß, dass in einer Partnerschaft Kompromisse notwendig sind. Er weiß aber auch, dass sie sich in Grenzen halten müssen, sonst kommt man (wieder) zu kurz. Und das will man auf keinen Fall.

Die Gefahr ist, dass man unflexibel wird, weil man sich auf Neues nicht mehr einlassen will. Andere wiederum wünschen sich bewusst einen wesentlich jüngeren Partner, um sich die fehlende Flexibilität und Spontaneität zurück ins Leben zu holen. Sie hoffen, damit den eigenen Alterungsprozess aufzuhalten. Aus seinem Lebensabschnitt ausbrechen, sich Impulse aus einem anderen holen, das klingt reizvoll. Aber es ist auch gefährlich. Denn das Verhalten der Menschen basiert auf ihrem Erfahrungsschatz. Ist der Altersunterschied zu groß, treffen zwei verschiedene Erfahrungsstände aufeinander.

Der jüngere Partner befindet sich in der beruflichen Aufbauphase, der ältere möchte sich dagegen endlich mehr auf sein inneres Erleben konzentrieren. Nicht immer verstehen sich die Liebenden dann so, wie sie es sich vorgestellt haben.

In den Medien lesen wir viel von älteren Männern und jungen Frauen. Auch umgekehrt zieht es ältere Frauen vermehrt zu jüngeren Männern. Natürlich können diese Beziehungen glücklich werden. Voraussetzung ist, dass man sich gegenseitig als gleichberechtigt akzeptiert und weiß, dass man in verschiedenen Lebensabschnitten lebt. Doch die Wirklichkeit ist eine andere.

Die zweiundvierzigjährige Gaby hat sich in den fünfzehn Jahre älteren Unternehmer Adrian verliebt. Sie mochte sein sicheres Auftreten, die Kompetenz, die er ausstrahlte. Doch nach zwei Jahren war der Zauber weg. „Er hat ständig versucht, mich zu bevormunden. Alles wusste er besser und dauernd erzählte er mir von seinen tollen Erfahrungen. Sein Lieblingssatz war: ‚Wenn du erst mal so alt bist wie ich, kannst du das auch verstehen!' Meine Güte, ich will doch keinen Vater, der mich durchs Leben führt. Ich will meine Erfahrungen selber machen, so wie ich es für richtig halte." Gaby hat sich von Adrian getrennt. Jetzt ist sie mit einem Mann zusammen, der zwei Jahre älter ist als sie. „Wir lieben aus auf Augenhöhe, sind partnerschaftlich gleichberechtigt. Das ist die Art von Beziehung, die mir guttut."

So empfinden es die meisten Menschen. Gleichaltrigkeit ist bei längeren Partnerschaften immer noch die Regel. Es ist eben leichter, zusammen glücklich zu sein, wenn beide den gleichen Erfahrungsstand haben und keiner dem anderen überlegen ist. Es ist auch angenehmer, wenn man im fortgeschrittenen Alter zeitgleich über die Zipperlein klagen und sich gegenseitig trösten kann.

Wer mit vierzig gern durch Discos tourt, hat es schwer, wenn er einen sechzigjährigen Partner hat, der statt Trubel lieber die Ruhe auf seinem Segelboot sucht und täglich seine Arthrose-Pillen braucht. Es ist schöner, wenn beide die gleichen altersentsprechenden Lebensziele haben.

Iris, eine sechsundfünfzigjährige Grafikerin aus Berlin, hat sich auf einer Party in einen fünfzehn Jahre jüngeren Rechtsanwalt verliebt. „Es zählt nur das gefühlte Alter", hat sie zu Anfang der Beziehung getönt. Doch nach einem Jahr war sie wieder Single. Warum?

„Tobias war nur auf seine Karriere aus. Ständig machte er Termine und sein ganzes Denken drehte sich um neue Klienten. Ich habe auch mal so gedacht. Aber vor zwanzig Jahren. Mittlerweile verdiene ich lieber weniger Geld und habe dafür mehr Freizeit, die ich am liebsten auf einer griechischen Insel verbringe. Für Tobias war das Zeitvergeudung. Wenn er sich seinen ersten Infarkt eingefangen hat, wird er anders denken. Aber im Moment braucht er das noch. Ich habe erkannt, dass er zu jung für mich ist, weil er in einem Lebensabschnitt steckt, den ich hinter mir gelassen habe. Die Trennung hat mich sehr traurig gemacht, weil ich ihn wirklich geliebt habe."

Iris hätte sich diese schmerzliche Erfahrung ersparen können, wenn sie rechtzeitig ihre Augen geöffnet hätte. Man kann Trennungen vermeiden, wenn man sich vorher überlegt, auf was man sich einlassen will.

Besonders wichtig ist diese Grundsatzentscheidung, wenn Kinder im Spiel sind. Wer mit sechzig eine junge Frau mit Kleinkind kennenlernt, sollte sich auch die Frage beantworten, ob er mit fünfundsechzig Jahren noch am Schulbus stehen und zu Hause über Legosteine stolpern möchte. Jemand, der einen Partner fürs Leben sucht, sollte hier einen klaren Kopf haben.

Eifersucht

Es hat Sie erwischt. Sie sind verliebt. Das ist der Mann, den Sie schon immer für sich gesucht haben. Doch dem großen, überschwänglichen Glück folgt ein drückendes Gefühl in der Magengrube, dazu kommen schummrige Knie und ein umfassendes Elendsgefühl. Sie sind glücklich und möchten das Glück behalten. Aber da ist die Angst, es könnte Ihnen wieder abhandenkommen. Sie sind eifersüchtig! Auf die Ex-Frau, die freundliche Nachbarin, die charmante Kollegin. Eigentlich auf alles, was Ihnen den Partner abspenstig machen könnte. Eifersucht ist normal. Was einem etwas bedeutet, möchte man nicht verlieren und so beäugt man kritisch alles, was dazu führen könnte. Verlustangst macht sich breit. Sie leiden.

Wer frisch verliebt ist, sollte einen kühlen Kopf bewahren. Mit Zwang lässt sich das gerade gefundene Glück nicht konservieren. Es hilft nichts, den Partner ständig zu kontrollieren und so festhalten zu wollen. Einengung und Kontrolle sind nahezu ein Garant dafür, dass diese Beziehung scheitert. Wenn Sie sich dauernd grundlos in etwas hineinsteigern, treiben Sie den Partner nur von sich weg. Eifersucht ist ein natürliches Gefühl, aber Sie müssen es in Grenzen halten. Sicherlich geht das nicht von einer Sekunde zur anderen, doch Sie können daran arbeiten und sich ernsthaft bemühen. Die drei folgenden Tipps helfen Ihnen dabei.

1. **Machen Sie Ihr Glück nicht ausschließlich vom Partner abhängig.** Bislang sind Sie auch zurechtgekommen. Kappen Sie nun nicht alle Bindungen zu Familie und Freunden. Das ist ein Fehler, den viele Frischverliebte machen. Suchen Sie lieber weiterhin auch Freude und Selbstbestätigung bei Freunden, im Beruf, bei Hobbys. Behalten Sie die regelmäßigen Treffen mit den Kolleginnen bei, besuchen Sie weiterhin wöchentlich Ihre Tochter, betreuen Sie das Enkelkind. Eigene Interessen schützen vor zu großer Abhängigkeit.

2. **Stärken Sie Ihr Selbstwertgefühl!** Besinnen Sie sich auf das, was Sie vor Ihrer neuen Partnerschaft waren. Wer sich für einen liebenswerten Menschen hält, zweifelt auch nicht daran, von Herzen geliebt zu werden. Wenn Sie viel mit anderen Menschen zu tun haben und von ihnen geschätzt werden, können Sie die Gefühle Ihres Partners eher annehmen.

3. **Halten Sie Ihre Gefühle unter Kontrolle!** Wenn Sie einen konkreten Verdacht haben, bringen lautstarke Ausbrüche und Vorhaltungen wenig. Sagen Sie lieber: „Ich fühle mich zurückgesetzt und bin richtig verletzt. Kannst du mir die Situation bitte erklären?"

Test: Haben Sie Bindungsangst?

Sie sind frisch verliebt. Ihr Partner muss eine Woche auf eine Geschäftsreise, und ausgerechnet am letzten gemeinsamen Abend beginnt Ihr Spanisch-Intensivkurs. Wie entscheiden Sie sich?

Ich sage natürlich ab, weil ich ihn vor seiner Abreise unbedingt noch **4 P** einmal sehen möchte. Die Chance auf eine Liebe ist mir jetzt wichtiger.

Ich verabschiede mich am Telefon von ihm. Ich sehe nicht ein, **1 P** dass ein Mann, den ich gerade erst kennengelernt habe, mein Leben durcheinanderbringt.

Ich gehe zum Sprachkurs, versuche mich aber anschließend noch auf **3 P** ein Glas Wein mit ihm zu treffen.

Seit drei Monaten haben Sie einen neuen Freund. Jetzt hat Ihre beste Freundin Geburtstag, Ihr ganzer Freundeskreis ist da. Nehmen Sie ihn mit?

Nein, ich weiß doch gar nicht, ob es mit ihm dauerhaft klappt. **1 P** Bis ich mir nicht zu hundert Prozent sicher bin, halte ich ihn von meinen Freunden fern.

Natürlich nehme ich ihn mit. Es ist mir doch wichtig, dass er mit **4 P** meinen Freunden zurechtkommt.

So lange würde ich nie warten. Wenn ich mich verliebe, stelle ich den **3 P** Mann meinen engsten Freunden sehr schnell vor.

Ihr neuer Freund möchte mit Ihnen bereits im Oktober die Weihnachtsreise planen. Wie verhalten Sie sich?

Eine so frühe Buchung ist viel zu riskant. Ich weiß doch gar nicht, **2 P** ob wir in drei Monaten noch ein Paar sind.

Ich bin glücklich. Das zeigt doch, dass mein Freund glaubt, dass unsere **4 P** Beziehung dauerhaft ist. Ich suche eifrig mit aus, wohin wir fahren wollen.

Um ihn nicht zu verletzen, sage ich erst einmal ja und versuche, **0 P** Zeit zu gewinnen. Ausreden gibt es glücklicherweise reichlich.

Sie entdecken in Ihrem Kleiderschrank ein Jackett von Ihrem Freund. Er muss es bei seinem letzten Besuch vergessen haben. Was empfinden Sie?

Ich bin erschrocken. Seine Sachen in meinem Schrank, das ist mir zu **0 P** intim. Ich nehme das Jackett mit ins Auto und gebe es ihm bei unserem nächsten Treffen.

Ich bin gerührt und sehe es als ein Zeichen der Vertrautheit. Wie **4 P** schön, dass er sich bei mir heimisch fühlt.

Ich hänge das Jackett an die Garderobe, damit er es bei seinem **2 P** nächsten Besuch nicht vergisst.

Auswertung

Weniger als 7 Punkte: Sie haben mächtig Angst vor einer Bindung
Sie wissen nicht, was Sie wollen. Auf der einen Seite sind Sie überglücklich, einen so tollen Mann gefunden zu haben. Aber auf der anderen Seite haben Sie Angst vor dem, was kommt. Denn wenn Sie sich auf eine enge Bindung einlassen, könnten Sie ja wieder verletzt und enttäuscht werden. Davor fürchten Sie sich. Also halten Sie sich den Mann – unbewusst – auf Distanz. So dürfen Sie nicht weitermachen! Denn Sie verletzen damit jeden Mann, der sich ernsthaft für Sie interessiert. Arbeiten Sie erst an Ihren Ängsten, gern auch mit professioneller Hilfe, bevor Sie sich wieder auf die Suche nach einem Partner machen.

8 bis 12 Punkte: Sie brauchen nur den Richtigen, der mit Ihnen umzugehen weiß
Wer in einer Partnerschaft leben will, bekommt viel, muss aber auch viel aufgeben. Einen Teil der Freiheit verliert man. Davor fürchten Sie sich. Doch alles zusammen gibt es nicht. Wer mit einem Menschen zusammenleben will, muss Rücksicht üben und Kompromisse eingehen. Wenn Ihnen das Probleme bereitet, sollten Sie sich überlegen, ob Sie den richtigen Mann gefunden haben. Vielleicht sagt Ihnen Ihr Bauchgefühl, dass Sie diesen Mann nicht zu eng in Ihr Leben lassen sollten.

Mehr als 12 Punkte: Sie sind bereit für eine enge Bindung
Mit ganzem Herzen möchten Sie mit diesem Mann zusammen sein. Sie sind sicher, dass diese Liebe gutgeht und sind deshalb bereit, große Risiken einzugehen. Bindungsangst ist Ihnen fremd. Wenn Sie an eine Partnerschaft glauben, kann es nicht eng genug für Sie sein.

Anleitung zum Glücklichbleiben

Sie haben Ihre Lektion gelernt, alle Hindernisse überwunden. Ihre Beziehung erscheint Ihnen wie ein Geschenk, denn es stimmt wirklich alles zwischen Ihnen. Wunderbar! Doch eine Garantie für eine glückliche Zukunft haben Sie auch jetzt noch nicht. Wer den richtigen Partner fürs Leben behalten will, muss Tag für Tag etwas dafür tun. Denn Glück ist wie ein scheues Reh. Man

> Die fünf Glücksfaktoren sind: Respekt, Freiraum, Lebendigkeit, Kommunikation und Disziplin.

kann es leicht vertreiben. Damit es für immer bei Ihnen bleibt, achten Sie darauf, dass Ihnen fünf Faktoren nicht verloren gehen. Dann können Sie sich Ihrer Liebe hundertprozentig sicher sein.

Respekt

Am Anfang einer neuen Beziehung registrieren Sie jede kleine Aufmerksamkeit und sind selig darüber. Sie erzählen der Freundin, wie oft Ihr Liebster einen Termin absagt, nur um mit Ihnen zusammen zu sein. Sie genießen es, wenn er Sie zu einem schönen Essen einlädt und loben seinen Umgang mit den Kindern aus seiner ersten Beziehung. Doch nach einer gewissen Zeit hört das auf. Plötzlich ist alles selbstverständlich. Für Ihre Freundin gehen Sie in die Stadt und klappern die Geschäfte ab, um ein Geburtstagsgeschenk für sie zu finden. Für den Partner reicht ein Gutschein. Denn er versteht ja, dass Sie nach der Arbeit keine Lust mehr haben, durch die Geschäfte zu hetzen. Wenn er wegen seiner Kinder keine Zeit für Sie hat, nörgeln Sie herum. Die Einladung ins teure Restaurant ist eine Selbstverständlichkeit, denn er verdient doch so gut.

Das ist respektlos. Ihnen fehlt der Respekt vor Ihrem Partner, vor seinem Einsatz, dem Bemühen, dem Engagement. Und mangelnder Respekt ist Gift für jede Beziehung. Halten Sie sich immer vor Augen, was Sie an diesem Menschen haben. Er tut so viel für Sie? Sagen Sie es ihm und achten Sie das. Ein Mensch, der Sie liebt, hat es nicht verdient, dass Sie ihn unachtsam behandeln, ihn aus Gleichgültigkeit kränken oder respektlos über seine Wünsche hinwegtrampeln. Er hat es verdient, von Ihnen geachtet und mit Ihrer ganzen Aufmerksamkeit beschenkt zu werden. Seien Sie sich dessen bewusst und handeln Sie danach.

Freiraum

Keine Liebe hält einer dauerhaften Zweisamkeit stand. Auch wenn man vom Ich zum Wir gekommen ist, besteht ein Paar immer noch aus zwei Menschen. Und die müssen sich in Teilen auch unabhängig voneinander entwickeln. Jeder hat Bereiche, in denen er sich besonders engagiert. Es gibt immer wieder Menschen, die versuchen, diese Individualität auszumerzen, statt die Andersartigkeit und Individualität als Impuls zu sehen. „Ich mache nichts ohne dich" ist ein Standardsatz, der gefährlich für die Zukunftsperspektive ist.

Leben Sie Ihre Interessen neben der Partnerschaft aus und gestehen Sie das auch Ihrem Partner zu. Dann bleiben beide spannend füreinander. Sie lässt sich zur Yogalehrerin ausbilden, er macht seinen Bootsführerschein. Man kann sich vorstellen, wie viele neue Impulse beide bekommen können, wenn sie anschließend beieinander sind. Wer rund um die Uhr zusammen ist, dem geht irgendwann der Gesprächsstoff aus. Die Beziehung, das Miteinander wird langweilig und endet erst im Frust und dann im Aus.

Lebendigkeit

Am Anfang einer Beziehung sitzt man die halbe Nacht in einem Bistro und redet. Man läuft im Morgengrauen über eine taunasse Wiese oder schläft eng umschlungen am Strand ein. So hat man sich das Leben immer vorgestellt. Doch was kommt dann? Kaum lebt man zusammen, bestimmt die Routine den Alltag. Es gibt feste Zeiten im Bad und samstags Sex. Gefrühstückt wird sonntags um zehn und anschließend fährt man zu Mutter zum Mittagessen. Freitags gibt's nach der Arbeit immer Pizza und Sonntagabend sieht man sich den Tatort an.

Ein Tag ist wie der andere und plötzlich ist genau das eingetreten, vor dem man sich am meisten gefürchtet hat: Das Leben zieht an einem vorbei. Viele Paare gehen jetzt wieder auseinander. Sie geben den Traum von einem spannenden Alltag nicht auf – dafür aber die Partnerschaft, und suchen jetzt woanders.

Das können Sie vermeiden, wenn Sie sich bemühen, Ihre Beziehung spannend und lebendig zu halten. Brechen Sie einfach mal aus der Routine aus, unternehmen Sie, wonach Ihnen der Sinn steht, schlagen Sie über die Stränge. Klar ist das nicht immer einfach, werden Sie sagen. Da sind die Kinder, da ist der Geldmangel. Stimmt alles. Aber erinnern Sie sich, wie unwichtig diese Argumente waren, als Sie frisch verliebt waren. Es hat keine Rolle gespielt, als Sie ein Wolkenbruch erwischte. Sie haben sich eng aneinander gekuschelt

ZEHN DINGE, DIE IHN GARANTIERT FREUEN

1. Zeigen Sie ihm, dass Sie ihn brauchen.
2. Interessieren Sie sich für seine Arbeit, fragen Sie regelmäßig nach und hören Sie auch zu, wenn er von der Arbeit erzählt.
3. Loben Sie ihn (fürs Autofahren, für sein gutes Urteilsvermögen, für seine Art, auch in Krisen gelassen zu bleiben).
4. Begleiten Sie ihn zumindest ab und zu, wenn er seinen Hobbys nachgeht (Fußball, Tennis, Autorennen etc.).
5. Achten Sie auf ein erfülltes und regelmäßiges Sexleben, in dem auch spontane Verführung vorkommt.
6. Zeigen Sie es ihm, wenn Sie sexuell zufrieden sind.
7. Geben Sie ihm Freiräume, um sich mit seinen Freunden zu treffen.
8. Kümmern Sie sich um seine Kinder und andere Mitglieder seiner Familie.
9. Nehmen Sie ihm Dinge ab, die er nicht gern erledigt.
10. Sagen Sie ihm regelmäßig, dass Sie ihn lieben und begehrenswert finden.

unter einen Baum gestellt und sich aneinander gefreut, auch als das Regenwasser schon in die Schuhe lief. Holen Sie sich dieses Gefühl in die Beziehung zurück. Sie merken, dass Sie noch leben und wie wunderbar Sie den Alltag mit Ihrem Partner teilen können.

Kommunikation

Nach ein paar Wochen Zweisamkeit haben Sie sich alle Details aus der Vergangenheit erzählt. Sie leben zusammen, machen viel gemeinsam und glauben bald, alles über den anderen zu wissen. Wozu noch reden? Es ist doch bereits alles gesagt. Sie verstummen.

Klar gibt es noch Gespräche. Wer tankt das Auto? Wann kommt Tante Friede? Und wie hat Töchterchen Anna die Schularbeiten erledigt? Beim Essen kann man nichts mehr in Ruhe besprechen, denn entweder sitzen die Kinder mit am Tisch oder der Fernseher läuft. Was wirklich wichtig ist für den anderen und für das Miteinander, es kommt nicht mehr zur Sprache. Irgendwann ist es zu spät. Man fühlt sich nicht mehr verstanden und schweigt. Der andere fühlt sich abgelehnt und schweigt ebenfalls. Das Ergebnis ist in der Regel die Trennung. Denn dauerhaft kann niemand so leben.

Damit dies nicht passiert, nehmen Sie sich immer mal wieder bewusst Zeit füreinander und schaffen Sie die Gelegenheit, miteinander zu reden. Zum Beispiel können Sie sich einmal im Monat verabreden und essen gehen, einen Spaziergang machen ... was immer Sie mögen. Sie müssen nicht immer tiefschürfende Gespräche führen, es ist einfach wichtig, die Möglichkeit zu haben, über Dinge zu reden, die Ihnen am Herzen liegen.

Disziplin

Können Sie sich noch erinnern, wie Sie sich am Anfang für Ihren Liebsten aufgestylt haben? Die Haare waren perfekt frisiert, die Fingernägel auf Hochglanz gebracht. Sie waren für jede Eventualität gerüstet, haben sich mit schicker Wäsche eingedeckt und die ganze Wohnung dekoriert. Jetzt sind Sie ein Paar, und da spielt das alles keine große Rolle mehr. Er liebt Sie doch so, wie Sie sind, und Äußerlichkeiten sind nicht das Wichtigste. Sie haben recht, aber ist es okay, dass Sie Ihren Partner abends im Jogginganzug auf dem Sofa erwarten, ungeschminkt, mit wirren Haaren? Das ist eine verbreitete Unsitte von Frauen. Der Partner kommt von der Arbeit nach Hause und hatte den ganzen Tag mit gepflegten, zurechtgemachten Frauen zu tun, nun steht er plötzlich einer wenig reizvollen Gestalt gegenüber. Der Bruch wird empfunden, seien Sie sicher.

Gut, Sie können nicht jeden Tag das große Schaulaufen schaffen. Müssen Sie auch nicht. Aber denken Sie immer daran, dass Sie einen Menschen um sich haben, der Ihnen wichtig ist. Achten Sie darauf, dass Ihr Partner Sie attraktiv und anziehend findet. Rund um die Uhr. Es ist keine Mühe, auf seine Frisur zu achten und sich auch in der Wohnung gepflegt zu kleiden. Ein Spritzer Parfüm, ein gutsitzendes Top, das ist auch zu Hause machbar. Übrigens ist man auch als Mutter noch eine Frau. Mit dem ersten Kind kommen nicht automatisch Jeans und Sweatshirt als alleinige Kleidung in Frage. Man kann auch mit Kindern gut aussehen und seine Weiblichkeit betonen.

Es hat nicht geklappt! Was nun?

Woran erkennt man, dass eine Beziehung keinen Sinn hat?

Wenn Ihnen der Partner auf die Nerven geht und Sie sich ohne ihn wohler fühlen als mit ihm, ist der Zeitpunkt gekommen, an eine Trennung zu denken. Wenn es täglich kracht und Sie sich fast nur noch angiften, wenn Sie sich bewusst verletzen und den Partner gezielt bloßstellen, dann ist es zu spät. Dann müssen Sie einfach gehen.

„Ich war immer so gern bei Philip in München. Es ist eine wunderbare Stadt und er hat einen tollen Freundeskreis", erzählt die einundsechzigjährige Iris. Sie selbst lebt in einem langweiligen Provinzkaff. Die Wochenendtrips nach München empfand sie immer als Bereicherung. Anfangs noch wegen Philip. Zumindest dachte sie es.

Aber irgendwann stellte sie sich die Frage, wie die Beziehung aussehen würde, wenn Philip nicht in München, sondern in Mellendorf bei Hannover wohnen würde. Sie war ehrlich zu sich. „Es hätte sie vermutlich gar nicht gegeben. Mir gefiel das unbekannte Leben in der Großstadt, Philip war eigentlich nur Staffage. Wir hatten uns überhaupt nichts zu sagen. Die meisten Abende haben wir in Theatern und Kinos verbracht, sobald wir allein waren, haben wir uns angeschwiegen. Das Frühstück am Sonntagmorgen war eine Paradebeispiel dafür, wie gleichgültig man nebeneinanderher leben kann."

Iris hat sich getrennt und das sollten Sie auch tun, wenn Ihnen die Beziehung nichts mehr gibt. Gut, man sollte nicht sofort alles hinwerfen, schon gar nicht, wenn es um jahrzehntelange gewachsene Beziehungen geht, wenn Kinder im Spiel sind und Sie sich ein gemeinsames Leben aufgebaut haben. Dann lohnt es sich in wirklich jedem Fall, um die Liebe und das Glück zu kämpfen.

ZEHN DINGE, DIE SIE AUF JEDEN FALL LASSEN SOLLTEN

1. Sich äußerlich gehen lassen.
2. Ihre Partner vor Dritten schlechtmachen.
3. Sich beim Sex verweigern.
4. Nicht mehr zuhören.
5. Freundinnen vorziehen.
6. Nörgeln und kritisieren.
7. Nichts mehr unternehmen und nur noch vor dem Fernseher sitzen.
8. Ständige Eifersuchtsszenen und Kontrollen.
9. Kein Gespräch mehr suchen.
10. Sich nicht mehr für seine Themen interessieren.

Hier ist die Rede von Beziehungen, die man eingeht, wenn man in der Lebensmitte einen Partner sucht und sich irgendwann eingestehen muss, dass der Wunsch der Vater des Gedankens war. Sie wollten nicht allein sein und haben den genommen, der auch wollte. Das kann auch klappen und in einer harmonischen, lebenslangen Beziehung enden. Muss es aber nicht. Und wenn es nichts mehr bringt, sollten Sie nicht daran festhalten, weil Sie glauben, das letzte freie Exemplar der Spezies Mann gefunden zu haben. Sie müssen nicht Ihre ganze Energie in die Rettung einer Beziehung stecken, die aus einer Notlage heraus entstanden ist. Sie sollten sich nicht in einen Sog aus Langeweile, Lieblosigkeit und unglücklicher Partnerschaft ziehen lassen, sondern rechtzeitig auf die Bremse treten.

Als junger Mensch fehlt einem die persönliche Erfahrung. Man kann schlecht abschätzen, dass nichts mehr zu retten ist. Wenn man etwas älter ist, hat man die Dynamik von Beziehungen bereits erlebt, man weiß genau, wann es einem „an den Kragen geht" und man droht, unter der Flagge der Liebe unterzugehen. Man erkennt wiederkehrende Verhaltensmuster und weiß genau, wie sich das Miteinander entwickelt. Wer das erste Mal gedanklich Ja zur Trennung sagt und sich dabei gut fühlt, hat sich die Antwort bereits selbst gegeben.

Ich mache Schluss

Lügen, Streit, endlose Diskussionen. Man freut sich nicht mehr darauf, den Partner zu sehen und möchte sich am liebsten gar nicht mehr ins Auto setzen, um zu ihm zu fahren. Und wenn man im Telefondisplay seinen Namen liest, zieht sich der Magen zusammen. Auf WhatsApp hat man ihn längst geblockt, um sich vor ungewollten Nachrichten zu schützen, und bei Facebook

> Überlegen Sie vor einem Trennungsgespräch gut, was Sie sagen wollen.

teilt man neuerdings seine geposteten Inhalte mit allen, nur nicht mit ihm, um unnötige Eifersüchteleien zu vermeiden. Man will wieder frei sein von Vorwürfen, Spannungen, dem Gefühl, alles falsch zu machen. Die Beziehung empfindet man als Gefängnis. Das Leben draußen ist das, wonach man sich sehnt. Der Partner muss weg. Aus der Wohnung, dem Leben, aus den Gedanken. Natürlich weiß man, dass es auch wehtut. Aber man ist bereit, die Schmerzen hinzunehmen. Weil sie das kleinere Übel sind. Die Frage ist: Wie geht der andere damit um? Wird er laut? Reagiert er verzweifelt? Lässt er nicht los?

Wichtig ist, nicht unvorbereitet in ein Trennungsgespräch zu gehen. Überlegen Sie sich vorher gut, was Sie sagen wollen, und planen Sie auch das Wesen Ihres Partners ein. Eine Trennung per Telefon oder SMS ist tabu. Sie sollten sich gegenübersitzen und sich Zeit füreinander nehmen. Das hat der andere verdient. Werden Sie auf keinen Fall gehässig. Ruhige, sachliche Sätze, die keinen Zweifel daran aufkommen lassen, dass Sie es ernst meinen, sind das einzig Richtige. Vermeiden Sie eine Flut von Vorwürfen, Nachtreten war schon in der Kindheit verpönt. Sie wollen doch den Partner nicht zerstört und erniedrigt seinen Weg allein weitergehen lassen, sondern ihm auch eine gute Erinnerung an die gemeinsame Zeit mitgeben. Deshalb ist es wichtig, sich an die guten Zeiten zu erinnern und sie zu würdigen, aber sagen Sie auch schonungslos die Wahrheit: Es geht nicht mehr, wir müssen auseinandergehen. Seien Sie fair und geben Sie dem Partner die Gelegenheit, sich innerlich ebenfalls zu trennen. Beantworten Sie ruhig seine Fragen nach dem Warum und erklären Sie deutlich, warum Sie und nur Sie nicht mehr mit ihm zusammen sein mögen. Für einen anderen Menschen kann es das Glück der Erde bedeuten.

Auch wenn es Ihnen schwerfallen wird, zwingen Sie sich dazu, positiv zu reagieren. Rückblickend wird es Ihnen guttun. Denn dann können Sie sich ohne Groll an die vergangene Beziehung und Ihren Partner erinnern.

ACHT SÄTZE, UM SCHLUSS ZU MACHEN

1. Ich muss erst einmal allein sein, um mit dem Leben zurecht-zukommen.
2. Ich glaube, du brauchst noch Zeit für dich.
3. Meine Gefühle haben einfach nicht gereicht.
4. Ich glaube, dass wir auf zwei verschiedenen Sternen leben.
5. Wir passen nicht zusammen und können nicht glücklich miteinander werden.
6. Wir können besser Freunde sein als ein Paar.
7. Ich möchte mich nicht auf einen Menschen einlassen, sondern doch mehr für mich leben.
8. Du hast eine Frau verdient, die perfekt zu dir passt.

Er hat Schluss gemacht

Sie haben sich tagelang überlegt, wie Sie die Krise in den Griff bekommen. Sie möchten mehr Romantik in die Beziehung bringen oder mehr Sex. Ein Wochenendausflug an die See könnte helfen, die Liebe wieder in Schwung zu bringen. Voller guter Vorsätze treffen Sie sich mit Ihrem Partner. Der Wein ist kalt gestellt, die Spaghetti sind al dente. Ein wunderbarer Abend beginnt, der zum wirklichen Neubeginn werden soll. Und dann passiert es. Ihr Partner rutscht unruhig auf dem Sessel hin und her. Er druckst herum und dann platzt es aus ihm heraus. „Es ist besser, wenn wir uns eine Zeitlang nicht sehen!" Das ist die milde Version. Noch schlimmer kommt es mit: „Wir passen nicht zusammen!" Die Botschaft ist klar: Es ist Schluss. Aus. Vorbei. Alle Hoffnung auf ein dauerhaftes Happy End ist damit zerstoben. Sie spüren Ihre Träume zerbrechen. Wie ein Ungeheuer taucht die Fratze der Einsamkeit vor Ihnen auf, nimmt Ihnen die Luft. Sie weinen, schluchzen, betteln.

Wenn man von jemand anderem in die erwartete Einsamkeit geschubst wird, tut das immer weh. Egal wie fair und sauber man es mitgeteilt bekommt. Vielleicht hätten Sie sich in naher Zukunft auch getrennt. Aber dann wären Sie vorbereitet gewesen. So hat es Sie in einem unerwarteten Moment erwischt. Wie ein Dolchstoß von hinten, mitten ins Herz. Hier gibt es nur einen Rat: Nehmen Sie den Schmerz an und sagen Sie sich: Gib' auf, es hat keinen Sinn mehr.

Liebeskummer

Sie sind wieder allein. Die angebliche große Liebe, sie war ein Flop. Wie eine zentnerschwere Last liegt das verlorene Gefühl auf Ihrer Seele. Sie haben Liebeskummer, ein lähmender Schmerz, der Sie mit fünfzehn genauso aus dem Alltag reißt wie mit fünfundsiebzig. Schon Hermann Hesse schrieb: „Das Paradies pflegt sich erst dann als Paradies zu erkennen zu geben, wenn wir daraus vertrieben wurden."

Die Symptome des Liebeskummers sind bei allen gleich: Körperliche Symptome sind Appetitlosigkeit, Schlaflosigkeit, Heulattacken, Kopfschmerzen, Bauchschmerzen, Durchfall; seelische Symptome sind Depressionen, Angst, Selbstmordgedanken, Panikattacken und Lethargie. Doch Liebeskummer ist kein konstant quälendes Gefühl, man durchläuft ihn in fünf Phasen.

1. **Sie sind unruhig.** Irgendetwas ist anders als früher. Ihr Partner erscheint Ihnen merkwürdig abwesend. Sie haben den Eindruck, er sieht durch Sie hindurch. Ihre Tränen, sie prallen an ihm ab. Egal, wie sehr Sie ihn bitten, ja sogar anflehen, Ihnen die Wahrheit zu sagen: Er bleibt beherrscht, kühl, distanziert. Sie weinen, er steht einfach auf, hat angeblich noch zu tun.

2. **Sie stehen unter Schock.** Es ist passiert. Ihr Partner hat sich von Ihnen getrennt. Ihre Tränen laufen wie Wasser. Doch Vorsicht: Das ist noch keine Trauerarbeit, sondern nur eine Stressreaktion. Ihr ganzes Leben ist aus den Fugen geraten. Sie wissen nicht, wie es ohne ihn weitergehen soll. Alles um Sie herum läuft wie ein Film ab. Sie fühlen sich ferngesteuert, reaktionslos. Die Zukunft ist ein schwarzes Loch.

3. **Sie wollen es nicht wahrhaben.** Die natürlichen Selbstheilungs-kräfte melden sich. Sie wollen alles ungeschehen machen und den alten Zustand wiederhaben. In dieser Situation machen Sie jede Menge Zugeständnisse – wider besseres Wissen. Natürlich akzeptieren Sie die andere Frau. Natürlich muss er Ihnen nie mehr sagen, wohin er geht. Sie schlagen eine Trennung auf Probe vor, etwas Abstand. Er kann doch ruhig mal allein in die Ferien fahren. Danach werden Sie sich besser verstehen, da sind Sie sich sicher. All diese Vorschläge sind laut Psychologen „Übergangsrituale". Sie dienen dazu, Zeit und Raum zu gewinnen, um langsam wieder klare Gedanken fassen zu können.

4. **Wie konnte das passieren?** Er ist weg. Jetzt beginnt die schlimmste Phase. Sie können weder essen noch trinken. Sie haben keine Kraft, das Bett zu verlassen und möchten niemanden sehen. Wie ein Film läuft die Beziehung in Ihrem Kopf ab. Sie machen sich Selbstvor-würfe, geben sich am Scheitern die Schuld. Einzelne Ereignisse tauchen in Ihrem Kopf auf. Sie schwanken zwischen tiefstem Schmerz, weil Sie sich nicht vorstellen können, auf den geliebten Partner zu verzichten, und Verzweiflung, weil Sie nicht wissen, wie es weitergehen kann. Sie können keinen klaren Gedanken fassen, suchen sich aber Menschen, die Ihnen zuhören, denen Sie erzählen können, wie böse und gemein man mit Ihnen umgegangen ist.

5. **Es ist vorbei.** Jetzt ist es geschehen. Sie müssen es akzeptieren, es gibt kein Zurück mehr. Sie sind tieftraurig und lassen sich unbe-wusst auf die Trauerarbeit ein. Ihre Gedanken kreisen um den Partner. Sie denken zu jeder Tageszeit daran, was Sie jetzt mit ihm gemacht hätten. Immer wieder bekommen Sie Weinkrämpfe. Aber Sie wollen auch etwas ändern. Meistens einfach nur aus Trotz. Sie verabreden sich mit Freunden, lassen sich manchmal sogar auf eine Affäre ein. Diese mutigen Trotzphasen wechseln sich ab mit Momenten des totalen Rückzugs. Sie wollen allein sein, an Ihren Verflossenen denken, in schönen Erinnerungen schwelgen und gleichzeitig voller Wut die besten Tassen an die Wand werfen. Ihre

Seele hüpft unablässig auf und ab. Sie sind dabei, sich ein neues Leben aufzubauen. Parallel dazu lösen Sie sich von Ihrem Partner. Sie beginnen, die verlorene Beziehung kritischer zu sehen. Es war nicht alles so glücklich. Sein Trennungswunsch kam vielleicht auch nicht aus heiterem Himmel. Ganz zaghaft lassen Sie sich auf die Vorstellung ein, es vielleicht noch einmal besser zu treffen.

Eine Trennung verarbeiten

Alkoholiker triumphieren, wenn sie es immer länger ohne das Glas Bier aushalten, und genauso triumphieren Sie, dass Sie schon eine, zwei, drei Wochen ohne den „geliebten" Menschen überstanden haben. Sie empfinden bestimmte Ereignisse als Hürde und sind stolz auf sich, wenn Sie sie genommen haben. Das Konzert, das Sie eigentlich mit Ihrem Liebsten besuchen wollten: Jetzt sitzen Sie allein zwischen den Menschen und wischen sich ein paar Tränen aus den Augen. Aber Sie sind auch stolz, es geschafft zu haben.

> Ein Drittel der Zeit, die man miteinander verbracht hat, braucht man für die Aufarbeitung der Trennung, so die Faustregel.

Verena, eine neununddreißigjährige Sekretärin aus Mainz, hat nach der Trennung spontan eine Reise ans Mittelmeer gebucht. „Ich wollte mir beweisen, dass ich auch ohne ihn wegkomme. Die ersten drei Tage waren grauenvoll. Ich habe nur in meinem Zimmer auf dem Bett gelegen und mir die Augen ausgeheult. Aber dann habe ich plötzlich nette Leute getroffen und viel mit ihnen unternommen. Jeder Tag mit guter Laune war für mich ein Triumph."

Wie lange der schmerzliche Heilungsprozess dauert, ist bei jedem anders. Die Länge und die Intensität der Beziehung spielen eine Rolle, aber auch wie eng die Lebenskonzepte bereits miteinander verwoben sind. Eine Faustregel sagt, dass man ein Drittel der Zeit, die man miteinander verbracht hat, für die Aufarbeitung der Trennung braucht. Wer ein Jahr eine Liebe gelebt hat, braucht demnach vier Monate, um sie wieder aus Herz und Kopf zu bekommen.

REZEPTE GEGEN LIEBESKUMMER

- Gönnen Sie sich viel frische Luft und Bewegung.
- Suchen Sie Kontakte und treffen Sie feste Verabredungen, damit Sie nicht aus einer Stimmung heraus absagen können.
- Werfen Sie seine Lieblings-CD und sein Aftershave weg. Packen Sie alles, was Sie an den Ex-Partner erinnert, in Kartons und stellen es in den Keller.
- Löschen Sie seine Nummer von Ihrem Handy und blockieren Sie seine Facebook-Seite.
- Gönnen Sie sich etwas, was Sie mit Partner nie machen konnten: Besuchen Sie eine alte Freundin, machen Sie eine Yoga-Reise, schaffen Sie sich ein Haustier an.
- Erinnern Sie sich an die Momente, in denen Sie mit dem Partner nicht glücklich waren. Analysieren Sie in Ruhe, woran das lag.

Psychologen raten, sich nie unter Druck setzen zu lassen. Denn der schmerzhafte und quälende Liebeskummer ist nicht umsonst. Das Erlebte und Erlittene soll verarbeitet werden, die Persönlichkeit wird daran wachsen. Man soll eigene Fehler aufarbeiten, Missstände erkennen und Fehlverhalten des Partners verstehen. Dann hilft es einem, in einer neuen Beziehung schneller zu erkennen, was schief läuft und entsprechend gegenzusteuern.

Neues Spiel, neues Glück

Wer kein Teenager mehr ist, weiß es längst: Es geht immer weiter. Irgendwie. Mit ein bisschen Abstand sieht man die vergangene Beziehung klarer, auch in ihren negativen Auswirkungen. Häufig fühlt man recht schnell sogar Erleichterung. Man hatte nur nicht den Mut, den ersten Schritt zu tun. Jetzt kann man auch wieder auf den Partner zugehen, ihm alles Gute wünschen und sich vornehmen, aus der Beziehung viel mitzunehmen.

Natürlich ist man erst einmal traurig, oft sogar sehr. Aber man ist nie wirklich einsam. Familie, Kinder, Freunde stehen einem bei. Und das tut gut. Reden, wieder unter Leute kommen, sich gemocht fühlen, das baut das Selbstbewusstsein auf. Durch Menschen lernt man neue Menschen kennen und über kurz oder lang ist da wieder jemand, mit dem man gern zusammen ist. Manchmal geht es ganz schnell. Und das Gefühl, jemandem ganz nahe sein zu wollen, ist wieder da.

Wie lange das dauert, hängt von jedem Einzelnen ab. Es gibt Menschen, die können nicht gut allein sein. Der Platz an ihrer Seite ist frei und sie suchen jemanden, der diese Lücke füllt. Damit es schnell geht, gehen sie manchen Kompromiss ein. Wenn sie damit glücklich werden, ist das gut so. Andere lassen sich Zeit. Sie warten, bis sie den treffen, der so ist, wie sie es sich wünschen. Wieder andere werfen ganz plötzlich die Vernunft beiseite und stürzen sich mit ganzem Herzen wieder in das Abenteuer Liebe. Aber alle werden eines deutlich merken: Sie haben aus der Vergangenheit viel gelernt.

Klar macht man auch den gleichen Fehler zweimal. Aber trotzdem lernt man daraus, erkennt Wiederholungen und geht zur Bewältigung des Problems neue Wege. Jede Erfahrung prägt den Menschen. Auch in Beziehungen. Man nimmt alle mit ins neue Glück. So wird das Misslingen zu einem nützlichen Baustein auf dem weiteren Weg zum dauerhaften Glück. Denken Sie an Hermann Hesse: „Und jedem Anfang wohnt ein Zauber inne." Starten Sie wieder durch!

SIEBEN FRAUEN ERZÄHLEN

Sie haben nun gelesen, was Sie alles wissen müssen, um die große Liebe im Dickicht des Lebens aufzuspüren. Es erwartet Sie eine prickelnde, spannende Zeit mit aufregenden Begegnungen. Manche verflüchtigen sich schnell, aus einigen werden Freundschaften, aus einer vielleicht eine wunderbare Partnerschaft. Aber lesen Sie vorher noch, was andere Frauen auf der Suche nach der Liebe alles erlebt haben. Ihre Geschichten sind heiter und bewegend, kurios und aufrüttelnd, aber sie zeigen, dass es sich immer lohnt, auf das Glück vorbereitet zu sein. Denn es kann jederzeit vor Ihnen stehen. Morgen, heute, jetzt!

Heidrun: „Nach Franks Tod muss ich das Flirten erst lernen"

Die sechzigjährige Heike ist Hausfrau, verwitwet und hat zwei erwachsene Kinder. Sie lebt in Memmingen im Allgäu.

„Mama, das Haus ist viel zu groß für dich. Suche dir doch eine schöne Wohnung. Dann bist du viel freier und kannst endlich machen, was du dir schon immer gewünscht hast."

Zwei Jahre, nachdem Heidruns Ehemann Frank gestorben ist, macht ihre Tochter Susanne regelmäßig diesen Vorschlag. „Das Haus ist zu groß. Zieh aus. Fang ein neues Leben an." Immer öfter bekommt Heidrun das zu hören und fühlt sich regelrecht bombardiert davon.

Gut, Susanne hat recht. Seit Frank tot ist, lebt Heidrun allein auf 180 Quadratmetern mit all den Erinnerungen an fast fünfunddreißig Jahre Ehe. Das tut ihr nicht gut. Aber sie hat so viel um die Ohren und weiß gar nicht, was sie zuerst tun soll. Alles ist noch so neu für sie. Die Zeit mit Frank, sie macht doch fast ihr ganzes Leben aus.

Frank und Heidrun haben sich früh kennengelernt. Er war Student, sie Sachbearbeiterin bei der Schulbehörde. Sie wurde schnell schwanger und sie mussten heiraten. Frank ging völlig in seinem Beruf auf und schaffte es bis zum Schulleiter. Heidrun war Mutter und Hausfrau. Die Kinder geraten gut. Susanne ist jetzt siebenunddreißig Jahre alt, Torsten vierunddreißig. Beide sind verheiratet, haben Kinder und leben in der Nähe von Memmingen.

Der Kontakt zu den Kindern war immer eng. Als Frank vor sechs Jahren erfuhr, dass er Darmkrebs hat, waren beide für ihn da. Gut, soweit es ihre Zeit und ihr Familienleben zuließ. Heidrun war ja zu Hause und konnte sich um ihn kümmern. Es war eine harte Zeit. Frank wurde mehrmals operiert und musste vier Chemos über sich ergehen lassen. Im Sommer vor zwei Jahren hatte sein Leiden ein Ende, er schlief im Krankenhaus ein. Für ihn war es eine Erlösung, für Heidrun eine Katastrophe. Denn sie hatte nie gelernt, allein zu

leben. Gut, die Verantwortung für die Finanzen, das Haus, an all dem ließ er sie nach Ausbruch der Krankheit immer mehr teilnehmen. Sie ging zuletzt allein zu der Bank, füllte Formulare aus und unterschrieb Verträge. Aber Frank war ja noch da und zog im Hintergrund die Fäden. Er sagte ihr, was sie tun sollte, und sie machte, was er sich vorstellte. Ohne groß nachzufragen. Sie traute sich nie, etwas allein zu entscheiden. In ihrer Ehe war Heidrun weit davon entfernt, emanzipiert zu sein.

Nach seinem Tod ist sie plötzlich gezwungen, mit allem allein fertigzuwerden. Die Rentenanträge, die Erbangelegenheiten, sie fühlt sich heillos überfordert und ist froh, dass ihre Kinder da sind und ihr helfen.

Im ersten Jahr nach Franks Tod unternimmt sie nicht viel. Ein paar Mal führt ihre Tochter sie zum Essen aus. Damit sie unter Menschen kommt. Sonntags fährt sie oft zu ihrem Sohn zum Kaffeetrinken. Mit einer Sekretärin aus Franks ehemaliger Schule wandert sie im Herbst in Österreich. Aber es gefällt ihr nicht. Sie kommt sich verloren vor und weint viel.

Doch allmählich akzeptiert sie Franks Tod. Sie bemüht sich, nach vorn zu sehen. Doch da ist nicht viel. Heidrun weiß nicht so recht, wie sie weiterleben sollte. Ihr ist aber klar, dass sie viel ändern muss. Denn in den alten Gleisen kann sie nicht bleiben.

In ihrem Bekanntenkreis gibt es nur Paare, da fühlt sie sich wie das fünfte Rad am Wagen. Schon während Franks Krankheit schliefen viele Kontakte ein. Er konnte ja nicht mehr viel unternehmen, also blieben die Einladungen aus. Nach seinem Tod wurde es noch ruhiger, das Telefon klingelte nur noch selten. Heidrun hat das Gefühl, dass niemand aus dem Freundeskreis sie mehr brauchte. Anfangs war das nicht schlimm für sie, denn ihr tat das Alleinsein ganz gut. Die Belastungen durch die Pflege hatten ihr körperlich zugesetzt und sie kam erst langsam wieder zu Kräften. Und wenn sie wirklich einsam war, kümmerte sie sich eben um die Enkelkinder und half Susanne im Haushalt. Aber würde ihr das für die nächsten zwanzig Jahre rei-

chen? Langsam kommen ihr Zweifel. Das kann doch nicht alles gewesen sein. Sie ist sechzig Jahre alt. So will sie nicht alt werden.

„Das Haus ist zu groß!" Wieder ist da Susanne und redet auf ihre Mutter ein. Die gibt ihr längst recht. Aber wo soll sie denn hin? Heidrun sieht sich mit ihrer Tochter eine Wohnung in der Innenstadt an. Doch da fühlt sie sich fremd. In ihrem Wohnviertel mag sie aber auch nicht bleiben. Sie allein mit all den Ehepaaren um sich herum.

„Vergiss das Haus. Du brauchst in erster Linie Streicheleinheiten", hört Heidrun eines Abends von Christine, ihrer Jugendfreundin. Die beiden Frauen kennen sich noch aus der Schulzeit, hatten sich aber vor fast drei Jahrzehnten aus den Augen verloren. Christine ist seit kurzem zum zweiten Mal verheiratet und mit ihrem jetzigen Mann vor wenigen Wochen wieder zurück nach Memmingen gezogen. Deshalb versucht sie alte Kontakte aufzufrischen und hat auch Heidrun angerufen. Christine ist ganz anders als Heidrun. Lebenslustig, schick, eine Frau, die sich präsentieren kann. So war sie schon damals, als Teenager.

Nun sitzt Christine bei Heidrun im Wohnzimmer und sie reden. Heidrun über die Kinder. Christine über ihre letzte Reise. Mit ihrem Mann hat sie eine Rundreise durch Andalusien gemacht. Sie haben in stilvollen Paradores übernachtet, tagsüber die Gegend erkundet. Christine erzählt offen, wie herrlich es ist, nackt im Meer zu baden und sich mit ihrem Peter in einsamen Buchten zu sonnen und – wie sie nicht verschweigt – auch zu lieben.

Heidrun hört ihr zu und fühlt sich dabei glatt zwanzig Jahre älter als die flotte Freundin. Christine hat ihr Leben immer genossen. Und Heidrun? „Ich wurde gelebt, von anderen, am meisten von Frank", sagt sie, plötzlich ganz ernst.

Als Christine geht, ist Heidrun bedrückt. Sie steht im Bad, mustert sich im Spiegel. Sie fühlt sich nicht wie eine Sechzigjährige. Sie fühlt sich wie eine alte Frau, die auf ihr Ende wartet. Vielleicht hat Christine recht und ihr fehlen wirklich Streicheleinheiten, einfach ein Mann, der sie begehrt.

Die Ehe mit Frank, sie war nach fast vierzig Jahren auch nicht mehr frisch gewesen. Er hat das meiste allein unternommen, sie war zu Hause und hat ihm – wie man so schön sagt – den Rücken freigehalten. Erlebt hat sie an seiner Seite herzlich wenig. Die Fahrt nach Süditalien? Frank hat sie mit seinen Lehrerkollegen unternommen. Der Ausflug in die Normandie? Dort war er mit seinem Skatclub gewesen. Und auf die große Leningrad-Reise ist er mit seiner Schulklasse gegangen. Und Heidrun? Sie war zu Hause, hat die Kinder gehütet, den Garten gemacht und Marmelade gekocht. Und wenn Frank voll neuer Eindrücke nach Hause kam, durfte sie hören, wie schön alles gewesen ist und wie gut ihm die Reiserei tut.

„Man wird freier im Kopf", hat Frank ihr immer erklärt. Und sie hat genickt. Was in ihrem Kopf passierte, war ihm nicht wichtig gewesen.

„Du bist doch noch jung. Suche dir den passenden Mann für den zweiten Lebensabschnitt", hört Heidrun immer wieder Christines Stimme. Die Freundin hat sie dabei so fröhlich angelächelt, dass Heidrun Neugier gespürt hat.

An diesem Abend findet sie keine Ruhe. Sie sitzt in der Nacht in der Küche, wie so oft, seit Frank tot ist. Und doch ist es dieses Mal anders. Sie sieht nicht wehmütig zurück, sie sieht vielmehr mutig nach vorn. Vor ihren Augen tauchen andere Bilder auf. Sie sieht sich am Strand entlanglaufen. An der Hand eines Mannes, der sie so liebt, wie sie ist, und der Lust hat, sie zurück ins Leben zu führen. Ja, sie möchte noch einmal wie ein junges Mädchen ausgelassen lachen, etwas Verrücktes tun, Grenzen überschreiten und sich auch körperlich wieder als Frau fühlen. Wie lange hat sie keinen Sex mehr gehabt? Vier Jahre ist es bestimmt her. Das muss genug sein.

Aber darf sie von einer neuen Liebe träumen? Tut sie Frank damit unrecht? Was werden die Kinder sagen, wenn sie ihnen einen neuen Partner präsentiert? Können sie das ertragen, ihre Mutter an der Hand eines anderen?

Viele Fragen beschäftigen Heidrun in dieser Nacht. Sie ist hin- und hergerissen zwischen dem Wunsch nach einer neuen Liebe und der Sorge, jemanden damit zu verletzen. Außerdem weiß sie gar nicht, wie sie einen neuen Mann finden soll. Zuletzt hat sie vor mehr als vierzig Jahren geflirtet. Mit Frank. Ob sie das überhaupt noch kann? Vielleicht ist sie auch gar nicht mehr reizvoll für einen Mann. Sie ist zu einem Hausmütterchen geworden. Das will doch niemand.

Aber passieren muss etwas. Davon ist Heidrun überzeugt. Sie ist jetzt allein und muss ihr altes Leben hinter sich lassen. Von Erinnerungen kann sie nicht leben. Sie muss die Gegenwart genießen. Voller Tatendrang schläft sie spät ein.

Am nächsten Morgen ruft sie einen Obdachlosenladen an. Man kann ihr Schlafzimmer abholen, am liebsten sofort. Heidrun kauft sich neue Möbel, alles italienisch leicht, viel Eisen, dazu gelbe Stoffe. Die Wände lässt sie sich von einem befreundeten Maler eierschalenfarben streichen. Innerhalb von einer Woche ist zumindest im Schlafzimmer alles neu.

Danach entrümpelt sie ihren Kleiderschrank. Sie bittet Christine, mit ihr einkaufen zu gehen. Sie möchte flottere Sachen. „Und ein paar Kilo solltest du auch abnehmen", rät ihr Christine sofort. Sie gehen gemeinsam zum Friseur. Heidrun bekommt einen flotten Kurzhaarschnitt, dazu Strähnen. Christine probiert ein frisches Makeup mit ihr aus. Heidrun fühlt sich anschließend prima.

„Wo finde ich denn nun den neuen Mann?", will sie auf der Heimfahrt wissen. Christine weiß Rat: „Ich habe meinen Gert bei einem Volkshochschulkursus kennengelernt. Gib' mir einen Tag Zeit. Ich suche dir einen Kurs aus und dann siehst du dich dort einmal um!"

Keine Woche später sitzt Heidrun im PC-Kurs für Anfänger. Fünfundzwanzig Teilnehmer, viele in ihrem Alter. Sie versteht wenig und fühlt sich ein bisschen dumm. „In meinem Alter muss man auch das Lernen wieder lernen", sagt sie nervös dem Lehrer.

Aber sie konzentriert sich auch weniger auf die PC-Infos als auf die Teilnehmer. Sie taxiert jeden Mann, der allein altersmäßig in Frage

kommen könnte, gründlich – und ist enttäuscht. Keiner gefällt ihr, zumindest nicht auf den ersten Blick. Sie ist auch unsicher und wüsste gar nicht, wie sie es anstellen sollte, jemanden anzusprechen.

In der Pause gehen alle auf den Flur. Es gibt Kaffee aus dem Automaten, viele Teilnehmer aus anderen Kursen kommen dazu. Es ist richtig trubelig. Eine Frau grüßt Heidrun, es ist eine Lehrerin aus Franks Schule. Ein junger Mann kommt auf sie zu und streckt ihr sofort seine Hand hin. Es ist ein ehemaliger Schüler von Frank. Heidrun zuckt zusammen. Ob er ihr ansieht, dass sie auf Partnersuche ist? Wie peinlich!

„Egal, du gehst weiter dorthin. Lass dir Zeit. Den Prinzen trifft man nicht am ersten Abend", muntert Christine sie auf, als Heidrun sie noch am selben Abend kurz vor Mitternacht zu Hause anruft. Christines Mann Gert meldet sich aus dem Hintergrund, sie solle am Samstag vorbeikommen. Christine kichert. „Da kommt Jens, sein Kollege. Den haben wir für dich ausgesucht."

Heidrun ist das alles furchtbar unangenehm. „Musstest du denn Gert davon erzählen, dass ich einen Mann suche?", fragt sie Christine etwas ärgerlich. Doch die bleibt völlig unbeeindruckt von Heidruns Vorhaltungen. „Stell dich nicht so an", kontert sie, „von alleine klopft keiner an deine Burg. Es müssen schon eine paar Leute wissen, dass du interessiert bist!" Heidrun versucht, locker zu bleiben. Irgendwie hat Christine ja recht. Aber vorführen lassen will sie sich trotzdem nicht. Wenn Jens kommt, ist sie verhindert, basta!

Christine bleibt trotzdem am Ball. Sie meldet Heidrun zusätzlich noch bei Italienisch für Anfänger an. Aber auch hier ist kein Mann, der zu ihr passen könnte. Doch egal, Heidrun beherzigt den Rat der Freundin und geht jetzt zweimal in der Woche in die Volkshochschule. So kommt sie wenigstens mit anderen Menschen zusammen und findet Anschluss. Für sie ist das der erste Schritt in ein neues Leben. Heidrun merkt, dass ihr die vielen Kontakte richtig guttun. Sie freundet sich mit vier netten Frauen an. Gemeinsam gehen sie nach dem Kurs noch in ein nahegelegenes Bistro und trinken dort ein Glas

Wein zusammen. Für Heidrun ist es anfangs ganz ungewohnt, abends in einem Lokal zu sitzen. Sie fühlt sich gehemmt. Aber mit jedem Mal schwindet ihre Unsicherheit. Es macht ihr immer mehr Spaß, abends auszugehen.

An einem Novemberabend, draußen regnet es in Strömen, ist die Stimmung der Damen besonders ausgelassen. Heidrun bestellt sich das zweite Glas Wein und erzählt lebhaft von ihren Fortschritten im PC-Kurs. Irgendwann merkt sie, dass ihr außer den vier Damen noch jemand zuhört. Ein sympathischer Mann Anfang sechzig. Er sitzt an der Bar und sieht unverhohlen zu ihr hinüber. Ihre Blicke treffen sich. Heidrun verhaspelt sich prompt und spürt, dass sie rot anläuft. Mit sechzig Jahren!

Sabine, eine der Kursteilnehmerinnen, dreht sich neugierig um. Sie kennt den Mann und ruft übermütig: „Hallo Rolf, du bringst ja unsere Christine ganz aus der Fassung. Komm doch her und setz dich zu uns!" Rolf kommt an den Tisch und Heidrun fühlt, dass ihr die Knie zittern. Meine Güte, ein Gefühl, das sie das letzte Mal mit nicht mal zwanzig Jahren hatte. Sie reden bis in die Nacht hinein. Dieser Rolf ist Heidrun absolut sympathisch. Gesprächsstoff haben sie reichlich. Heidrun plant eine Mal-Reise nach Mallorca, Rolf kennt die Baleareninsel perfekt und erzählt von einem Haus, das ihm dort einmal gehörte.

Als alle zahlen möchten, um nach Hause zu gehen, bittet er Heidrun höflich, noch zu bleiben. Aber sie schüttelt den Kopf.

„Ich wäre wirklich gern geblieben, aber es erschien mir zu gewagt. Ich wollte nicht allein so spät mit einem Mann in einem Lokal sitzen", vertraut sie später ihrer Freundin an. „Weißt du, es war mir auch unangenehm Frank gegenüber." Christine unterbricht sie sofort: „Hör auf damit. Frank hätte nichts dagegen. Du musst nicht den Rest des Lebens allein sein." Heidrun nickt. Sie nimmt sich fest vor, künftig nicht immer zurückzublicken. Wenn sie jetzt die Weichen neu stellt, hat sie bestimmt noch schöne Jahre vor sich.

Am nächsten Tag ruft Rolf sie an, Sabine hat ihm Heidruns Nummer gegeben. Er ist sehr höflich, aber auch sehr direkt. Er könne sie nicht vergessen. Heidruns Blick hätte ihn direkt ins Herz getroffen, er müsse sie wiedersehen. Sie wäre eine Frau, von der er seit langem träumen würde.

Heidrun kann kaum antworten. Alles geht jetzt auf einmal so schnell. Er gefällt ihr, das muss sie zugeben. Aber sie kann nicht damit umgehen, dass sich ein Mann so um sie bemüht. Was wird Susanne dazu sagen? Und Torsten? Ist es zu früh, sich zwei Jahre nach Franks Tod auf einen Flirt einzulassen? Kommt sie in ihrem Städtchen ins Gerede? Immerhin war Frank ein bekannter Mann in Memmingen.

„Ich habe gerade Besuch", unterbricht Heidrun Rolf eine Spur zu barsch. Sie lügt bestimmt schlecht, bittet aber Rolf, ihr seine Nummer zu geben. „Ich rufe Sie zurück!" Heidrun braucht Zeit. Sie muss erst mit Christine sprechen. Die ist begeistert: „Triff dich mit ihm! Das läuft ja prima."

Heidrun traut sich nicht so recht und zögert deshalb den Rückruf zwei Tage hinaus. Erst am Freitag will sie Rolf anrufen. Aber dazu kommt es nicht mehr, denn er steht plötzlich vor ihrer Haustür. Mit einem Strauß Blumen. Glücklicherweise ist sie gerade auf dem Weg in die Stadt und deshalb zurechtgemacht. Sie ist erst baff und dann aufgeregt wie ein Teenager. Rolf will mit ihr spazieren gehen und sie fahren in seinem Wagen in einen nahegelegenen Park. Heidrun fühlt sich unwohl, sie fühlt sich wie eine Frau, die ihren Mann betrügt. Sie muss sich daran erinnern, dass Frank tot und sie frei ist.

Sie laufen lange durch die kalte Winterluft und erzählen sich aus ihrem Leben. Heidrun erfährt, dass Rolf ein bekannter Geschäftsmann war, dem bis vor drei Jahren ein großes Autohaus im Ort gehörte. Dann gab es finanzielle Schwierigkeiten, weil sein Prokurist ein paar Fehlentscheidungen getroffen hatte. Das Unternehmen musste schließen. Es war für ihn eine Katastrophe, denn kurz darauf ging auch seine Ehe in die Brüche. Mit seinen beiden Kindern hat er heute keinen Kontakt mehr, seine Ex-Frau unterbindet das. Während er erzählt, werden seine Augen feucht. Heidrun sieht ihn von der Seite an. Er tut ihr von Herzen leid. Was hat dieser Mann bloß alles durchmachen müssen. Es ist so traurig.

Später sitzen sie in einem Café. Rolf erzählt weiter. Er sprudelt über, wenn er von seiner Vergangenheit erzählt. Und es kommen immer tragischere Details ans Licht. Sein Anwalt hat ihn bei der Abwicklung der Firma falsch beraten. Er hat nur Schulden behalten und sitzt jetzt richtig tief in der Tinte.

„Ich könnte verstehen, wenn Sie jetzt nichts mehr mit mir zu tun haben möchten", sagt Rolf plötzlich ganz offen. Heidrun zuckt zusammen. „Aber warum?", fragt sie irritiert. Rolf setzt gleich nach. „Was will so eine Klassefrau wie Sie von einem Mann wie mir? Ich kann Ihnen doch nichts mehr bieten. Und Sie sind eine Frau, die es verdient hätte, verwöhnt zu werden."

Heidrun sind die Komplimente zu viel. Sie sieht verlegen zu Boden. Rolf nimmt ihre Hand. „Meine Güte, du glaubst gar nicht, wie es mich erwischt hat", flüstert er plötzlich und küsst ganz schnell und verstohlen ihren Handrücken.

Heidrun genießt diese Zuwendung und alle diese tollen Komplimente. Noch nie hat jemand gesagt, sie sei eine Klassefrau. Noch nie hat jemand gesagt, dass sie schöne Augen hätte und eine faszinierende Ausstrahlung. Frank hat das offenbar nie so gesehen. Er war eben ein nüchterner Typ, entschuldig sie ihn und tief in ihrem Herzen bohren plötzlich Zweifel, ob sie ihm überhaupt jemals richtig wichtig war. Aber sie will nicht wieder über die Vergangenheit grübeln. Sie will doch nach vorn gucken. Das hat sie sich fest vorgenommen.

Rolfs Schwärmereien vertreiben ihre trüben Gedanken schnell wieder. Heidrun bekommt noch zu hören, dass sie unterhaltsam und witzig ist, eine tolle Stimme hat und belesen wirkt.

Als Rolf sie nach Hause bringt, fühlt sie sich so gut wie schon lange nicht mehr. Komplimente verleihen Flügel, das erlebt sie gerade. Vor der Haustür stellt er den Motor ab. Heidrun Herz klopft wie verrückt. Was passiert jetzt? Er zieht sie zu sich herüber und küsst sie. Einfach

so. Lang und innig. Sie denkt, dass er wunderbar schmeckt und für einen Augenblick vergisst sie alles um sich herum. Sie lässt sich komplett in das Gefühl fallen, begehrt zu werden. Sie küsste ihn, so wild und leidenschaftlich, wie sie es nie für möglich gehalten hätte. Dann reißt sie schnell die Autotür auf. Sie muss nach Hause, allein sein, alles auf sich wirken lassen.

Nachts liegt Heidrun wach und denkt an Frank. Diese Leidenschaft, es hat sie wohl nie zwischen ihnen gegeben. War es die Zeit damals? Oder war sie es? Sie findet keine Antwort. Aber wenn sie das alles jetzt erleben kann, will sie es genießen.

„Du, pass bloß auf. Karin hat dich gestern mit diesem Rolf in einem Café gesehen. Nimm dich in Acht. Das ist ein Hallodri, der es bei jeder Frau versucht." Heidrun steht am Kaffeeautomaten in der Volkshochschule und Gerti, eine der netten Kursteilnehmerinnen, hat sie gerade in eine Ecke gezogen und spricht jetzt verschwörerisch auf sie ein. „Der ist pleite und sucht immer Frauen, die ihn unterhalten. Große Liebe inklusive. Bestimmt hat er dir auch vorgeschwärmt, wie schön du bist. Meiner Schwester hat er auch die Ohren vollgesülzt. Er ist verzweifelt und versucht, irgendwo unterzukommen. Eine Frau wie du, mit eigenem Haus und guter Pension, die ist für ihn ein gefundenes Fressen."

Heidrun muss aufpassen, dass sie nicht gleich anfängt zu heulen. Hier vor all den Leuten. Gerti merkt das und nimmt sie fürsorglich in den Arm. „Komm, nach allem, was du durchgemacht hast, kannst du dir so einen Typen nicht erlauben." Sie streichelt sie. „Schätzchen, es gibt auch andere Männer, die sich nicht nur in ein gemachtes Nest setzen wollen. Warte auf so einen. Sei sicher, er wird kommen." Heidrun nickt. Bestimmt hat Gerti recht. Aber wo gibt es ihn denn, verdammt noch mal?

„Seit Frank tot ist, muss ich doch das Flirten erst wieder lernen. Ich falle doch auf jeden herein, der nett zu mir ist!", jammert Heidrun am nächsten Morgen ihrer Freundin Christine die Ohren voll, nachdem sie ihr die ganze Geschichte mit Rolf erzählt hat. Christine ist für einen Moment stumm, richtig betroffen. Dann fängt sie sich wieder. „Sei froh, dass du in einer Kleinstadt lebst, in der jeder den anderen kennt. In einer Großstadt wärest du diesem Rolf garantiert auf den Leim gegangen. Du hast ja wirklich keinerlei Erfahrung mit Männern und glaubst jedem sofort, der von deinen blauen Augen schwärmt. Ich denke, ich kann dich bei der Männersuche nicht allein lassen. Du bist viel zu naiv. Aber warte mal, ich habe eine Idee! Du hörst von mir!"

Zwei Stunden später steht Christine vor Heidruns Tür. Sie wedelt schon am Gartentor mit zwei Umschlägen und zeigt ihr dann stolz, was sie sich dieses Mal ausgedacht hat. „Hier, ich habe zwei Theaterabos für uns. Du wirst sehen, da findest du den Richtigen. Allerdings werden wir unser kleines Kaff verlassen und die Ulmer Bühnen besuchen. Die halbe Stunde Fahrt nehme ich gern in Kauf, damit du dich freier umsehen kannst und dich nicht immer als beobachtete Schulleiter-Witwe fühlen musst."

Heidrun freut sich nicht so recht. „Mir geistert Rolf noch durch Kopf und Herz", vertraut sie Christine an. „Vielleicht stimmt das alles gar nicht. Du weißt doch, wie schnell sich in Kleinstädten Gerüchte verbreiten", sagt sie und hofft, das Christine ihr noch ein Fünkchen Hoffnung lässt. „Er hat mir einfach gefallen. Seine ganze Art. Ich weiß nicht, ob ich ihn einfach so abservieren soll."

Wieder klingelt Heidruns Telefon. Es ist Rolf! Er hat bestimmt schon zehnmal angerufen. Doch sie hatte nicht den Mut gehabt, ans Telefon zu gehen. Was soll sie ihm denn sagen? Dass er ein Betrüger ist und verschwinden soll? Hoffentlich steht er nicht wieder einfach vor der Tür. Was soll sie denn dann machen?

Während Heidrun noch in Gedanken bei Rolf ist, wischt Christine ihre Zweifel brüsk vom Tisch. „Nichts da, meine Liebe. Ich habe Gert gebeten, sich einmal umzuhören. Stimmt alles, was deine Bekannte gesagt hat. Dieser Rolf ist schon lange kein seriöser Geschäftsmann mehr. Der ist durch seine Pleite kräftig abgerutscht. Gert hat mir eine Frauengeschichte aus seinem Bekanntenkreis erzählt. Rolf hat sich von der Dame ständig Geld zustecken lassen und sie sitzen las-

sen, als er eine bessere Partie entdeckt hat. Vergiss ihn, und zwar sofort."

Es fällt Heidrun schwer, aber sie muss Rolf abhaken. Als das Telefon wieder klingelt, sagt sie ihm, dass sie nicht interessiert ist und keinerlei Kontakt mehr möchte. Er reagiert gar nicht wie ein Gentleman, sondern wird richtig unangenehm. Was sich so eine blöde Ziege wie Heidrun einbilden würde, hört sie ihn noch schimpfen. Dann legt sie auf. Christine bekommt alles mit. Sie schließt nur die Augen. Warum muss ausgerechnet ihre Freundin so etwas erleben? Auch Heidrun tut es mächtig weh und ein paar Tage ist nichts mit ihr anzufangen. Sie fühlt sich benutzt und gedemütigt. Sie schämt sich.

Eine Woche später sitzen Heidrun und Christine in einer Dario-Fo-Aufführung in Ulm. Christine hat sich total aufgebrezelt, und auch Heidrun hat sich extra ein dunkelblaues Kostüm gekauft. Mit sechs Kilo weniger fühlt sie sich ganz gut. Rolf hat sie aus ihren Gedanken vertrieben. Sie hatten einen schönen Nachmittag, mehr nicht. Warum lange drüber grübeln? Sie bucht ihn unter „schlechte Erfahrungen" ab.

Die Aufführung ist klasse. Die beiden Frauen haben gute Plätze im ersten Rang. In der Pause treffen sich alle Abonnenten an der Sektbar und Christine holt zwei Gläser Prosecco. Heidrun steht allein da und sucht händeringend nach einer Möglichkeit, sich abzulenken, bis Christine wieder da ist. Erleichtert entdeckt sie einen Ständer mit Broschüren, den sie sofort ansteuert. Gespielt interessiert vertieft sie sich in die Prospekte. „Lieben Sie auch Mozart?", spricht sie plötzlich ein Mann an. Er ist attraktiv, groß, grauhaarig und hat ein wunderbar freundliches Lächeln, das Heidrun sofort sympathisch ist. Ihr fällt keine passende Antwort ein. „Sind Sie auch Abonnent?" fragt sie nur schnell. „Ja, seit vielen Jahren. Ich lebe allein und bin froh, wenn ich abends nicht zu Hause sitzen muss. Und das Programm hat mich noch nie wirklich enttäuscht."

Heidrun fängt sich. Der Mann ist ihr sympathisch. Aber es fällt ihr schwer, eine nette Unterhaltung zu führen. Sie ist so unsicher, so

ungelenk. Und vermutlich hat er auch wieder einen Haken. Sie erinnert sich an Christines Worte: „Du hast keinen Blick für gute Männer!" Also wartet sie lieber, was die zu ihm sagen wird.

„Hallo ihr beiden, habt ihr euch bereits über den ersten Akt ausgetauscht? Ach du meine Güte, jetzt habe ich nur zwei Gläser geholt. Hier, nehmen Sie meins", flötet Christine und hält dem Unbekannten ein Sektglas entgegen. Der greift zwar sofort zu, meint aber: „Ich nehme das nur an, wenn Sie mir erlauben, Sie nach der Vorstellung zu einem Gläschen Wein einzuladen. Gleich gegenüber gibt es ein nettes Lokal. Abgemacht?" Christine ist sofort dabei. „Ja schön. Wir treffen uns hier am Ausgang. Wir freuen uns." Sie tritt Heidrun unauffällig gegen den Fuß. Die versteht ihr Zeichen und sagt schnell, dass sie es natürlich auch wunderbar findet.

„Das ist deiner, perfekt", murmelt Christine Heidrun während der weiteren Aufführung zu. Heidrun ist total aufgeregt. Doch was ist, wenn er sich für die viel schickere Christine interessiert? Tut er aber nicht. Ulf, so heißt der Abonnenten-Freund, ist beiden Frauen gegenüber sehr aufmerksam. Er entpuppt sich als Weinkenner. Was er bestellt, schmeckt großartig. Von Anfang an ist Ulf offen. Christine stellt ihm viele Fragen, allerdings ohne aufdringlich zu wirken. So erfahren sie, dass er eine Abteilung beim Straßenverkehrsamt leitet und seit vielen Jahren geschieden ist. Er gibt sogar zu, dass er sich oft einsam fühlt in seinem viel zu großen Haus. Damit gibt er Heidrun das Stichwort. Die erzählt jetzt auch viel von sich, von Franks Tod und ihrem viel zu großen Haus. Als sie fahren, gibt ihr Ulf seine Visitenkarte. Er würde sich freuen, wenn sie sich meldet.

Heidrun meldet sich. Gleich am nächsten Tag. Christine hat sie dazu ermutigt. „Wenn es passt, kannst du ruhig aktiv werden", empfiehlt sie ihr.

Ulf scheint sich ehrlich über ihren Anruf zu freuen. Sie reden lange. Es gibt viele Gemeinsamkeiten. Er reist gern nach Österreich und liebt Wanderungen, genau wie Heidrun. Auch Fahrradtouren findet er prima. Seine Freizeit verbringt er gern in seinem Garten, ebenso

wie Heidrun. Der Gesprächsstoff geht ihnen nicht aus. Heidrun erinnert sich nicht, wann sie das letzte Mal so lange mit einem Mann telefoniert hat. Sie glaubt, noch nie.

Sie telefonieren von nun an jeden Abend miteinander und werden sich mit jedem Gespräch vertrauter. Erst vierzehn Tage später sehen sie sich wieder. Sie haben ja dasselbe Abonnement, immer mittwochs. Ulf wartet dieses Mal schon am Theatereingang auf die beiden Frauen. Wie ein strahlendes Kind kommt er auf Heidrun zu, drückt sie fest, küsst sie auf die Wange. Christine gibt er herzlich die Hand. „Das nächste Mal bin ich aber krank", murmelt die nach der Begrüßung und lächelt Heidrun dabei verschmitzt an.

„Er ist wie maßgeschneidert für dich", sagt Christine auf der Heimfahrt. „Wenn du den nicht nimmst, bist du dumm!" Heidrun antwortet nicht. Was soll sie auch sagen, er gefällt ihr ja. Sie weiß nur nicht, ob es umgekehrt auch so ist.

Am Wochenende darauf lädt Heidrun Ulf zu sich nach Memmingen ein. Er holt sie von zu Hause ab und sie gehen etwas essen. Der Abend wird wunderbar. Sie reden stundenlang. Kein belangloses Geplänkel mehr, sondern sie sind schnell ernst und sprechen über ihre Träume, was sie vom Leben noch erwarten und wie sie sich in ihrem Alter eine Partnerschaft vorstellen.

Ulf sehnt sich sehr nach einer festen Beziehung. Die Entfernung zwischen ihnen ist für beide kein Problem, sie wollen sich langsam kennenlernen. Alle zwei Wochen sehen sie sich im Theater, dazu wollen sie sich an den Wochenenden besuchen. Wenn sie sich weiterhin gut verstehen, möchten sie zu Ostern an die Donau fahren. Wenn das Wetter stimmt, am liebsten mit dem Rad.

Heidrun kann sich ein Leben mit Ulf gut vorstellen. Ihren Kindern hat sie schon von ihm erzählt, und sie haben sich ehrlich für ihre Mutter gefreut. Ob sie sich vorstellen könnte, bei ihm zu leben, wollte Susanne wissen. Natürlich hat Heidrun längst darüber nachgedacht und als sie ihrer Tochter antwortet: „Warum nicht. Das Haus ist doch viel zu groß für mich", muss Susanne herzhaft lachen. Sie nimmt

die Mutter in den Arm, mit echter Freude. „Ach Mama, das wäre zu schön, wenn du wieder einen lieben Mann findest. Papa würde sich auch freuen, ganz bestimmt."

Als sie geht, ruft Heidrun Ulf an. Sie will seine Stimme hören und ihn für heute Abend zum Essen einladen. Wenn es passt, kann er bei ihr schlafen. In ihrem neuen italienischen Bett.

ANALYSE

Das Problem

Heidrun hat ihren Mann durch den Tod verloren. Sie ist von dem Schmerz überwältigt und findet sich anfangs schlecht ohne den Partner zurecht. Sie hat nie gelernt, ihren Alltag selbstständig zu führen und für alles allein verantwortlich zu sein. Allein hat sie Hemmungen, sich neue Kontakte zu suchen. Dem anderen Geschlecht gegenüber ist sie unsicher und ängstlich. Sie hatte in den fast vier Jahrzehnten ihrer Ehe nie den Wunsch verspürt, auf einen anderen Mann zuzugehen. Erst die gründliche Analyse ihrer Vergangenheit erlaubt ihr den Neustart. Kontakte nach außen wecken ihren Lebensmut.

Die Lösung

Wunden müssen heilen. Das braucht Zeit. Wer eine Barriere überwinden und einen neuen Lebensabschnitt beginnen will, muss sich mit der Vergangenheit auseinandersetzen und gründlich Abschied nehmen. Durch Trauern baut man sich ein Fundament, auf dem Neues beginnen kann. Doch allein schafft das niemand. Freunde und Familie sind hier unerlässlich, vielleicht auch ein Psychologe. Sich zurückzuziehen ist anfangs hilfreich, aber es sollte nie länger als ein, zwei Monate dauern. Glücklich kann nur der wieder werden, dem es gelingt, mit Zuversicht in die Zukunft zu sehen.

❗ Wer sich entscheidet, eine neue Liebe zu suchen, darf nicht denken, er würde den verstorbenen Partner damit verraten. Wer lebt, darf auch lieben!

Beatrix: „Ich dachte, wenn ich mit einem Mann ins Bett gehe, liebt er mich"

Beatrix ist zweiundvierzig Jahre alt, wohnt in Berlin und ist Geschäftsführerin eines Kosmetik-Instituts. Sie ist ledig und hat keine Kinder.

„Ich hab' ihn gefunden! Gestern auf der Ü40-Party! Ein Traumtyp! Wir haben bis morgens um fünf auf meiner Terrasse gesessen, Wein getrunken und zu Julio Iglesias getanzt. Er ist es, ganz bestimmt. Mit diesem Mann kann ich mir alles vorstellen."

Es ist gerade neun Uhr am Sonntagmorgen und Beatrix hat ihre Freundin Sigrid in der Leitung. Sie muss ihr Glück einfach mit jemandem teilen. Sigrid lebt allein und ist Frühaufsteherin, Beatrix weiß, dass sie sie auch am Sonntagmorgen nicht stört.

„Er heißt Mark und schläft noch wie ein Murmeltier. Du müsstest seinen Body mal sehen, muskulös, braungebrannt, einfach wie gemalt", sprudelt es weiter aus Beatrix heraus. Sigrid scheint die Euphorie der Freundin nicht zu teilen. Sie stellt sehr einsilbige Fragen. Nach seinem Alter, seinem Beruf, ob er verheiratet ist. Letzteres hat Beatrix gar nicht gefragt. Warum auch? Er müsste ja schön dumm sein, wenn er sich dann mit ihr einlassen würde. Das gäbe doch nur Konflikte und welcher Mann will das schon.

Später sitzt Beatrix auf der Terrasse und nippt an ihrem Kaffee. Sie möchte endlich eine feste, solide Beziehung. Vor zehn Jahren hat sie Abenteuer noch genießen können. Sie wollte flirten, lieben, Spaß haben. Aber dann kam sie mit den wechselnden Ex-und-hopp-Beziehungen nicht mehr zurecht. Sie stellte sich auf einen Menschen ein, und kaum hatte sie erfahren, was ihn interessiert und was er gern mag, war er wieder weg. Das will sie nicht mehr. Sie will endlich einen Mann für immer. Sie möchte auch heiraten und denkt sogar noch an ein Kind.

Aber so leicht, wie sie sich das vorgestellt hat, ist es nicht. Schon seit drei Jahren sucht sie ernsthaft nach einem Mann fürs Leben und ihr beruflicher Alltag macht das Ganze nicht einfacher. Beatrix ist gelernte Kosmetikerin, vor zehn Jahren hat sie sich selbstständig gemacht. Mittlerweile hat sie ein gut besuchtes Schönheitsinstitut in Berlin Mitte und beschäftigt fünf Mitarbeiterinnen. Da ihre Räumlichkeiten in einem Hotel sind, ist ihr Institut auch an den Wochenenden geöffnet, an denen Beatrix meistens selbst auch arbeitet. Als Ausgleich nimmt sie sich in der Woche einen freien Tag. Mit einem geregelten Privatleben ist dieser Arbeitsrhythmus schwer vereinbar. Die meisten Männer haben am Wochenende frei und möchten etwas mit ihrer Partnerin unternehmen. Beatrix denkt oft, dass es daran liegt, dass sie noch solo ist. Oder ist sie den Männern beruflich zu erfolgreich?

Aber egal woran es liegt, sie will nicht länger als Single leben. Wenn sie abends nach Hause kommt, hält sie es in ihrer leeren Wohnung kaum aus. Oft zieht sie sich noch um neun Uhr abends um und geht weg. Sie kennt genügend Lokale, in denen immer etwas los ist. Da sie sehr kommunikativ ist, dauert es nie lange, bis sie einen Mann kennenlernt. Aber so gerät sie immer an die Falschen. „Die sind so lange nett und charmant, wie sie sich Hoffnung machen, dass die Nacht in meinem Bett endet. Es geht nur um Sex, nichts anderes", glaubt Beatrix. Zwar geht sie abends immer noch oft aus, aber nicht mehr, um den Mann fürs Leben zu finden.

Dafür guckt sie sich lieber bei einem Tanz-Lokal um. Jeden Freitag um neun treffen sich dort Tango-Fans aus der ganzen Welt und tauchen ein in die Welt des Rhythmus und der gespielten Leidenschaft. Es kommen keine Paare, sondern nur Singles. Beatrix hat dort schon tolle Männer kennengelernt, zum Beispiel einen ungeheuer charmanten brasilianischen Geschäftsmann. Mit ihm zog sie nach dem Tango noch durch die Stadt und – landete bei sich zu Hause. Sie fand ihn hinreißend. Er sie offenbar auch. Er wollte sich gleich am nächsten Abend melden. Beatrix wartete vergeblich darauf. Aber egal, zumindest hatte sie einen schönen Abend mit ihm. Sie tanzt weiter Tango und hofft noch einmal auf das große Gefühl auf dem Parkett.

Außerdem geht sie jeden Sonntagnachmittag zu einem Lauftreff. Das ist ebenfalls eine prima Einrichtung für Singles, denn hier treffen sich dreißig bis vierzig Leute an einem Gartenlokal und laufen zusammen durch den Grunewald. Zwischendurch gibt's eine organisierte Pause und man hat Zeit, sich bei einem Drink mit jedem kurz zu unterhalten. Da entstehen tolle Bekanntschaften, manchmal auch Freundschaften. Beatrix weiß von einer ihrer Kundinnen, dass sie beim Lauftreff ihren heutigen Ehemann kennengelernt hat. Mittlerweile ist sie glücklich und hochschwanger. Das lässt Beatrix hoffen. Sie läuft weiter.

Beatrix will auch nicht ungeduldig werden. Wenn bloß ihre biologische Uhr nicht immer lauter ticken würde. Aber sie zwingt sich, gelassen zu bleiben und weiter gezielt zu suchen. Oder auch nicht. Denn in ihrem Bett schlummert ja vielleicht schon der Mann fürs Leben: Mark, 1,92 cm groß, dunkles halblanges Haar, ein super Tänzer und charmanter Unterhalter. Wie er sie gestern auf der Ü40-Party angesprochen hat, das war gekonnt. Er stand gleich mit zwei Drinks in der Hand neben ihr und hat sie danach nicht mehr aus den Augen gelassen. Der Geruch seiner Haut, sie findet ihn einfach himmlisch.

Jetzt steht Mark an der Terrassentür. Nur in Jeans, mit nacktem Oberkörper. Er strahlt Beatrix an. Sie küssen sich, genauso wild und leidenschaftlich wie in der Nacht. Beatrix windet sich aus seinen Armen und sorgt erst einmal für einen Kaffee.

„Lass uns heute Abend in das neue indonesische Restaurant am Gendarmenmarkt gehen", schnurrt sie verliebt. Mark nimmt sie wieder in den Arm, hält sie ganz fest. „Geht nicht Süße, ich habe heute einen Geschäftstermin. Ganz dringend. Den kann ich unmöglich absagen. Aber ich melde mich morgen früh, ganz sicher."

Beatrix legt ihren Kopf an seine Schulter, genießt seine Wärme. Ach, er passt so gut zu ihr. Es wird herrlich werden.

Mark meldet sich nicht am Montag, auch nicht am Dienstag. Beatrix ist todtraurig. Warum hört sie nichts von ihm? Sie kann doch für ihn nicht nur ein Abenteuer gewesen sein. Nach allem, was er ihr erzählt hat. Er war so offen, hat ihr von seiner Kindheit, dem Krach mit den Eltern, seinem abgebrochenen Studium erzählt. Das sagt man doch nicht alles, wenn man mit jemandem nur ein paar Stunden ins Bett möchte, oder?

Warum hat Beatrix ihn nicht mal nach seiner Handynummer gefragt? Sie hielt es nicht für nötig. Sie war sich doch so sicher. Er hat ihr sogar gesagt, bei welcher Firma er als Außendienstler beschäftigt ist. Oder? Nein, er hat ihr nur gesagt, welches Produkt er vertritt. Genau kann Beatrix sich nicht mehr erinnern. Sie hat Wein getrunken. Alles verwischt sich. Und wenn sie sich richtig erinnert, sah sie auf seinem Handy auch immer neue Nachrichten aufflackern, von einer Hilde, Marie und Caroline. Nachträglich findet sie es richtig dumm, nicht mehr nachgefragt zu haben.

Erst Mittwoch ruft Mark auf ihrem Handy an. Er will abends vorbeikommen. Beatrix hat natürlich Zeit. Sie kocht was Leckeres, er bleibt bei ihr. Die Nacht ist wunderbar. Er ist der beste Liebhaber, den sie in diesem Jahr hatte.

Morgens schlägt er ihr vor, am Feiertag an die Ostsee zu düsen. Er kennt ein tolles Hotel dort. Beatrix ist sofort dabei. Für ihr Institut hat sie eine Vertretung organisieren können. Zwei Tage verleben sie wie im Rausch. Sie gehen in der Winterluft am Meer spazieren, fein essen, lieben sich die ganze Nacht hindurch. Auf der Heimreise im Auto schlägt sie ihm vor, am nächsten Wochenende in den Harz zu fahren. Er druckst plötzlich herum, redet etwas von Geschäftsfreunden, die eventuell kommen. Alles klingt so komisch. Beatrix wundert sich und fragt nach, was los ist. Irgendetwas stimmt nicht. Was verheimlicht er ihr? Sie bohrt weiter.

Mark stoppt den Wagen an einer Raststätte. Er müsse ihr etwas sagen, meint er ganz ernst. Es gebe da eine andere Frau, die er wirklich liebe und von der er nicht loskomme. Sie hätten eine Krise gehabt und eine Trennung auf Zeit vereinbart. Aber ab morgen wollten sie es wieder miteinander versuchen. Dafür müsse Beatrix bitte Verständnis

haben. Immerhin seien sie seit vier Jahren zusammen und sie sei die Frau, mit der er sein ganzes Leben verbringen wolle.

Beatrix' Magen verkrampft sich. Sie mag kaum glauben, was er ihr da erzählt. Sie möchte heulen, so mies fühlt sie sich. Die restliche Zeit sagt sie kein Wort mehr. Als er vor ihrer Haustür hält, springt sie aus dem Wagen. Er stellt ihr die Tasche hin, will noch etwas sagen, aber Beatrix reicht's. Sie will nur noch allein sein. Sie heult die ganze Nacht und telefoniert zwischendurch mit Sigrid, die sich jetzt das Ende ihrer angeblichen Glücksgriff-Geschichte anhören muss. Erst letzten Sonntag war Beatrix himmelhoch jauchzend, jetzt ist sie zu Tode betrübt. „Von Männern habe ich genug. Ich bleibe Single. Und zwar gern und für immer. Ich habe keine Lust mehr, ein Spielball der Kerle zu sein", poltert sie ins Telefon. Sigrid bleibt nahezu stumm. Ob Beatrix ihr in den letzten Jahren zu viel zugemutet hat?

Eine Woche später fährt Beatrix nach Köln zur Hochzeit ihrer Cousine Sandra. Familientreffen. Beatrix weiß, was sie dort erwartet. Neben dem Brautpaar ist sie garantiert Thema Nummer eins. Sie hört schon ihre Mutter süßlich fragen: „Wo ist denn Bert? Hieß er nicht so? Ich meine den Mann, den du zu Tante Minas Geburtstag vor einem Jahr mitgebracht hast."

Bert, der Gastwirt. Beatrix hatte ihn zu Mina mitgenommen, weil sie damals fest überzeugt war, es könnte etwas Dauerhaftes werden. Aber Bert hat sich auf dem Fest von Anfang an nicht wohlgefühlt. Auf der Rückfahrt hat er Beatrix eine Szene gemacht, weil sie angeblich mit einem anderen Mann geflirtet hätte. Dabei hatte sie nur ein paar Mal mit einem alten Freund getanzt. Danach hatte Bert sich nicht mehr gemeldet. Klar war sie eine Zeitlang traurig, aber dann hat sie sich gesagt, dass es kein großer Verlust war.

Beatrix rechnet fest damit, dass ihre Mutter ihr diesen Bert wieder aufs Butterbrot schmieren wird. Es ist doch ihr großes Problem, dass Beatrix keinen Mann aht. Für ihre Mutter, die seit fünfundvierzig Jahren mit ihrem Vater sichtbar glücklich verheiratet ist, gibt es dafür nur einen Grund: Es liegt an Beatrix, die in ihren Augen oberflächlich,

arrogant und rücksichtslos ist. Darum hält es keiner lange mit ihr aus. Bei jeder Begegnung muss sich Beatrix diese Vorhaltungen anhören.

Das Fest entspricht ihren Erwartungen. Ihre Mutter schlägt keine fünf Minuten nach Beatrix' Eintreffen unerbittlich zu. Erst umarmt sie die Tochter, dann beklagt sie sich bei Tante Mina, wie unmöglich sie ihren Lebenswandel findet. Wenig später ist ihr Mann dran. „Hans", flötet sie lautstark. „Nun sprich du doch mal mit deiner Tochter. Gib ihr ein paar Tipps, damit ihr nicht immer alle Männer weglaufen!"

Bumm! Das sitzt! Beatrix denkt an Mark und wie gemein er sie abserviert hat. Irgendwie sitzt dieser Abschuss ganz schön tief. Da amüsiert sich ein Mann zwei Tage mit ihr, obwohl er weiß, dass er danach wieder zu seiner Freundin will. Brrrr! Es schüttelt sie richtig. Was für ein fieser Kerl! Irgendwie muss er gewusst haben, dass man das mit ihr machen kann.

Hat die Mutter recht? Liegt es an ihr, dass ihr alle Männer weglaufen? Beatrix verkrümelt sich während der Trauung auf einen hinteren Platz in der Kirche. Ihr ist nicht nach rührseligen Auftritten von Bräuten. Sie fühlt sich nicht gut. Sie braucht Zeit, Zeit zum Nachdenken. Auch bei der anschließenden großen Feier hält sie sich zurück. Sie ist an diesem Abend wahrlich keine Stimmungskanone, sondern bleibt sehr ruhig und in sich gekehrt. Als die Paare auf die Tanzfläche strömen, um nach dem Hochzeitstanz des Brautpaares den Abend zu eröffnen, erbarmt sich ein Schulfreund ihrer Cousine. Er ist klein, wirkt zehn Jahre jünger als Beatrix und kann nicht tanzen. Schon bald verabschiedet sich Beatrix höflich von ihm und beschließt, den Rest des Abends mit ihrem Weinglas zu verbringen. Single-Schicksal.

„Beatrix, wie geht es dir in Berlin?" Ihre Cousine Sandra rutscht auf einen der vielen leeren Stühle an ihrem Tisch. Sie sieht wunderschön aus in ihrem weißen Kleid. Beatrix ist zum Heulen zumute, quälende Gedanken verfolgen sie. Warum interessiert sich kein Mann ernsthaft für sie? Warum ist sie gerade gut genug für ein Abenteuer? Sandra wartet ihre Antwort nicht ab. „Offenbar nicht gut", sagt sie und trifft damit ins Schwarze. „Was ist los?", will sie wissen.

Beatrix mag Sandra, die zwar sieben Jahre jünger ist als sie, ihr aber schon als Kind immer sehr nah war. Sie haben gern zusammen gespielt. Später war Beatrix Sandras großes Vorbild. Sie war ja schon in der großen weiten Welt, während Sandra noch die Schulbank drückte. Beatrix hat ihr manchen Tipp für die Berufswahl gegeben, so ist Sandra schließlich Modedesignerin geworden. Manchmal haben die beiden jungen Frauen davon geträumt, gemeinsam zum Theater zu gehen. Sandra als Kostümbildnerin und Beatrix als Visagistin.

Sandra ist sehr einfühlsam, sie spürt immer, wenn es jemandem nicht gut geht. Dann will sie helfen und gibt erst auf, wenn sie Erfolg gehabt hat. Dieses Mal weiß sie genau, was los ist. „Du brauchst einen Mann, der zu dir steht", sagt sie zu Beatrix. Die sieht sie irritiert an. Ihre Hilflosigkeit versucht sie mit einem spöttischen Lächeln zu überspielen. „Und wo finde ich den bitte?" Sandra bleibt ernst. „Eigentlich überall. Aber wenn du eine solide Beziehung willst, musst du dich auch solide geben. Da liegt meiner Meinung nach der Fehler."

Beatrix schaut sie verständnislos an, und Sandra redet weiter: „Solange ich dich kenne, nimmst du jeden Mann mit ins Bett und wunderst dich später, dass du für die Kerle nur ein Abenteuer warst. Es liegt nicht an den Männern, verstehst du? Es liegt an dir! An deinem ganzen Auftreten deutet nichts darauf hin, dass du eine ernstzunehmende Partnerschaft suchst. Du lässt dich zu schnell rumkriegen. Kein Mann kommt auf die Idee, bei dir an Ehe und Kinder zu denken."

Beatrix hört aufmerksam zu und Sandras Worte rühren vieles in ihr auf. Sie denkt an ihre Kindheit, die nicht besonders glücklich war. Beatrix Vater ist ein Bär von einem Mann. Lieb, geduldig, aber erfolglos. Ihre Mutter hat immer die Familie gemanagt. Sie ist eine starke, energische Frau, doch lieben kann sie nur sich selbst. Beatrix hat sich als Kind nie angenommen gefühlt. Immer hat die Mutter ihr zu verstehen gegeben, dass sie nicht ihre Erwartungen erfüllt. Als Kleinkind war sie nicht brav genug. Später in der Schule nicht gut genug. Während der Ausbildung nicht schnell genug. Egal was Beatrix machte, es

war in den Augen der Mutter nie genug. Es gab Tage, da hat Beatrix sie für ihre maßlosen Ansprüche gehasst. Es gab Tage, da hat sie sie wie eine Katze umschnurrt, nur um ein paar Streicheleinheiten von ihr zu erhaschen.

Ihr Vater war immer für sie da. Wenn sie vom Fahrrad gefallen ist, hat er sie getröstet. Wenn sie mit einer Fünf in Deutsch nach Hause gekommen ist, hat er ihr als Ausgleich ein Eis gekauft. Er war die wandelnde Liebe. Ihre Mutter dagegen die wandelnde Kälte. Sie war nie da, wenn sie sie brauchte. Und wenn, dann nur mit Vorwürfen und Beschimpfungen.

Beatrix hat darunter gelitten, bis sie fast dreißig war. Dann wollte sie einen Schlussstrich unter diese unglückselige Mutter-Tochter-Beziehung ziehen und ist abgehauen. Weit weg von ihrer Mutter, nach Berlin. Sie wollte frei sein von der ständigen Hoffnung auf ihre Zuwendung. Bis zu der Hochzeit war sie sich sicher, dass ihr das gelungen ist. Jetzt, nach Sandras Worten, hat sie Zweifel.

Beatrix lässt sich die letzten Jahre durch den Kopf gehen. Immer hat sie bei Männern die große Liebe gesucht, sich aber mit schnellem Sex abspeisen lassen. „Ich dachte, wenn ich die Beine breit mache, liebt man mich", sagt sie leise und ist selbst überrascht, wie treffend ihre Aussage ist. „Ja, das ist es, Sandra! Ich suche Liebe und weiß nicht, wie ich sie bekommen soll."

Sandra sieht der älteren Cousine an, was das Gespräch in ihr ausgelöst hat. Sie drückt ihre Hand, streicht ihr über den Arm. „Du bist auf dem richtigen Weg. Wenn du reden möchtest, lass es uns morgen tun. Ich finde Zeit. Aber jetzt muss ich los. Ich will noch viele Freunde begrüßen."

Als Sandra mit ihrem weißen Kleid über die Tanzfläche rauscht, spürt Beatrix warme Tränen auf ihrem Gesicht. Schnell wischt sie sie weg. Jammern hilft nichts. Wenn sie etwas ändern will, muss sie es tun. Sie kann nicht so doof sein und immer denselben Fehler machen. Sie muss doch aus ihren Niederlagen lernen und etwas ändern. Nicht erst morgen, sondern jetzt, sofort.

Zurück in Berlin, setzt sich Beatrix als erstes an den PC. Sie sucht einen Hundezüchter, denn sie wünscht sich schon lange einen Basset. Das war schon als Kind ihr Traumhund und jetzt will sie sich den Wunsch erfüllen. Sie will ihr Leben ändern. Der kleine Welpe wird ihr dabei helfen.

Oscar ist vier Monate alt und supersüß. Beatrix nimmt ihn morgens mit in die Firma, dort liegt er auf einem dicken Polster und beobachtet jeden ihrer Handgriffe. Nachmittags geht sie mit ihm Gassi und abends kuscheln sie zusammen auf dem Sofa. Dank Oscar fühlt sich Beatrix nicht mehr allein. „In meiner Wohnung atmet noch jemand. Ein Lebewesen. Das tut mir gut", schwärmt sie ihren Freunden vor.

Beatrix bemüht sich, ihre Gedanken nicht mehr nur um Männer kreisen zu lassen. Sie überlegt, vielleicht ein Kind aus Afrika zu adoptieren. Beruflich kann sie sich das leisten. Sie könnte nur noch halbtags arbeiten, dann hätte sie Zeit für ein Kind.

Sie beginnt wieder mehr zu lesen, zum Beispiel Ratgeber über Lebensfreude und Lebenskunst. Zusätzlich macht sie Yoga und die Entspannung tut ihr gut. Diese Erfahrung will sie auch beruflich nutzen. In den nächsten Ferien möchte sie sich zur Yoga-Lehrerin ausbilden lassen. Kosmetik, Wellness, Yoga – passt doch.

Auch trifft sie sich wieder öfter mit ihren Freundinnen und hält sich strikt an die Vorgabe, abends allein nach Hause zu gehen. Ihr Bett gehört nur noch ihr. Sie will keine Eintagsfliegen mehr darin sehen.

Drei Monate führt Beatrix so ein Leben, wie es ihr bislang gänzlich fremd war. Sie arbeitet unermüdlich und geht viel mit Oscar spazieren. Und statt zum Lauftreff geht sie jetzt jeden Sonntag auf die Hundewiese. Dort treffen sich viele Hundehalter und ihre Vierbeiner zum großen Herumgetolle. Oscar liebt es, mit anderen Hunden um die Wette zu wetzen und sich auszutoben. Beatrix wird dank der anderen Hundehalter zur Erziehungsfachfrau. Jeder weiß Rat, wo es das beste Futter gibt und wie man Welpen davon abhält, ständig die Küche zu plündern. Eine alte Dame erzählt ihr ausführliche Anekdoten von

ihrem Benny und eine Studentin erheitert sie mit ihren vergeblichen Versuchen, ihren riesengroßen Dobermann an die Leine zu bekommen. Sie macht Beatrix Spaß, die heile Welt der Hundefreunde.

An einem Sonntag kommt allerdings unerwartet Spannung auf. Oscar verschwindet mit lautem Getöse hinter einer kleinen Hecke, plötzlich hört Beatrix ihn herzzerreißend quietschen. Ein riesengroßer dunkelbrauner Labrador kommt zum Vorschein, Oscar humpelt langsam hinterher. Beatrix läuft sofort zu ihm, um zu sehen, ob ihm etwas fehlt. Da ist auch schon das Herrchen vom Labrador zur Stelle. Ein sympathischer Mann um die Vierzig. Es ist lässig in Jeans und Pulli gekleidet, hält eine dicke Lederleine in der Hand. „Das war nur ein Versehen", entschuldigt er sich sofort. „Mein Harvey ist wirklich friedlich. Er will nur spielen. Ist mit Ihrem Hund alles in Ordnung?", fragt er besorgt und Beatrix registriert, dass er eine herrlich tiefe Stimme hat. Seine Sorge ist unbegründet. Oscar ist längst wieder fidel.

Sie bleiben noch einen Moment zusammen stehen und sehen ganz verzückt ihren beiden Tieren zu. Dann pfeift Herrchen seinen Riesenbären zu sich, winkt Beatrix fröhlich zu und geht mit schnellen Schritten weiter. Sie sieht ihm hinterher, nachdenklich, aber weiter denkt sie nicht. Ich will dem Thema Mann keinen Platz mehr in ihrem Leben lassen.

Am nächsten Sonntag entdeckt Beatrix Harveys Herrchen sofort. Er steht an dem Holzzaun, der die Hundewiese von der restlichen Parkanlage abtrennt. Als er sie sieht, winkt er ihr schon vertraut zu. Beatrix freut sich richtig, ihn zu sehen. Dieses Mal gehen sie sogar ein Stück zusammen. Harveys Herrchen heißt Peer und arbeitet als freiberuflicher Architekt. Beatrix erzählt ihm von ihrer Arbeit. Und dann schütten sie sich gegenseitig das Herz aus, wie schwer es Selbstständige doch seit einigen Jahren haben. Sie reden und reden und haben den Park schon zweimal umrundet, als es beginnt dunkel zu werden. „Wir müssen beide nach Hause, oder? Trinken Sie vielleicht noch einen Kaffee mit mir?", fragt Peer. Beatrix nickt.

Über zwei Stunden sitzen beide in dem kleinen Bistro. Peer lebt in Charlottenburg. Er ist seit sieben Jahren geschieden. Kinder hat er keine, bedauert das aber sehr. Sie reden auch über Hunde und wie kostbar sie sind, gerade wenn man, wie sie, Single in der Großstadt ist. Aber Peer wirkt keineswegs unglücklich. Er kommt mit dem Alleinsein anscheinend gut zurecht. „Besser Single, als mit dem falschen Menschen zusammen sein", erklärt er seine Einstellung. Beatrix gibt ihm recht. Man kann wirklich ganz gut allein leben, wenn man seine innere Mitte gefunden hat. Sie ist auf einem guten Weg. Beim Abschied bringt er Beatrix noch zu ihrem Auto. Er streichelt Oscar liebevoll über den Kopf. Er mag Tiere. Ein gutes Zeichen.

Danach hört Beatrix nichts mehr von Peer und ist ein wenig traurig darüber. Sie haben sich wirklich gut verstanden. Am Sonntag hofft sie sehr, ihn wieder zu treffen. Aber sie hofft vergebens. Peer ist weit und breit nicht zu sehen. Vermutlich wird sie ihn nie wiedersehen. Berlin ist groß.

Den nächsten Sonntag rechnet Beatrix nicht mehr mit ihm. Sie wird den Ausflug trotzdem genießen. Doch kaum steigt sie aus dem Auto, stürmt er regelrecht auf sie zu. „Ich habe vergessen, nach Ihrem Nachnamen zu fragen. Und letztes Wochenende musste ich zum Geburtstag meiner Mutter", keucht er, vom Laufen ganz atemlos.

Beatrix strahlt ihn an, mit echter Freude. Er hakt sich bei ihr unter, sie gehen zusammen los. Die Hunde laufen neben ihnen her. Es ist richtig idyllisch. Am Abend treffen sie sich bei einem einfachen Italiener in der Nähe von Peers Wohnung. Er ist Stammgast dort und wird vom Chef per Handschlag begrüßt. Auch ein paar Gäste nicken ihm zu. Das Essen ist schlicht. Es gibt nur Nudeln, aber die sind perfekt.

Es ist erst elf Uhr, als Peer Beatrix nach Hause bringt. An der Haustür gibt er ihr erst brav die Hand, dann einen Kuss auf die Wange. Das war's. „Ich rufe dich morgen an. Vielleicht haben wir diese Woche noch einmal Zeit, mit den Hunden zu gehen!" „Ganz bestimmt", sagt sie leise und sieht ihm gedankenverloren nach, als er zu seinem Auto geht.

Sie gehen in den kommenden Wochen noch viele Male spazieren und er bringt sie noch viele Male nach Hause. Aber mehr passiert nicht. Beatrix hat aus ihren Erfahrungen gelernt und sich fest vorgenommen, einen Mann erst mit Herz und Kopf kennenzulernen, bevor sie ihm körperlich näher kommt. Peer scheint damit kein Problem zu haben. Er ist kein Fünkchen aufdringlich.

Er ist überhaupt ganz anders als die Männer, die Beatrix bislang faszinierten. Er sieht nicht sonderlich gut aus und hat auch einen leichten Bauchansatz. Er ist nicht der große Unterhalter und er kann es gut ertragen, wenn sich nicht alles um ihn dreht. Er ist liebevoll, ehrlich und einfühlsam. Er gefällt ihr.

Sie reden viel über das Leben. Er wünscht sich noch einmal eine Familie. Er möchte Kinder großwerden sehen und im Sommer Urlaub an der See machen. Das klingt nicht spannend und vor zehn Jahren hätte Beatrix verständnislos den Kopf geschüttelt und Peer als Langweiler abgetan. Heute sieht sie das anders. Sie liebt die Spaziergänge mit ihm, die Zeit zum Reden, die Abende bei seinem Italiener. Sie wird innerlich ruhiger, wenn er bei ihr ist. Die ständige Unrast, sie ist vorbei. Beatrix kann abends mit Oscar auf ihrem Sofa liegen und stundenlang lesen. Vor dem Schlafengehen ruft Peer sie immer noch mal an, sagt ihr Gute Nacht. Ein schönes Ritual, das sie nicht missen möchte.

Erst nach sechs Wochen schlafen sie miteinander. Peer hat in seiner hübschen Wohnung alles dafür vorbereitet. Er zündet Kerzen an und legt eine CD von Mozart auf. Am Bett steht eine Flasche Prosecco. Auf dem Nachtschränkchen flackert eine Kerze und es riecht nach Rosen. Peer zelebriert die Liebe mit ihr und es ist mehr als Sex. Sie fühlt sich bei ihm aufgehoben und angekommen.

Am Morgen deckt er den Kaffeetisch. Es gibt Orangensaft und Rührei. Sie hüllt sich in seinen dicken Bademantel und rutscht auf seinen Schoß. Er nimmt ihre Hand, sieht ihr tief in die Augen. „Ob er mir jetzt sagt, dass er mich liebt?", schießt es Beatrix durch den Kopf. Aber nein, er sagt nicht, dass er sie liebt. Er sagt etwas viel Schöneres: „Könntest du dir vorstellen, mich zu heiraten?"

Beatrix ist jetzt völlig sprachlos. Und ob sie sich das vorstellen kann! Sie schließt die Augen und muss sich kneifen, um ihr Glück zu glauben. Sollte es wirklich wahr sein? Sollte sie den Mann fürs Leben gefunden haben? Sollte sie endlich erfahren, was echte Liebe ist?

ANALYSE

Das Problem

Beatrix hat ganz klar ein falsches Beuteschema. Sie achtet bei den Männern nur auf das gute Aussehen und den schönen Schein. Wenn ihr jemand gefällt, überlegt sie nicht lange und lässt sich mit allen Hoffnungen auf ihn ein. Sie prüft nicht, ob der Mann überhaupt zu ihr passt und welche Absichten und Lebensvorstellungen er hat. Mit schnellem Sex hofft sie, ihn für sich zu gewinnen und an sich zu binden. So sind Enttäuschungen vorprogrammiert und Beatrix leidet immer mehr unter dem Männer-Karussell. Zu guter Letzt zweifelt sie an sich, erkennt aber nicht, dass ihr unbedachtes Verhalten Schuld an dieser Fehlentwicklung ist.

Die Lösung

Wenn Beatrix an einer ernsthaften Beziehung und gar einer Ehe interessiert ist, muss sie sich bei der Partnersuche auch so verhalten. Sie muss auf die Dinge achten, die für ein gemeinsames Leben wichtig sind. Passen Bildung und Beruf, Lebensvorstellungen und die Familiensituation zusammen? Haben beide ähnliche Interessen und Hobbys? Wenn dann noch die körperliche Anziehung gegeben ist, hat sie gute Chancen, den Mann fürs Leben gefunden zu haben.

(!) Beatrix muss einen Mann so lange prüfen, bis sie sich von ihm nicht nur angezogen, sondern sich auch bei ihm aufgehoben fühlt. Erotik ist ein unerlässliches Merkmal für die Liebe. Aber allein reicht sie niemals aus. Die Partner müssen auf körperlicher sowie auf seelischer Ebene harmonieren. Erst wenn Beatrix das spürt, wird sie es schaffen, dauerhaft mit einem Mann das Glück zu finden.

Petra: „Mein Mann liebt eine Jüngere – ich fühle mich wie weggeworfen"

Die zweiundfünfzigjährige Petra ist Sachbearbeiterin und lebt von ihrem Mann getrennt in Warendorf. Sie hat zwei Kinder, vierzehn und fünfzehn Jahre alt.

„Mit zwei halbwüchsigen Kindern wirst du es schwer haben!" Als Petra den Satz von ihrer Mutter hört, ist sie erst einmal niedergeschlagen. Ob sie recht hat? „Mama, die Sigrid aus meiner Abteilung hat drei Kinder und auch einen tollen Mann gefunden. Warum soll das denn bei mir nicht klappen?"

Petra sehnt sich nach einer Partnerschaft. Sie mag nicht mehr allein sein und redet sich ihren Kummer von der Seele. „Mama, ich packe das alles nicht mehr allein. Sebastian ist seit Bernds Auszug in der Schule total abgesackt. Kai hockt neuerdings nur noch mit ganz komischen Jungs zusammen. Dazu die ständigen Geldsorgen. Mit Bernd muss ich um jeden Euro kämpfen. Ich brauche einen Mann, der mir etwas abnimmt."

Petra fühlt sich ausgelaugt. Aber mehr noch. Ihr Selbstbewusstsein liegt am Boden. Sie fühlt sich weggeworfen, nicht gut genug, in jeder Hinsicht unzulänglich. Die letzten eineinhalb Jahre waren sehr hart für sie. Ihr Ehemann Bernd hat ihr schwer zugesetzt. Denn er hat sie aus heiterem Himmel verlassen. Für eine Frau, die fünfzehn Jahre jünger ist als sie.

Dabei hat alles so schön begonnen. Sie hat den sechs Jahre älteren Bernd beim Schützenfest kennengelernt. Er kam wie sie aus dem westfälischen Warendorf und hatte damals gerade ein kleines Geschäft für Bürobedarf von seinen Eltern übernommen. Es hat sofort gefunkt, zwei Jahre später haben sie geheiratet. Ganz in Weiß, mit Kutsche und allen Verwandten und Freunden. Ein tolles Fest. Kurz darauf sind sie in ein kleines Reihenhäuschen am Stadtrand von Warendorf gezogen mit netten Nachbarn, Garten, Ruhe. Petra hat sich von Anfang an wohlgefühlt.

Als Sebastian auf die Welt kam, hat sie ihren Halbtagsjob bei der Stadtverwaltung nicht aufgegeben. Es war ihr wichtig, eigenes Geld zu verdienen, und ihre Mutter hatte Zeit, sich morgens um den Kleinen zu kümmern. Auch als ein Jahr später Kai geboren wurde, übernahm die Mutter weiterhin die Kinderbetreuung. Petra war ihr immer dankbar für so viel Einsatz, denn sie liebt ihre Arbeit, das Zusammensein mit den Kolleginnen, einfach die Tatsache, morgens aus dem Haus zu kommen.

Bernd hat sich immer voll und ganz auf sein Geschäft konzentriert und sich der Familientradition verbunden gefühlt. Die Kunden kamen meist aus der Stadt, deshalb war es für Bernd wichtig, in allen möglichen Vereinen zu sein. Schützen- und Fußball-Verein, Dart- und Tennis-Club, überall hatte er seine Finger drin. Er pflegte die Kontakte weit über das Geschäftliche hinaus. Für Petra war das manchmal zu viel und sie ließ ihn oft allein ziehen. Wenn er erst gegen Mitternacht nach Hause kam, lag sie schon im Bett.

Doch die Ehe lief. Zumindest in Petra Augen. Sie liebte ihren Bernd wie am ersten Tag. Er sah gut aus, war unterhaltsam, gebildet, sportlich. Ein toller Mann, den sie eigentlich von Jahr zu Jahr mehr bewunderte. Sie las ihm jeden Wunsch von den Augen ab, verwöhnte ihn mit leckeren Gerichten und erledigte alles rund ums Haus. Sie machte die Schularbeiten mit den Kindern, organsierte den jährlichen Urlaub an die Nordsee und hielt die privaten Finanzen zusammen. In Petras Augen waren sie ein Traum-Team. In Bernds Augen offensichtlich nicht. Denn kurz vor ihrem fünfzehnten Hochzeitstag, für den Petra schon ein romantisches Candle-Light-Dinner auf der Terrasse geplant hatte, kam Bernd abends nicht nach Hause. Petra bemerkte das erst, als sie morgens wach wurde. Das Bett neben ihr war leer! Es war Samstag früh, die Jungen schliefen noch und Petra lief aufgeregt durchs Haus. Von Bernd keine Spur. Unruhig rief sie auf seinem Handy an. Es war abgestellt. Doch bevor sie weiter nachdenken konnte, was alles passiert sein könnte, hörte sie seinen Wagen vorfahren.

„Wir müssen reden ", sagte Bernd nur knapp, als er Petra aufgeregt im Flur stehen sah. Sie wurde bleich. Was war passiert? An den Rest der Unterhaltung kann sie sich kaum mehr erinnern. Bernd setzte sich eher beiläufig zu ihr aufs Sofa. Er erzählte etwas von seiner blutjungen Sekretärin Vera, die er von ganzem Herzen liebe. Seit eineinhalb Jahren seien die beiden schon ein Paar, aber aus Rücksicht auf die Jungen hätten sie die Beziehung geheim gehalten. Jetzt könnte er das nicht mehr tun. Vera sei schwanger, von ihm, und er wolle endlich mit ihr leben. Er würde ausziehen, jetzt sofort, es sei für immer.

Petra konnte nicht mal weinen. Sie war einfach nur völlig geschockt. Ungläubig sah sie Bernd an. Sie hörte zwar, was er sagte, verstand aber irgendwie gar nichts. Vera, diese unscheinbare, rundliche Sekretärin bekommt ein Kind von Bernd, ihrem Mann? Da musste sie sich verhört haben. Doch während sich in Petras Kopf noch die Gedanken drehten, war Bernd schon nach oben gegangen. Offenbar sprach er mit den Jungen. Petra weiß nicht mehr, wie lange sie starr und sprachlos im Wohnzimmer gesessen hat. Eine Stunde, zwei? Sie registrierte nur, dass plötzlich die Haustür ins Schloss fiel und ihr Mann weg war.

Tagelang mussten sich ihre Mutter und eine gute Freundin um sie kümmern. Denn nach dem ersten Schock kam der ganz große Zusammenbruch. Petra erwachte brutal aus einem Traum, den sie ihre heile Welt nannte. Nichts war mehr heil. Ihr Mann war zu seiner Sekretärin, dieser widerlichen Frau Bartels gezogen. Sie war allein mit zwei Jungen, die merkwürdigerweise die neue Familiensituation nur mit wenigen Sätzen kommentierten. „Macht doch nichts Mama. Papa wohnt doch gleich um die Ecke", sagte Sebastian und steckte sich wieder seinen Kopfhörer ins Ohr. Und Kai meinte beim Abendessen an diesem denkwürdigen Samstag nur: „Das ist bei meinem Freund Thore auch so gelaufen."

Petras Mutter sagt dagegen wesentlich mehr. Es sei ihr klar gewesen, dass etwas nicht stimme. Bernd hätte sich seit Jahren nicht mehr um die Familie gekümmert. Obwohl sie so oft bei Petra gewesen sei,

hätte sie ihren Schwiegersohn weniger gesehen als ihren Postbo-
ten. Ihre Warnung habe Petra nicht hören wollen. Nun habe sie das
Ergebnis und müsse lernen, damit umzugehen. Bingo!

Petra versucht es. Und es geht unerwartet gut. Bernd vermisst sie
eigentlich wenig. Wie auch? Sie hat ihn ja auch früher kaum gesehen.
Dass er weg ist, fällt ihr nur auf, wenn die zahlreichen Einladungen
von den verschiedenen Vereinen ins Haus flattern. Sie wäre gern zu
den Sommerfesten und Familientreffen gegangen, kann aber nicht,
weil ja jetzt Frau Bartels dort ist.

Also fällt ihr Unterhaltungsprogramm sehr schmal aus. Vormittags
geht sie arbeiten, nachmittags versucht sie die Jungs unter Kontrolle
zu bekommen und abends sieht sie fern. Ein endlos langes Jahr lang.
Dann merkt sie, dass es so nicht weitergehen kann. Sebastian ist in
der neunten Realschulklasse sitzengeblieben und Kai hat man in der
Schule mit Haschisch erwischt. Petras Appelle zeigen keine Wirkung.

Petra wünscht sich deshalb immer mehr einen Partner. Oder besser gesagt, endlich mal einen. Denn dass die Ehe mit Bernd ziemlich
einseitig geführt worden ist, ist ihr im Nachhinein auch aufgegangen.

Sie ist im Kopf schon einmal alle Männer durchgegangen, die sie
kennt und die unverheiratet sind, und auf Facebook hat sie ein paar
alte Liebschaften wiedergefunden. Aber keinen von denen kann sie
sich an ihrer Seite vorstellen.

In ihrer Kleinstadt Warendorf wird es auch schwer für sie sein,
einen Mann zu finden. Hier kennt jeder jeden und eine Affäre wäre
gleich das Stadtgespräch und zwar für Generationen. Weißt du noch,
damals, als die geschiedene Frau von Bernd mit dem Chef vom Restaurant Da Vinci eine Affäre hatte? Darauf hat Petra keine Lust. Doch
wie soll sie dann unter die Haube kommen? Und wer nimmt schon
eine Frau, die mit zwei Kindern sitzen gelassen worden ist? Im Laufe
des Jahres ist sie etwas rundlicher geworden und richtig flott findet
sie sich schon lange nicht mehr. Zwischen Kindern, Küche und Garten ist sie ein bisschen zu einem Hausmütterchen geworden. Ob da
noch jemand anbeißt?

Natürlich stöbert sie längst regelmäßig im Internet. Doch bei den beiden Partnerbörsen, die sie durchforstet, kommen ihr die Männer alle etwas unseriös vor. Sie traut sich auch nicht, ihr Bild ins Netz zu stellen oder private Angaben zu machen. Die Vorstellung, dass jemand aus Warendorf sie dort entdecken könnte, ist ihr einfach zu peinlich. Allein wenn Bernd das mitbekäme, nicht auszudenken. Den Triumph, dass seine abservierte Frau sich wie ein Gebrauchtwagen anbieten muss, nein, den will sie ihm nicht gönnen.

Zumal er sich als ziemlich schäbig entpuppt. Den Unterhalt für die beiden Jungen zahlt er zwar anstandslos, aber für Petra will er keinen müden Euro berappen. Ständig lässt er ihr über seinen Anwalt, natürlich ein Schützenbruder, mitteilen, dass sie endlich ganztags arbeiten soll. Aber Petra will das nicht. Warum? Nur damit er noch mehr Geld für Frau Bartels ausgeben kann? Von Freunden hat sie erfahren, dass die beiden drei Wochen auf Gran Canaria waren. Man kann sich leicht ausrechnen, was das kostet. Und dann soll sie bis 17 Uhr schuften? Er soll nicht vergessen, wer ihm all die Jahre den Rücken freigehalten hat: Petra.

Sie spürt fast täglich, wie sie der Ärger über Bernd auf die Palme bringt. Dieser Schuft! Die miese Ratte! Der gemeine Betrüger! Alles Vokabeln, die ihr nahezu ununterbrochen durch den Kopf schwirren. Und sowie ihr jemand das Stichwort gibt, entlädt sich alles in einem Schwall aus Beschimpfungen. „Meine Güte, nun denk doch einmal an etwas anderes als an Bernd", appelliert ihre Mutter immer häufiger an sie. Doch die Ermahnungen sind vergebens. Auch das „Kümmere dich lieber um die Kinder" kann Petra nicht so richtig annehmen. Auch ein Jahr nach der Trennung beherrscht das Thema Bernd ihr ganzes Denken.

„Ich habe eine Idee: Du gibst eine Kontaktanzeige auf!", ruft ihre Mutter eines Morgens und winkt schon beim Hereinkommen fröhlich mit der Samstag-Ausgabe einer großen Tageszeitung. Und dann liest sie Petra verschiedene Anzeigen vor. Die hört zwar kaum zu, findet die Idee aber trotzdem nicht schlecht. Den Rest des Tages verbrin-

gen die beiden Frauen damit, einen Anzeigentext zu entwerfen. „Ganz wichtig sind die Jungen. Damit musst du beginnen. Dann lesen nur die weiter, die Kinder akzeptieren", rät Petras Mutter. „Mit anderen Kandidaten brauchst du dich gar nicht aufzuhalten!"

Der Text wird knapp: „Sympathische Frau, Anfang 50, getrennt lebend mit zwei lebensfrohen Jungen (14 und 15), sucht Mann mit Herz und Mut, eine Familie zu ergänzen. Er sollte gesund, finanziell unabhängig und sportlich sein. Nur Zuschriften mit Bild erwünscht."

Innerhalb der nächsten zwei Wochen trudeln elf Zuschriften ein. Petra sammelt sie ungeöffnet im Wohnzimmerschrank. Sie hat ihrer Mutter versprechen müssen, sie mit ihr gemeinsam zu öffnen. „Du sortierst sonst alle gleich aus. Aber wir müssen vorsichtig mit Aussortieren sein. So groß ist die Auswahl nicht!" Mutter hat recht. Von den elf Zuschriften sind drei Männer so unansehnlich, dass für Petra ein Treffen nicht vorstellbar ist. Zwei haben keine Arbeit, was sie absolut nicht will. Sechs kommen in die engere Wahl.

Besonders gefällt ihr der Leiter eines Versicherungsbüros aus Osnabrück, dessen Zeilen sie als besonders warm und einfühlsam empfindet. Er hat eine Telefonnummer dazugelegt. Petra findet aber erst am Samstagabend den Mut, die Rufnummer zu wählen. Der Mann heißt Thomas und meldet sich mit einer angenehm dunklen Stimme. Petra hat Mühe, halbwegs natürlich mit ihm zu sprechen. Die ganze Situation ist ihr peinlich, zumal es das erste Mal ist, dass sie so einen Anruf führt. Doch dieser Thomas nimmt ihr die Angst, denn er äußert echte Freude über ihren Anruf und übernimmt gekonnt die Gesprächsführung. Petra fühlt sich schnell recht vertraut mit ihm und kann ohne Herzklopfen ganz viel von sich erzählen. Von ihren Hobbys Schwimmen und Nordic-Walking, von ihrem Lieblingsreiseziel Toskana und natürlich von ihren beiden Söhnen. Thomas erkundigt sich nett nach deren Hobbys und fragt auch, wie sie mit der Partnersuche ihrer Mutter umgehen. Petra erzählt offen, dass sie davon noch gar nichts wüssten, aber sicherlich kein Problem damit hätten. Warum auch, denn ihren Vater hätten sie sowieso kaum gesehen. Und damit ist Petra wieder beim Thema – leider! Denn den Rest des Gesprächs redet sie von Bernd, klagt über sein liederliches Verhalten, seine mangelnde Zahlungsmoral und die miese Art, wie er seine Familie im Stich gelassen hat. Alles im Staccato und so unangenehm laut, dass Thomas sie mit dem Hinweis unterbricht, dass er doch furchtbar müde sei und jetzt schlafen müsse. Die kommende Woche hätte er sehr viel zu tun und Petra solle nicht böse sein, wenn er sich jetzt erst einmal eine Zeitlang nicht melden könne. Er wünsche ihr aber alles Gute für die Partnersuche. Sie sei eine klasse Frau, aber sie solle sich Zeit lassen. Die Trennung sei doch noch sehr frisch.

Petra greift sofort zum Hörer, um ihrer Mutter von dem unerwarteten Ende dieses so nett begonnenen Gesprächs zu erzählen. Die reagiert prompt: „Bravo, den sind wir schon mal los. Wenn du so weitermachst, kannst du das Thema Mann vergessen." Und dann bekommt Petra eine Lektion in Sachen Partnersuche: „Bernd ist tabu! Kein Mann will sich dein Gejammere über den Ex anhören!"

Petra sieht das natürlich ein. Auch ihre Kolleginnen haben in letzter Zeit schon mehrmals angedeutet, dass sie an dem Thema nicht mehr interessiert sind. Aber sie muss ihre Wut über den Kerl noch immer irgendwie loswerden, also gerät sie so schnell in Fahrt, wenn es um ihn geht. Sie wird es künftig lassen, ganz bestimmt.

Das Gespräch mit einem Klaus aus Bad Münster verläuft deshalb auch viel entspannter. Bernd spielt dieses Mal keine Rolle. Aber es entwickelt sich auch kein Gespräch. Klaus ist Beamter beim Finanzamt und so wortkarg, dass Petra sich schon am Telefon langweilt. „Er geht nicht. Dann bleibe ich lieber allein, wenn es sein muss, für den Rest meines Lebens, klagt sie und braucht jetzt erst einmal zwei Tage Pause von der Partnersuche.

Das Telefonat mit Dieter ist dann ein Volltreffer. Petra hat sich vorher ein Schlückchen Prosecco gegönnt und ist nach einem anstrengenden Tag plötzlich bester Laune. Dieter ist Immobilienmakler mit einem eigenen Büro und plaudert fröhlich von seiner Radtour entlang der Donau. Keine vier Wochen ist es her, und er hat sich auf der Tour

in eine bezaubernde Gastwirtin aus Donaueschingen verliebt. Jetzt knabbert er an der Entscheidung, diese Beziehung aufgrund der Entfernung abgebrochen zu haben. Es müsse eine Frau aus der Region sein. Vielleicht Petra? Doch die hat keine Lust mehr, als Notlösung herzuhalten. Ein Wort ergibt das andere und beide entscheiden, dass ihnen eine Verbindung nichts bringen wird.

„Mama, ich gebe auf", sagt Petra noch am selben Abend zu ihrer Mutter. Die baut sie wieder auf. „Aber Kind, du brauchst Geduld. Und wenn es dieses Mal nicht klappt, geben wir am besten noch einmal eine Anzeige auf. Das wird schon, halte durch!"

Petra telefoniert zwar noch die restlichen Zuschriften ab, aber ohne Erfolg. Sie schickt allen mit einem netten Schreiben ihr Foto zurück und fährt erst einmal in die Ferien. Zwei Wochen Mallorca mit ihrer Freundin und den beiden Jungs. Das entspannt sie. Nach dem Urlaub ist eine Kollegin krank und sie muss für sie mitarbeiten und hat für nichts mehr Zeit. Danach ist schon bald Weihnachten.

Den zweiten Anlauf wagt Petra erst ein halbes Jahr später. Der Text bleibt der gleiche, sie nimmt aber eine andere Zeitung. Sie sucht sich ein einfaches kostenloses Werbeblättchen aus, das im Raum Osnabrück verteilt wird, und bekommt dieses Mal zehn Zuschriften. Mit dem Ablauf ist sie mittlerweile vertraut. Nach einer Vorauslese bleiben fünf Interessenten übrig. Einer gefällt ihr besonders, da er selbst auch zwei Jungen hat. Er heißt Dirk und arbeitet im Vertrieb eines Möbelherstellers. Er ist seit drei Jahren geschieden und hat seine beiden Söhne, etwas jünger als Petras Kinder, alle zwei Wochenenden bei sich.

Petra legt Dirk ganz nach oben. Das Foto gefällt ihr, seine Art zu schreiben auch. Sie will jetzt vorsichtig vorgehen, um sich nicht wieder mit blöden Fehlern alles kaputt zu machen. Außerdem geht es ihr inzwischen besser. Mit Bernd hat sie sich finanziell geeinigt, und er hat auch einen Teil der Möbel abgeholt. In den nächsten zwei Monaten werden sie geschieden. Petra behält das Haus. Mit der Lösung ist sie zufrieden.

Dirk klingt am Telefon sehr sympathisch. Sie mailt ihm noch am selben Abend ein Foto von sich. Es gefällt ihm offenbar, denn er möchte sie schon am nächsten Tag zum Mittagessen in einem kleinen Bistro in Osnabrück treffen, weit weg von Warendorf. Petra hat einen freien Tag und kann sich in Ruhe auf die Begegnung vorbereiten. Sie trägt einen lässigen Hosenanzug, dazu flache Schuhe. Denn sie hat in Dirks Zuschrift gelesen, dass er nur unwesentlich größer ist als sie.

Das Treffen ist schön. Dirk gefällt ihr und umgekehrt scheint es auch so zu sein. Und das Beste: Dirk beginnt als erster ganz offen über die Probleme seiner Kinder zu sprechen. Leistungsabfall, zweifelhafter Umgang, ungewohnte Verschlossenheit. Petra kommt das sehr vertraut vor und so rauscht das Gespräch weiter und weiter. „Ups, ich habe ganz vergessen, dass ich noch ins Büro muss", meint Dirk schließlich mit echter Überraschung. „Die Zeit mit Ihnen ist wie im Fluge vergangen!"

Sie verabreden sich für den Samstagabend, dieses Mal in einem Lokal, das Petra vorschlägt. Es wird ein wunderbarer Abend und das Gespräch dreht sich auch nicht nur um die Kinder. Dirk wirkt sehr ernsthaft. Er sucht eine Frau, mit der er „durch dick und dünn" gehen kann. Und er liebt Kinder. Petra hört ihm aufmerksam zu, dabei mustert sie ihn so unauffällig wie möglich. Er hat so gar nichts von Bernd. Vielleicht ist es gerade das, was ihn so anziehend macht.

Petra geht an dem Abend beschwingt nach Hause. Zum ersten Mal ist Bernd aus ihrem Kopf verschwunden. Sie hatte keine Lust, über ihn zu reden, nicht einmal zu schimpfen. Sie hat überhaupt keine Lust mehr, über ihn nachzudenken.

Knapp sechs Monate später zieht Dirk bei Petra ein. Die beiden Söhne akzeptieren ihn von Anfang an als Freund. Als Dirks Söhne das erste Mal kommen, gibt es Spannungen. Aber Dirk beruft einen „Familienrat" ein und zu sechst legen sie Regeln des Zusammenlebens fest und schreiben sie auch gleich auf. Jedes Kind bekommt eine Kopie. Seitdem klappt es, zwar nicht ganz reibungslos, aber das ist ja normal.

ANALYSE

Das Problem

Petra ist anfangs nicht frei für eine neue Partnerschaft. Sie ist wegen einer deutlich jüngeren Frau verlassen worden und fühlt sich sehr verletzt. Es gelingt ihr nicht, das Geschehene zu verarbeiten. Ihre Empfindungen sind durch Wut und Enttäuschung geprägt, ihre Gedanken fokussieren sich immer wieder auf ihren Ex-Mann. Damit vergiftet sie ihre ganze Lebenssituation und blockiert sich für den Neustart. Ihr angeschlagenes Selbstbewusstsein verstellt ihr zusätzlich den Weg in ein neues Glück. Sie muss erst lernen, sich wieder liebenswert zu fühlen und selbstbewusst auf einen Mann zuzugehen.

Die Lösung

Wer sich neu binden will, muss Platz im Herzen haben. Deshalb ist es wichtig, nach einer zerbrochenen Partnerschaft Abstand zu gewinnen. Die alten Rituale, an die man sich gewöhnt hat, die liebgewordenen Erinnerungen, all das muss erst verblassen. Man kann in einen Kleiderschrank auch erst wieder neue Kleider hängen, wenn man die alten ausgemistet hat.

❗ Verbannen Sie alle Erinnerungen an den Ex-Partner so gut es geht aus Ihrem Lebensumfeld. Bringen Sie Ordnung in Ihr neues Leben, das betrifft die Wohnung, die Finanzen, teilweise auch den Freundeskreis. Entrümpeln Sie kräftig, was weg kann. Und denken Sie immer daran: Sie sind verlassen worden, na und? Der Mann hat Ihre Qualitäten eben nicht erkannt. Dann sind Sie frei für den neuen Mann, mit dem Sie Ihre Zukunft leben können.

Anders ist es, wenn man sich innerhalb einer Beziehung schon von dem Partner getrennt hat. Manchmal hat man schon jahrelang innerlich die Trennung vollzogen, die Partnerschaft war eigentlich nur eine Wohngemeinschaft. In diesem Fall geht der Abschied schneller.

Rebecca: „Wer nimmt schon eine dicke Frau mit zwei kleinen Kindern?"

Rebecca ist zweiundvierzig Jahre alt, Logopädin und lebt getrennt von ihrem Mann in einem kleinen Dorf bei Pirna. Ihre beiden Kinder sind drei und fünf Jahre alt.

Wenn Rebecca die beiden Kinder ins Bett gebracht hat, setzt sie sich oft mit einem Buch auf das Sofa. Um sie herum ist es dann mucksmäuschenstill. Sie sieht aus dem Fenster, guckt in ein schwarzes Loch, nur in klaren Nächten erkennt sie am Horizont die Silhouette einer Tannenschonung.

Rebecca wohnt in einem Vierhundert-Seelen-Dorf in Sachsen, nahe Pirna. Ihr Fertighaus steht am Ortsrand. Der 500 Quadratmeter große Garten schließt an ein großes Weizenfeld an, dahinter kommt der Wald. Rebecca liebt die Natur, doch mittlerweile empfindet sie sie immer öfter als Bedrohung. Besonders in den dunklen Wintermonaten fühlt sie sich hier draußen sehr allein und regelrecht weggesperrt. So hat sie sich ihr Leben nicht vorgestellt, als die ganze Familie vor knapp drei Jahren in das hübsche Häuschen gezogen ist.

Rebecca war damals heilfroh, mit den Kindern ins Grüne zu kommen. Valerie war zwei Jahre alt und der kleine Simon gerade erst geboren. Ihr Mann Tom arbeitete in einer kleinen Reha-Firma als Kaufmann und verdiente ordentlich. Sie wollten mit den Kindern nicht mehr zur Miete wohnen, sondern etwas Eigenes. Rebecca ist im Grünen groß geworden, daher wünschte sie sich ein Haus auf dem Land. Tom war anfangs dagegen, ihm hätte auch eine Wohnung in der Stadt gefallen. Aber dann sprachen die günstigen Immobilienpreise für Rebeccas Vorschlag.

Im Mai konnten sie einziehen. „Wir waren so glücklich. Wenn Tom abends nach Hause kam, haben wir gegrillt und gespielt. Oft lagen wir mit den Kindern im Gras und haben ihnen die Wolken gezeigt. Valerie konnte sich aus dem Schlafzimmerfenster die Häschen im Garten

ansehen und Simon schlummerte morgens auf der Terrasse. Die Freiheit – für mich war sie hier draußen grenzenlos."

Doch ein Jahr später bekam Tom das Angebot, für seine expandierende Firma in den Außendienst zu gehen. Ihn reizte sowohl die größere Verantwortung als auch die Aussicht, wesentlich mehr Geld verdienen zu können. Rebecca fand die Idee gar nicht gut. „Der Preis für die Karriere war, dass er unter der Woche unterwegs sein würde. Er sollte den Vertrieb für ganz Deutschland, Österreich und die Schweiz aufbauen. Ich habe sofort gesagt, dass das unserer Ehe nicht guttun würde. Zumal wir eine klare Absprache hatten. Ich habe meinen Beruf als Logopädin aufgegeben, um mich erst um Valerie und später auch um Simon kümmern zu können. Unser Plan war, dass ich nach drei Jahren wieder einsteigen würde und Tom dann kürzertreten könnte. Ich wollte mich mit einer Praxis selbstständig machen und er sollte mir Stunden freihalten, damit ich Zeit für meine Kunden hätte. Aber davon war plötzlich keine Rede mehr. Tom wollte den neuen Job um jeden Preis. Die Verlockungen waren zu groß: schöner Dienstwagen, Übernachtungen in schicken Hotels, die große Freiheit unterwegs."

Tom ließ sich den Job nicht ausreden und unterschrieb den Vertrag. Rebecca nahm ihm das übel. Nun war sie die meiste Zeit allein mit den zwei kleinen Kindern und fühlte sich überfordert. Zudem empfand sie das Alleinsein als Qual. „Bis auf die Fahrten zum Kindergarten und zum Einkaufen war ich den ganzen Tag allein zu Hause. Ich vermisste es, abends mit jemandem sprechen zu können."

Wenn Tom am Freitagabend nach Hause kam, machte sie ihm Vorhaltungen. Es gab immer öfter Streit. Zumal Tom es oft nicht einmal schaffte, am Wochenende zu Hause zu sein. Er kniete sich so in die Arbeit, dass er häufig zehn bis zwölf Tage durcharbeitete.

Rebecca und Tom lebten schnell in zwei Welten und hatten sich immer weniger zu sagen. „Wenn wir zusammen waren, gab's meistens sofort Streit. Schon nach einem Jahr ging nichts mehr zwischen uns. Für mich war Tom ein karrieresüchtiger Egoist, der nur noch sein eigenes Fortkommen im Kopf hatte. Ich fühlte mich vernachlässig und war absolut aggressiv."

Im Sommer darauf fordert Rebecca ihren Mann auf auszuziehen. Tränen fließen bei ihr nicht mehr. Sie fühlt sich verraten, um ihr Familienglück betrogen und möchte nur noch einen dicken Schlussstrich ziehen. Tom geht. Vermutlich erleichtert. Der ständige Streit, keiner von beiden konnte das noch ertragen.

Tom holt die Kinder anfangs einmal im Monat zu sich. Wenig später zieht er nach Leipzig und lässt sich so gut wie gar nicht mehr blicken. Die Kinder fordern Rebecca so sehr, dass sie nicht dazu kommt, groß über ihre Zukunft nachzudenken. Sie kocht, wäscht, fährt die Kleinen in den Kindergarten, zu Freunden, zum Sport. Sie liest ihnen vor, bringt sie zu Bett und sinkt erschöpft auf ihr Sofa. Oft hat sie tagelang keinen Kontakt mit anderen Erwachsenen – es sei denn ihre Schwester besucht sie.

Der Herbst wird für sie zur bitteren Zeit. „Es wurde früh dunkel und dann fühlte ich mich mit den Kindern wie in einer Zelle. Allein konnte ich nichts unternehmen. Wer sollte sich denn um die beiden kümmern? Einen Babysitter konnte ich mir nicht leisten und meine Schwester, die selbst zwei kleine Kinder hat, konnte nicht weg."

Am liebsten möchte Rebecca das Haus verkaufen und in die Nachbarschaft ihrer Schwester ziehen. Aber das ist nicht möglich, beim Verkauf würde sie zu große Verluste machen. Also muss sie durchhalten. Doch sie fühlt sich immer schlechter. „Ich glaube, ich habe Depressionen", vertraut sie ihrem Arzt an. Der verschreibt ihr Medikamente. Ihrer Schwester erzählt sie, worunter sie leidet: „Als die Kinder letzte Woche krank waren, habe ich eine Woche lang niemand anderes gesehen als die Verkäuferin in unserem kleinen Supermarkt. Ich halte das nicht mehr aus. Außer zum Kindergarten komme ich nirgends mehr hin. Mir fällt die Decke auf den Kopf."

Rebecca denkt jetzt zum ersten Mal daran, sich wieder einen Mann zu suchen. „Bis dahin war das kein Thema für mich. Ich war so mit Toms Auszug, den finanziellen Regelungen und den Kindern beschäf-

tigt, dass ich keinen Gedanken dafür übrig hatte. Aber der lange Winter hat mir gezeigt, dass ich nach vorn sehen muss."

Die Schwester macht ihr Mut. „Du wirst sehen, wenn du hier nicht mehr allein lebst, wirst du dich wieder rundherum wohlfühlen. Eigentlich lebst du doch gern auf dem Land. Aber eben nur nicht ganz allein."

Wie sie einen Mann finden soll, müssen die beiden Frauen nicht lange überlegen. „In deiner Situation geht's nur per Internet", sagt die Schwester sofort. Rebecca sieht das genauso. Sie kommt so gut wie nie vor die Tür, im Internet könnte sie jemanden von zu Hause aus suchen und näher kennenlernen. Für ein Treffen würde ihre Schwester dann schon einspringen und die Kinder hüten. Auch die Nachbarin ist bereit, für eine Verabredung ein paar Stunden auf die Kleinen aufzupassen.

Rebecca loggt sich bei Partnerbörsen ein und durchsucht gründlich das Angebot an Männern. An den Abenden hat sie reichlich Zeit dafür. Dabei achtet sie genau darauf, dass sie nur nach Männern in der Nähe ihres Wohngebietes sucht. Umziehen kann sie nicht und eine Fernbeziehung kommt für sie nicht in Frage. Das hatte sie ja mit Tom erlebt und gesehen, wohin das führt. Sie wünscht sich einen Partner, der abends bei ihr ist und Zeit für sie und die Familie hat.

Auf verschiedenen Plattformen veröffentlicht sie ihr Foto. Die Offenheit ist für sie kein Problem. „Was ist denn dabei, dass ich einen Partner suche? Das ist doch natürlich. Ich lebe in Scheidung und möchte mich noch einmal binden. Warum muss man das verheimlichen?" Ihr Profil ist genauso ehrlich. Sie schreibt, wie sie sich ihren künftige Partner vorstellt und dass sie zwei Kinder hat und für die beiden auch einen Ersatz-Papa sucht. Allerdings mogelt sie etwas mit ihrem Gewicht. Sie ist zwar 1,70 cm groß, aber mit 86 Kilo etwas mollig. „Durch die Kinder habe ich zugelegt und in der Einsamkeit blieb oft nur die Freude, etwas Leckeres zu essen", crklärt Rebecca ihr Übergewicht. Aber sie will die Männer nicht gleich damit abschrecken und setzt deshalb erst einmal nur ein hübsches Porträtfoto ins Netz. Von ihrem wahren Gewicht will sie später erzählen. Wenn sie jemanden gefunden hat, der sich für sie ernsthaft interessiert, spielen die paar Kilos mehr oder weniger bestimmt keine Rolle mehr. Es geht doch um mehr als die Top-Figur, wenn man eine Frau fürs Leben sucht.

Jeden Abend setzt sich Rebecca dann an den PC und sucht die Zuschriften heraus, die ihr gefallen. „Ich hatte von Anfang an Tag für Tag drei bis vier Zuschriften. Die zu beantworten und sich mit den Männern zu schreiben, kostete richtig viel Zeit. Ich habe fast jeden Abend zwei Stunden damit verbracht, die Postfächer durchzuarbeiten."

Doch mit den meisten Männern macht Rebecca keine guten Erfahrungen. „Es war schlimm. Viele wurden in ihren Texten sofort anzüglich. Es war ganz klar, dass es denen nur um Sex ging, obwohl ich etwas ganz anderes in meinem Profil geschrieben habe. Manche machten sehr diskrete Andeutungen, andere wünschten sich ganz direkt spezielle Praktiken. Ich war manchmal richtig geschockt." Diese Kontakte sortiert sie schnell aus. Sie sucht eine ernsthafte Beziehung und hat ein gutes Gefühl dafür, welche Männer sie von vornherein abhaken kann.

Nach vier Wochen hat sie ihr erstes Date. Rebecca ist super aufgeregt. „Ich war so zu einer Mama geworden, dass ich mich richtig unsicher fühlte, mit einem Mann auszugehen." Die Schwester gibt ihr Tipps, wie sie sich anziehen soll. Der Treffpunkt ist ein kleines Lokal im Herzen von Pirna. Rebecca fährt über dreißig Minuten dorthin und erlebt eine Riesenenttäuschung: Als sie aus dem Auto steigt, fährt ein am Straßenrand geparkter Wagen direkt hinter ihr sofort los. Rebecca erkennt am Steuer jenen Karol, mit dem sie verabredet war. „Ich war total verletzt. Es war eindeutig. Er hatte mich gesehen und ist mit Vollgas abgebraust. Ich habe im Auto geheult. Danach war mein Selbstbewusstsein erst einmal am Boden."

Als sie verweint nach Hause kommt, nimmt ihre Schwester sie in den Arm und tröstet sie: „Kümmere dich nicht um schlecht erzogene

Typen. Mach einfach weiter. Es gibt auch nette Männer, die jedes Kilo an dir mögen. Du kannst ja nicht jedermanns Typ sein."

Trotzdem braucht Rebecca ein paar Tage, um sich von der Abfuhr zu erholen. Doch die Suche im Internet bleibt voller Enttäuschungen. Als sie sich für einen Oleg interessiert, ist er sehr nett und sie verabreden sich im Chatroom. „Zwei Wochen haben wir wie verrückt hin und her gemailt. Dabei ging es auch um unsere Liebe zur Ostsee. Ich habe ihm dann ein Urlaubsfoto von mir geschickt. Es war ein Ganzkörperfoto, aber ich war sehr gut getroffen. Ich dachte, ich könnte das wagen, nach allem, was wir uns schon geschrieben hatten. Aber kaum war das Foto heraus, hat er sich sofort weggeklickt. Ich habe nie wieder etwas von ihm gehört. Anfangs habe ich noch gewartet und Abend für Abend gehofft, dass er sich doch noch meldet. Ich konnte gar nicht glauben, dass er mich einfach abhakt. Denn wir haben uns via Mausklick richtig gut verstanden. Irgendwie hatte ich mich sogar schon ein kleines bisschen in ihn verliebt."

Rebecca, die bis auf ihr Übergewicht immer ganz zufrieden mit ihrem Aussehen war, wird jetzt richtig unsicher. „Ich war damals kurz davor aufzugeben. Für mich stand fest: Eine Dicke, die hat kaum Chancen auf dem Liebesmarkt."

Doch dann wäscht ihr die Schwester kräftig den Kopf. „Beschwer dich nicht. Wenn du die Männer verschaukelst, darfst du dich nicht beklagen, wenn du dir ständig Abfuhren holst. Ich habe dir immer gesagt: Spiel mit offenen Karten! Dann melden sich nur die, die eine weibliche Figur auch klasse finden. Das sind vielleicht weniger, aber die, die sich melden, haben Interesse."

Rebecca ändert daraufhin ihre Profile und gibt die mittlerweile 88 Kilo offen an. Mehr noch, sie stellt sogar das Ostsee-Foto gleich mit auf ihre Seite. Wenn schon, denn schon. Das Ergebnis ist ernüchtern: Tagelang kommen keine Zuschriften mehr, außer ein paar mit den üblichen anzüglichen Inhalten. Wenn sie sich bei einem Mann meldet, bleibt ihr Schreiben unbeantwortet.

„Meine Stimmung war auf dem Tiefpunkt. Das war ja eindeutig. Ein dicke Frau – nein danke. Die will keiner. Und eine Chance, auf den zweiten Blick zu gefallen, bekomme ich erst gar nicht."

Sie könnte eine Diät machen, aber dazu fehlt ihr die Kraft. Sie steckt in einem verhängnisvollen Kreislauf, aus dem es kein Entrinnen gibt. Oder? „Ich konnte nicht aufgeben, weil es in meiner Situation keinen anderen Weg zum Glück gab. Deshalb habe ich mir fest vorgenommen, so lange im Internet zu suchen, bis ich nicht mehr allein sein würde. Ich habe nicht einen Tag daran gedacht, aufzugeben. Ich wollte weitermachen, wenn nötig für Jahre."

Sie schreibt sich mit bestimmt dreißig Männern, mit vierzehn trifft sie sich. Zweimal verliebt sie sich. Aber die Gefühle werden nicht erwidert. „Die Absagen waren zwar höflich, aber geschmerzt haben sie trotzdem", sagt Rebecca ehrlich. Einmal ist jemand sehr an ihr interessiert, doch dieses Mal kann sie die Gefühle nicht erwidern.

Schließlich schreibt ihr ein Thorben. Er lebt im Haus seiner Mutter und möchte Rebecca möglichst schnell treffen. Er meint, wenn man sich gegenübersteht, ist schnell klar, ob man sich mag oder nicht. Sie könnten miteinander spazieren gehen. Rebecca ist einverstanden, sie treffen sich in einem kleinen Park. Thorben hat eine Heizungsbaufirma mit drei Angestellten. Er ist geschieden und hat eine siebenjährige Tochter, die bei seiner Ex-Frau lebt. Mit seinen 100 Kilo ist er selbst kein Leichtgewicht. „Ich möchte eine Frau, an der etwas dran ist", sagt er fröhlich, als Rebecca ihn auf den Hang der Männer zu dünnen Frauen anspricht. Alles passt prima, doch es funkt nicht. Wieder ist Rebecca enttäuscht. Sie hatte so auf die berühmten Schmetterlinge im Bauch gehofft.

„Gib ihm eine zweite Chance", rät ihre Schwester. Rebecca zögert. Sie will keine Niederlagen mehr erleben. Aber als Thorben anruft und sie zum Essen einlädt, sagt sie zu. Sie weiß bis heute nicht, woran es lag, dass sie sich beim ersten Treffen innerlich gar nicht auf ihn eingelassen hat. War sie verkrampft? War sie genervt von den Kindern oder dem schlechten Wetter? Egal! Jedenfalls ist bei der zwei-

ten Begegnung alles anders. „Wir hatten uns zum Abendessen verabredet. In dem Lokal war schummeriges Licht, im Hintergrund sang Julio Iglesias. Ich bestellte mir einen Wein und von Stunde zu Stunde knisterte es mehr zwischen uns. Ich sah ihn immer intensiver an und dachte nur: Wow, was für ein Mann."

Sie treffen sich innerhalb von einer Woche noch zweimal. Die Kinder übernachten bei Rebeccas Schwester, damit sie abends auch mal länger Zeit hat. Rebecca und Thorben gehen zum Essen, danach in Kino und bis Mitternacht noch bummeln. Am Wochenende lädt Rebecca Thorben zu sich nach Hause ein. Ihre Schwester und ihr Schwager sind dabei. Für Thorben ist das kein Problem. Alle vier unterhalten sich bestens.

Am nächsten Tag steht für Rebecca fest: Thorben könnte der Richtige sein. Und er erwidert ihre Gefühle. Alles ist plötzlich ganz einfach und innerhalb von wenigen Wochen wird Rebeccas Leben völlig umgekrempelt. Die beiden wollen schnell zusammenziehen. Thorben nutzt bei seiner Mutter nur eine Einliegerwohnung und fühlt sich bei Rebecca sehr wohl. Die kann ihr Glück kaum fassen. „Es war ein langer Weg, das gebe ich zu. Aber ich habe eigentlich nie ernsthaft gezweifelt und wollte nicht aufgeben. Ich wusste, wenn ich es lange genug versuche, muss es klappen. Dann treffe ich den Mann, der zu mir passt. Wer im Internet Erfolg haben will, muss ausdauernd sein."

ANALYSE

Das Problem

Rebecca ist mit zwei kleinen Kindern ans Haus gebunden. Für sie ist es die beste Möglichkeit, sich vom Wohnzimmer aus auf die Partnersuche zu begeben. Das hat sie richtig erkannt und auch perfekt umgesetzt. Doch leider hat sie nicht von Anfang an mit offenen Karten gespielt. Es bringt nichts, sich mit perfekt retourschierten Fotos oder falschen Angaben interessanter zu machen. Die Wahrheit kommt

irgendwann ans Licht und Enttäuschungen sind dann vorprogrammiert. Rebecca hätte sich manche Träne erspart, wenn sie von Anfang an ehrlich zu sich und ihrem Aussehen gestanden hätte.

Die Lösung
Bleiben Sie immer bei der Wahrheit. Gerade im Internet und bei Partnerschaftsanzeigen in der Zeitung kann man unkontrolliert Lügen verbreiten. Doch wer ernsthaft einen Partner sucht, handelt sich damit nur Enttäuschungen ein. Es ist Merkmal eines guten Selbstbewusstseins, wenn man ehrlich zu sich steht und es nicht nötig hat, zu flunkern.
Als Grundregel gilt: Sechs Angaben müssen stimmen, nämlich Alter, Größe, Gewicht, Beruf, Kinder und Familienstand!

❗ Jeder kann einen Partner finden. Man muss nur ganz konzentriert und bewusst suchen und darf nicht ungeduldig werden. Niederlagen gehören dazu. Das muss man von vorherein wissen und lernen, damit umzugehen.

Anja: „Ich bin einfach anspruchsvoll"

Die achtundvierzigjährige Anja ist Juristin und lebt in Hannover. Sie ist geschieden und hat keine Kinder.

„Mir gefallen diese Typen hier alle nicht", mault Anja. Ihre Freundin Frauke ist genervt. Es ist Freitagabend, seit zwei Stunden sind sie auf dem Sommerfest in Fraukes Golfclub und Anja erweist sich als richtige Spielverderberin.

Frauke hat Anja mitgenommen, weil zu diesem Sommerfest fast alle Clubmitglieder kommen und Anja sich unter den vielen gutsituierten Männern einmal umschauen sollte. Aber statt Kontakte zu knüpfen, sitzt sie nur an einem Tisch und sieht gelangweilt in die Luft.

„Du gibst dir überhaupt keine Mühe, jemanden kennenzulernen. Ein schneller Blick und schon hast dir deine Meinung gebildet. Die

Männer kommen in eine Schublade und die wird fest geschlossen. So wird das nichts mit deinem Liebesglück. Mensch Anja, nun kümmere dich mal. Schau dort hinten, das ist Carsten. Er hat bei uns im Viertel eine Zahnarztpraxis und ich habe ihn schon insgeheim für dich ausgesucht. Er ist geschieden, hat keine Kinder und ist wirklich richtig nett. Soll ich dich mal vorstellen?"

Anke setzt sich sofort aufrecht hin. „Unterstehe dich", faucht sie die Freundin an. „Den habe ich schon beim Hereinkommen gesehen. Ich finde ihn richtig spießig. Überhaupt nicht mein Typ."

Frauke verdreht die Augen. „Herzchen, es können nicht alle Männer spießig sein, die in meinem Golfclub sind. Nun komm mal wieder auf den Boden. Langsam habe ich den Eindruck, du suchst gar nicht wirklich einen Mann. Vielleicht hast du dich schon so an dein Single-Dasein gewöhnt, dass du dir gar nichts anderes mehr vorstellen kannst. Dein Gerede von der Sehnsucht nach der großen Liebe – ich glaube, das sind nur Träume, in die du dich hineinsteigerst, wenn es in der Firma mal gerade nicht richtig läuft. Wenn ich überlege, was schon alles versucht habe. Erinnerst du dich? Wir waren in allen guten Clubs dieser Stadt, ich habe dich zur Parteiparty und in den Stadtrat mitgenommen. Aber du hast immer nur gemault: ‚Hier ist keiner für mich dabei'. Weißt du was, ich gebe auf!"

Anja zuckt innerlich richtig zusammen. Sie hat auf einmal ein schlechtes Gewissen ihrer Freundin gegenüber. Frauke hat ja recht. Sie ist heute wirklich alles andere als gut zu ertragen. Aber in der Firma gab es in dieser Woche ein Problem nach dem anderen. Die Verträge mit einem Kunden mussten komplett überarbeitet werden und Anja musste beim Chef zugeben, dass ihr ein bitterer Fehler unterlaufen war. Den musste sie in den letzten Tagen wieder ausbügeln und daher hat sie jeden Tag über zwölf Stunden gearbeitet. Als sie heute um 20 Uhr aus dem Büro gekommen ist, war sie fix und fertig. Und eine halbe Stunde später stand schon Frauke vor der Tür, um sie zu diesem albernen Sommerfest abzuholen. Sie wollte nicht absagen, aber im Grunde hatte sie von Anfang an keine Lust

dazu und ihr ist schon gar nicht danach, nach Männern Ausschau zu halten.

„Frauke, verzeih bitte. Es tut mir leid, dass ich dir heute so dazwischenfunke. Sieh mal, ich trinke jetzt einen kräftigen Schluck Wein und dann stürze ich mich mit dir in das Getümmel und bin superlieb zu deinen Clubfreunden, versprochen!"

Mindestens fünf sympathische Männer sprechen Anja an. Sie ist eine gutaussehende, unterhaltsame Frau, die auf Männer anziehend wirkt. Sie flirtet, aber dabei bleibt es. Bei keinem der Männer kann sie sich vorstellen, dass mehr daraus wird. Um Mitternacht lässt sie sich ein Taxi rufen und fährt nach Hause. Sie freut sich auf ihr Bett, auch wenn sie allein darin schlafen muss.

Anja lebt seit vielen Jahren allein. Während ihres Jura-Studiums hat sie spontan einen gleichaltrigen Kommilitonen geheiratet. Es war eine Blitzehe, aus dem Herzen geschlossen. Aber so schnell wie die Gefühle kamen, gingen sie auch wieder, und nach zwei Jahren war Anja wieder geschieden. Mit ihrem Ex-Mann Jens ist sie bis heute noch gut befreundet. Er hat eine gutgehende Anwaltskanzlei und Anja hat beruflich dann und wann mit ihm zu tun.

Eine neue Ehe hat sie in all den Jahren nicht gewagt. „Du bist mit deinem Job verheiratet", sagt Jens immer. Und damit liegt er richtig. Anja hat nach dem Staatsexamen einen tollen Job in der Rechtsabteilung eines großen Metallverarbeitungskonzerns bekommen. Vor fünf Jahren hat man ihr die stellvertretende Leitung übertragen – eine Traumkarriere. Nun spekuliert sie auf den Chefposten. Wenn in zwei Jahren ihr Vorgesetzter in den Ruhestand geht, möchte sie auf seinen Sessel rutschen. Dafür setzt sie sich voll ein. Vor zwanzig Uhr ist sie auch an normalen Arbeitstagen nicht zu Hause, am Freitagabend nimmt sie sich zudem noch einen Stapel Arbeit fürs Wochenende mit. Oft setzt sie sich zu Hause gleich wieder an den Schreibtisch und macht bis in die Nacht hinein weiter.

Es sei denn, Frauke steht vor der Tür und will sie zu einem ihrer Feste mitnehmen. Frauke ist auch Juristin, aber sie hat nur wenig

Ehrgeiz. Sie ist gleich nach dem Studium schwanger geworden und konzentriert sich seitdem mehr auf ihre Familie. Anjas Partnersuche ist für sie ein Anlass, aus dem Haus zu kommen, deshalb organisiert sie für die Wochenenden immer etwas. Aber am Sonntag sagt sie fast immer Nein. Da muss sie regelmäßig an die Akten, sonst würde sie in der folgenden Woche garantiert den Überblick verlieren.

Jahrelang hat Anja diese viele Schufterei nichts ausgemacht. Sie hatte ein Ziel: Karriere. Dafür hat sie ihr Privatleben zurückgestellt. Daher hat sie keine Familie, aber auch nur wenige Freunde. Wie auch? Sie hat einfach keine Zeit, Freundschaften zu pflegen. Sie hat auch keine Zeit, ins Theater zu gehen oder sich einem Hobby zu widmen. Immer öfter fehlt ihr das aber. Mehr noch, sie vermisst einen Partner, einen Mann, mit dem sie über alles sprechen kann. Einen Mann, der sie unterstützt, wenn sie sich mal schlecht fühlt, und mit dem sie etwas mehr Freizeit genießen kann. Wenn sie in zwei Jahren den Chefposten hat, würde es noch einmal richtig anstrengend werden, aber danach hätte sie garantiert mehr Zeit für andere Dinge. Seit einiger Zeit fühlt sich Anja einsam und spürt an manchen Samstagabenden so etwas wie Leere. Dann fährt sie häufig noch schnell zum Einkaufen in einen nahegelegenen Supermarkt, wo sie all die Paare sieht, die gemeinsam einkaufen, um sich zu Hause etwas Leckeres zu kochen. Auf dem Heimweg kommt sie an gemütlichen Lokalen vorbei. Sie sieht Paare, die lachen, sich tätscheln, die Zweisamkeit genießen. Natürlich waren diese Lokale auch schon vor fünf Jahren da. Aber damals hat Anja sie nicht wahrgenommen. Erst seit kurzem fällt ihr auf, dass es ein Leben jenseits der Firma gibt. Ob es mit ihrem Alter zusammenhängt? Oder damit, dass sie beruflich so fest im Sattel sitzt und entspannt sein kann? Ja, sie ist kurz vor dem Ziel und hat dann alles erreicht, worauf sie zwanzig Jahre lang hingearbeitet hat. Vermutlich hat sie sich deshalb ein neues Ziel gesetzt: eine harmonische Partnerschaft mit einem Mann, den sie aus ganzem Herzen liebt. Das wünscht sie sich, und um es zu erreichen, will sie nun etwas dafür tun.

Mitten in der Nacht sitzt Anja nachdenklich zu Hause. Wie kann sie bloß endlich den Mann finden, der ihr richtig gut gefällt? Da fällt ihr ein, dass sie in ihrer Tageszeitung heute Morgen die Werbung einer großen Partnervermittlungs-Firma gesehen hat. Sie geht in den Flur und holt die Zeitung aus ihrer Aktentasche. Richtig. Das ist es. Da wird sie bestimmt fündig.

Anja sitzt über zwei Stunden am PC und meldet sich ganz in Ruhe an. Für ein paar Monate muss sie knapp 160 Euro Mitgliedsgebühr zahlen, die lässt sie gleich von der Kreditkarte abbuchen. Danach beantwortet sie brav die zahlreichen Fragen nach ihrer Person. Sie formuliert, wie ihr Traummann aussehen soll, und sucht zwei Fotos von sich heraus, die sie sofort ins Netz stellt. Als sie am frühen Morgen den PC ausmacht, hat sie das Gefühl, einen Riesenschritt weitergekommen zu sein auf dem Weg zum großen Glück. Sie ist zuversichtlich, dass sie jetzt den richtigen Mann finden wird. Ein paar der Profile hat sie sich schon näher angesehen, einige Herren fand sie auf den ersten Blick ganz ansprechend. Wenn sie morgen früh aufwacht, wird sie sich die Zeit nehmen, das Angebot an möglichen Partnern ausgiebig durchzusuchen.

Anja bekommt insgesamt 365 Vorschläge vermittelt. Das ist ihr zu unübersichtlich, also grenzt sie die Region weiter ein und findet im Umkreis von Hannover noch 65 Männer, die für sie passen könnten. Was soll jetzt noch schiefgehen?

Geduldig beginnt sie, die Profile jedes Einzelnen durchzugehen und landet schnell wieder auf dem Boden. Irgendwie passt keiner so richtig. Ein Mediziner gibt als Hobby Angeln an. Brrrr, das findet sie widerlich! Ein anderer schreibt gern Gedichte. Nein, der ist garantiert nichts für sie. Ein Universitätsprofessor ist Veganer. Sie hat aber keine Lust, ihre Abendessen in Biorestaurants zu verbringen und sich künftig von Körnern zu ernähren. Einen Unternehmer, der zwei englische Bulldoggen hat, kann sie sich auch nicht an ihrer Seite vorstellen. Der Oberarzt mit dem lustigen Schnauzbart ist ihr zu klein. Dann muss sie ja immer flache Schuhe tragen, um nicht größer als er zu

sein. Sie ändert bei den Auswahlkriterien die Wunschgröße des Partners, damit fallen weitere fünf der angebotenen Kandidaten weg.

Trotzdem sind noch genug für Anja da. Obwohl? Bei einem selbstständigen Bootsbauer mag sie nicht, dass er nur 75 Kilo wiegt. So zarte Männer findet sie unerotisch. Der promovierte Landwirt hat zwar die richtige Statur, trägt aber bestimmt immer Gummistiefel, und sie liebt nun mal Männer im Anzug. Der Geschäftsführer eines Autohauses könnte passen, wenn er nicht so wenige Haare hätte. Anja hat schon über fünfundzwanzig Profile gelesen und kein einziges gefunden, auf das sie gern schreiben möchte. So kann sie nicht weitermachen. Dann kommt am Ende wieder nichts dabei heraus. Sie hat plötzlich Fraukes Satz im Ohr. „Du bekommst keinen, der zu hundert Prozent perfekt ist. Abstriche muss man immer machen." Also fängt sie noch einmal von vorn an und siehe da, schließlich sind fünf Männer da, die sie einfach mal anschreiben wird. Ihr Foto schickt sie gleich mit. Der Zeitpunkt für so eine breitgefächerte Aktion ist gut, denn samstags haben auch männliche Singles Zeit, sich um das künftige Liebesglück zu kümmern. Als sie Sonntag früh neugierig das Postfach öffnet, haben alle geantwortet. Doch die Zuschriften entmutigen sie. Das Schreiben von einem Mediziner enthält zwei Rechtschreibfehler. Männer, die nicht perfekt in Orthographie sind, konnte sie noch nie leiden. Der Oberstudienrat sieht zwar hinreißend gut aus, doch seine Antwort liest sich in Anjas Augen sehr belehrend. Das hat sie nicht nötig. In ihrem Alter braucht sie keinen Mann mehr, der sie erziehen will. Der Maschinenbauingenieur schreibt recht nett. Ihm wird sie ihre Telefonnummer schicken, damit sie sich unterhalten können. Obwohl sie seine Kleidung auf dem mitgeschickten Urlaubsbild etwas zu flippig findet. Auch der Abteilungsleiter aus dem Innenministerium hat ihr auf den ersten Blick gefallen. Aber er schreibt ihr von seinem geplanten Segeltrip auf der Ostsee – sie hasst segeln und wird ihm gleich eine Absage schicken.

Trotz der strengen Auslesekriterien schafft Anja es bis Sonntagabend, mit zwei Männern nette Gespräche zu führen. So nett, dass sie sich mit ihnen für den kommenden Freitag und Samstag zum Abendessen verabredet. In der Woche hat sie keine Zeit dazu, leider. Denn sie kann es kaum erwarten, diese beiden sympathischen Herren näher kennenzulernen.

„Du Frauke, ich habe mich gestern mit diesem Jörg getroffen. Der Internist, du erinnerst dich? Ich habe dir von ihm erzählt. Der war wirklich interessant und hatte viel zu erzählen. Aber er trug ein unmögliches Sakko. Bestimmt zehn Jahre alt. Wenn ich ehrlich bin, war es mir peinlich, mit ihm in dem schönen Lokal zu sitzen", vertraut sie gleich Samstagmorgen beim Frühstück ihrer Freundin an. Sie schüttelt nur den Kopf, meint dann nüchtern: „Du sollst dich ja nicht ins Jackett verlieben!"

Anja ist sauer. Das alte Spiel geht wieder los. Frauke und ihre Kompromisse bei der Partnersuche. Ständig wirft sie ihr vor, zu anspruchsvoll zu sein und immer das hundertprozentige im Blick zu haben. „Wenn ich mich in meinem Alter noch einmal binde, will ich nicht irgendwen an meiner Seite. Ich suche einen Mann, der mir rundherum gefällt, auch optisch", erklärt sie zum wiederholten Male ihren Standpunkt und klingt dabei schon etwas bissig.

„Das sollst du auch", Frauke lässt sich nicht unterkriegen, „aber du kannst nicht erwarten, dass er auch noch die Socken trägt, die du dir vorstellst. Reicht es nicht, wenn ihr gemeinsame Interessen habt, ein passendes Bildungsniveau und euch gut austauschen könnt? An einem Jackett muss keine Liebe scheitern. Kauf ihm einfach ein Neues."

Anja lenkt nur halb ein. „Die Kleidung spiegelt viel von einer Persönlichkeit wider, meine Liebe. Aber du hast auch recht. Ich muss einfach großzügiger werden und darf nicht jedes Vorurteil ausleben. Heute Abend sehe ich mir einen Zahnarzt an und verspreche dir hoch und heilig, ich schaue nicht auf das Jackett."

Dafür sieht sie seinen Bauchansatz. Doch sie hat sich vorgenommen, nicht zu kleinlich zu sein. Sie selbst ist ja auch nicht perfekt. Und wenn der Rest stimmt, kann sie damit gut leben. Aber der Rest

stimmt leider auch nicht, denn der angebliche Zahnarzt ist nie und nimmer einer. Da ist sich Anja schnell sicher. Sie stellt bohrende Fragen und ihr Gegenüber Thorsten kann ihr nicht lange ausweichen. Was er nicht weiß: Anjas Vater war Zahnarzt und sie kennt sich in der Branche bestens aus. So kann sie Thorsten schnell der Lüge überführen. Schließlich gibt er klein bei. Er sei nur Zahntechniker und arbeite in einem Labor, aber um den Frauen zu gefallen, mache er sich immer erfolgreicher als er ist. Die angeblich vor einigen Wochen geschlossene Zahnarztpraxis hat's nie gegeben. Aber wer schon so lange erfolglos auf Frauensuche ist, müsse einfach ein bisschen aufschneiden. Anja ist genervt. Auf Aufschneider hat sie gar keine Lust. Sie lässt Thorsten im Restaurant sitzen und geht wütend nach Hause.

„Ich muss vorsichtiger sein", erzählt Anja noch am Abend der Freundin. „Diese Onlinebörsen können keine Angaben überprüfen. Aufschneider und Lügner haben da ein leichtes Spiel."

Anja ist jetzt geschickter. Als sie wenige Tage später zwei Anfragen von einem Lehrer und einem Ingenieur bekommt, bittet sie nach wenigen E-Mails um eine Telefonnummer. Im Gespräch fragt sie beide nach ihrem vollen Namen. Die gibt sie bei Google ein und – bingo! – alle Angaben stimmen. Erst jetzt lässt sie sich auf Verabredungen an. Beide führen nicht zum Erfolg, aber Anja weiß wenigstens, mit wem sie beim Pasta-Essen am Tisch sitzt.

Dreizehn Mal geht Anja noch zum Abendessen und verlebt jedes Mal schöne Stunden. „Die Männer sind wirklich ausnahmslos nett. Und es macht mir Spaß, am Wochenende nicht nur zu arbeiten, sondern endlich mal wieder mit einem Mann auszugehen."

Zweimal hat es ein bisschen gekribbelt. Aber ein Mann hat ihr gleich am nächsten Morgen mit einer netten E-Mail abgesagt. Er wünsche sich eine Frau, die mehr Zeit für ihn hätte. Mit dem zweiten hat sie sich insgesamt dreimal getroffen. Dann hat er ihr geschrieben, dass er noch einen anderen Kontakt parallel gepflegt und sich jetzt für diese Dame entschieden hätte. Anja möge nicht traurig sein,

sie sei eine klasse Frau. Diese Zeilen haben sie verletzt. „Ich komme mir vor wie eine Küchenmaschine, die man bei der Stiftung Warentest vergleicht. Soll man die Leistungsstarke nehmen oder die mit dem besseren Design", scherzt sie ziemlich angekratzt bei ihrer Freundin Frauke.

Aber die Online-Suche hängt sie nach dieser Enttäuschung nur ein paar Tage an den Nagel. Dann fasst Anja wieder Mut und durchforstet weiter ihre Angebote. „Ich habe zwei Männer kennengelernt, mit denen ich jetzt regelmäßig telefoniere. Diese Börsen sind, richtig gehandhabt – auch eine Möglichkeit, seinen Freundeskreis zu erweitern", schwärmt sie ihrem Ex-Mann vor, der sich neugierig anhört, was Anja auf der Partnersuche alles erlebt. Jens erfährt auch, dass Anja einen Juristen kennengelernt hat, mit dem sie sogar bestens zusammenarbeiten kann. „Wir haben uns in seiner Kanzlei getroffen. Als Partner kommt er für mich nicht in Frage, er ist mir viel zu dick und außerdem lebt er noch in Scheidung. Auf einen Noch-Ehemann lasse ich mich garantiert nicht ein. Aber es ist gut, mit ihm zusammenzuarbeiten. Er deckt ein Fachgebiet ab, für das ich dringend Unterstützung brauche."

Drei Monate lang ist Anja richtig intensiv bei der Partnersuche. Frauke erzählt sie regelmäßig davon und auch mit zwei anderen Freundinnen bespricht sie ihre vielen bunten Erlebnisse. Sie hat nette Abende und angenehme Gespräche, sie lernt skurrile Typen und hochkarätige Fachleute kennen. Aber sie kommt nicht zum Ziel. Und so langsam spürt sie, wie ihr Interesse versiegt.

„Dieses Suchen kann man nicht lange machen", sagt sie eines Abends zu Frauke. „Ich habe einen Vertrag für sechs Monate abgeschlossen, aber meine anfängliche Begeisterung ist längst dahin. Die Männer, die ich kennengelernt habe, waren wirklich durchweg sehr, sehr nett. Aber weißt du, irgendwann hast du keine Lust mehr, dich ständig ausfragen und prüfen zu lassen. Ich mag mich nicht mehr anbieten wie eine Ware und mir dann sagen lassen Ja oder Nein.

Alle diese Treffen haben immer einen geschäftlichen Charakter. Man taxiert sich schon beim Hereinkommen. Gute Figur? Stilvolle Kleidung? O-Beine? Ungelenke Bewegungen? Furchtbar! Die Abendessen machen ja noch Spaß, aber wenn es dann an die abschließende Beurteilung geht, wird es meistens mehr als peinlich."

Anja erzählt von einem Pianisten, den sie richtig aufregend fand. Aber er hat ihr gleich am nächsten Tag eine Absage geschrieben. Sie sei ihm zu kalt und lieblos. „Woran er das wohl erkannt hat?", fragt Anja und man hört heraus, dass sie das sehr getroffen hat. Von einem Chefarzt hat sie gehört, dass sie nicht sein Typ sei und ein Orthopäde meinte, er bevorzuge doch schlankere Frauen.

„Es läuft immer gleich ab", erzählt Anja. „Ich warte, wie er mich findet, und er wartet, wie ich ihn finde. Tagelang druckst jeder herum. Dann muss es heraus. So oder so. Wenn wir beide uninteressiert abnicken, ist es okay. Aber was ist, wenn wir unterschiedlicher Meinung sind? Ich musste zwei Männern einen Korb geben, die mich gern wiedersehen wollten. Ich habe das ungern gemacht, so etwas ist immer unangenehm. Für beide. Ich will das nicht mehr, ich will mich nicht mehr jedes Wochenende demontieren lassen. Ich will mich wieder mögen, ohne ständige Kritik an meiner Person zuzulassen."

Anja ist unsicher, ob sie nicht doch noch einmal via Internet nach einem Partner sucht. Aber sie ist sich sicher, dass sie erst einmal eine längere Pause braucht. Die Partnersuche gibt sie trotzdem nicht auf. Die vielen Telefonate, die schönen aufregenden Verabredungen: Anja hat gemerkt, dass es im Leben noch mehr gibt, als immer nur zu arbeiten. Sie will jetzt an zwei Abenden in der Woche zu einem Yoga-Kurs gehen und sie hat sich bei einem großen Touristik-Konzern um eine ausgeschriebene Stelle beworben. „Weißt du Frauke, ich will in meiner Firma nicht alt werden. Ich versuche, woanders einen Job zu finden, bei dem ich gut verdiene, aber pünktlich aus dem Büro komme. Und es ginge doch nicht mit rechten Dingen zu, wenn in der riesigen Firma nicht ein Mann arbeitet, der zu mir passt."

ANALYSE

Das Problem

Anja hat eine qualifizierte Ausbildung und entsprechenden Erfolg im Beruf. Sie verdient gut, kann sich viel leisten und möchte einen Partner, der ihr Niveau hält. Aber bei ihr verwischt die Grenze zwischen verständlichem Anspruch und überzogenen Wünschen nach Perfektion. Dazu kommt, dass sie es als erfolgreiche Juristin gewohnt ist, Probleme schnell und effizient zu lösen. Was ihr im Beruf gelingt, klappt aber im Privatleben nicht. Die Liebe lässt sich nicht verwalten, Gefühle lassen sich nicht buchen. Menschen sind vielfältig, haben Stärken und Schwächen. Anja kann sich einen Menschen durchaus nach seinen Stärken aussuchen, aber sie muss auch seine Schwächen akzeptieren. Das fällt ihr noch schwer. Sie hat lange allein gelebt und ist es nicht mehr gewohnt, sich mit Menschen und deren Andersartigkeit auseinanderzusetzen.

Die Lösung

Anja sollte sich Zeit lassen mit der Partnersuche. Für sie ist es wichtiger, sich erst einmal einen großen, gern unterschiedlichen Freundeskreis aufzubauen. Sie muss lernen, sich mit anderen Menschen auf privater Ebene zu arrangieren, Rücksicht zu nehmen und andere Geschmäcker und Vorlieben gleichwertig neben ihren stehenzulassen. Toleranz und Neugier muss sie üben. Wenn sie das kann, wird sie auch mit einem Mann glücklich sein können, der nicht in allem so denkt und handelt wie sie.

❶ **Anja kann sich noch weiter auf die Liebe vorbereiten, indem sie schon einmal äußerlich Platz für einen Partner schafft. Ein Regal im Kleiderschrank, ein Kästchen im CD-Fach, eine Schublade im Wohnzimmerschrank – etwas sollte sie freihalten. Damit schafft sie Raum für ihn. Dies ist ein erster Schritt, sich auf einen Menschen in ihrem Leben einzustellen. Erst einmal in ihrer Wohnung, allmählich auch in ihrem Kopf und in ihrem Herzen.**

Annette: „Ich traue mich nicht mehr, einfach auf Menschen zuzugehen"

Annette ist vierundfünfzig Jahre alt, kaufmännische Angestellte und lebt in Rostock. Sie ist ledig und hat keine Kinder.

Vorsichtig legt Annette eine goldene Uhr, den Ehering und ein vergilbtes Hochzeitsfoto in die lederne Schatulle und verschließt sie sorgfältig. Es sind die Dinge, die ihr Vater zuletzt in seinem Nachtschränkchen aufbewahrt hat. Vor vier Wochen ist er gestorben, nach einem qualvollen Kampf gegen den Krebs. Vor sieben Jahren ist Annettes Mutter ebenfalls an Krebs gestorben. Man sieht Annette an, dass sie viel mitgemacht hat.

Sie ist das einzige Kind und hatte immer ein sehr gutes Verhältnis zu ihren Eltern gehabt. Warum sie nie von zu Hause ausgezogen ist, kann sie gar nicht mehr sagen. Es hat sich einfach nicht ergeben. Das Haus ihrer Eltern ist groß. Annette ist schon mit zwanzig Jahren in die Einliegerwohnung im ersten Stock gezogen und seitdem dort geblieben.

Als sie jünger war und ab und zu verliebt, hat sie schon darüber nachgedacht, mit einem Mann zusammenzuziehen. Aber die Verbindungen waren nie so ernst, dass es dazu gekommen ist.

Später, als die Mutter an Darmkrebs erkrankte, war Annette heilfroh, dass sie zu Hause geblieben war. Nur so konnte sie ihren Job und die anstrengende Pflege der Mutter unter einen Hut bekommen. Ihre Mutter starb nach drei Jahren. Danach musste sie den Vater stützen. Ihre Eltern waren fast vier Jahrzehnte verheiratet gewesen und Annette kann mit Sicherheit sagen, dass die Ehe glücklich war.

Ihr Vater kam ohne die Mutter nur schwer zurecht. Annette versuchte ihn so oft es ging von seinem Schmerz abzulenken. Doch dann klagte er über Schmerzen beim Atmen und wenig später stand fest, dass er einen Tumor in der Lunge hatte. Das Leiden von Annettes Vaters zog sich lange hin. Er musste mehrere OPs über sich ergehen lassen, dazwischen Chemos und Bestrahlungen. Annette, die in einer kleinen Möbelhandlung seit vielen Jahren für die Buchführung zuständig ist, fragte ihren Arbeitgeber, ob es möglich wäre, nur noch halbtags ins Büro zu kommen. Die restliche Arbeit wollte sie von zu Hause aus erledigen. Sie hatte Glück, ihr Antrag wurde bewilligt. Sie ahnte damals nicht, dass sie vier Jahre so arbeiten würde. Der Gesundheitszustand ihres Vaters besserte sich immer nur kurz, eigentlich blieb er durchgehend ein Pflegefall. Schon nach der zweiten OP war er so hilflos, dass Annette einen Pflegedienst engagieren musste, der ihn morgens versorgte, wenn sie ins Büro musste. Das klappte ganz gut. Ab Mittag war sie dann für den Vater da.

Annette funktionierte. Zwischen kochen, füttern, waschen und Tabletten geben setzte sie sich immer zwischendurch ins Wohnzimmer und erledigte ihre Arbeit, führte Telefonate und bat ab und zu auch einmal jemanden aus dem Büro, ihr Akten zu bringen.

Sie war sehr dankbar, dass sie in der Firma auf so viel Verständnis stieß, aber sie fühlte sich auch zunehmend ausgelaugt. Körperlich, aber mehr noch seelisch. Die Vorstellung, irgendwann den Vater und damit ihren letzten Familienangehörigen zu verlieren, ließ sie innerlich nicht mehr zur Ruhe kommen. Sie wusste, dass sie schon bald Abschied von ihrem Vater nehmen müsste. Und was käme dann? Viele Gedanken drehten sich in ihrem Kopf, aber keinen konnte sie zu Ende bringen. Alles war so verworren und schwer. „Anni, komm bitte", unterbrach ihr Vater sie in diesen trüben Momenten und sie war dankbar, dass sie nicht weiter nachdenken musste.

So gern hätte sie damals einen vertrauten Menschen an ihrer Seite gehabt, mit dem sie ihre Gedanken hätte sortieren können. Einen Partner, einen Bruder, zumindest eine gute Freundin. Aber durch die vielen Jahre, die sie sich um ihre Eltern gekümmert hat, waren alte Freundschaften zerfallen. Sie hatte einen netten Kontakt zu ein paar Kollegen, aber Freundschaft konnte man das nicht nennen.

Nun ist der Vater tot und Annette versucht nach dem anfänglichen Schock, langsam wieder einen klaren Gedanken zu fassen. Sie möchte das Haus verkaufen, denn dieser Lebensabschnitt ist unwiderruflich

vorbei. Sie kann sich nicht an der Vergangenheit festhalten, sie muss nach vorn schauen. Auch wenn es sehr schmerzlich für sie ist. Einen Makler hat sie schon beauftragt, seine Prognose ist gut.

Annette arbeitet jetzt wieder den ganzen Tag in der Firma. Es tut ihr gut, in einer anderen Umgebung zu sein. In dem Haus hat sie immer das Bild des todkranken Vaters vor Augen und hört die Stimme ihrer Mutter. Wenn sie in der Küche steht, denkt sie daran, wie sie hier als Kind Weihnachtsplätzchen gebacken hat. Keine Frage, sie muss hier heraus. Zu viel erinnert an das, was sie verloren hat. Ihre Familie, ihr Zuhause.

Nach Arbeitsschluss besichtigt sie verschiedene Wohnungen und findet schnell eine, die ihr zusagt. Der Umzug wird noch einmal zu einer großen Hürde, die sie nehmen muss. Sie trennt sich mit jedem Möbelstück von einem Teil ihres Lebens. Aber es muss sein. Sonst erstickt sie in der Erinnerung.

Die ersten Wochen in der neuen Wohnung vergehen schnell. Es ist noch alles neu und so viel zu erledigen. Sie findet kaum Ruhe, einmal auszuspannen und in sich hineinzuhören. Das kommt erst nach sechs Monaten, als sie alles abgewickelt hat.

Jetzt ist sie abends zu Hause und fühlt sich grenzenlos einsam. Ihr altes Leben gibt es nicht mehr, in ihrem neuen Heim kommt sie sich verloren vor. Mit den Nachbarn hat sie keinen Kontakt. Mit ihrer Freizeit weiß sie nichts anzufangen. Früher hat sie viel mit ihren Eltern unternommen, sie haben oft Ausflüge in die nähere Umgebung gemacht. Mutter liebte es, am Sonntag zu Kaffee und Kuchen zu fahren. Vater mochte es gern, wenn sie gemeinsam spazieren gingen. Mit ihnen konnte sie über alles reden. Über ihre Träume und Wünsche, über den Ärger am Arbeitsplatz, über Anschaffungen und alles, was in ihrem Leben passierte.

Jetzt muss sie alles mit sich selbst abmachen. Das hält sie nicht aus. Sie möchte so gern mal wieder zum Kaffeetrinken fahren, aber allein mag sie das nicht. Und wen soll sie fragen, ob er mitkommen möchte? Sie kennt doch niemanden so gut, dass sie einfach anrufen

könnte. Also bleibt sie zu Hause. Sie macht Handarbeiten, sieht fern. Aber die Stunden am Abend ziehen sich unendlich. Auch als der Vater schon sehr krank war, konnten sie sich noch stundenlang unterhalten. Jetzt hört sie keine Stimme mehr. Die Wohnung ist still. Unerträglich still.

Was ist, wenn sie krank wird? Da ist niemand, der sich um sie sorgen würde. Sie wäre allein. Es gibt nicht einmal jemanden, den sie um einen Einkauf bitten könnte. Sie ist allein auf dieser Welt. Wenn sie an einem Wochenende sterben würde, fiele es niemandem auf. Erst Montag früh, wenn ihr Chef vergeblich anrufen würde.

Dieses Gefühl, für niemanden mehr wichtig zu sein, von niemandem mehr vermisst zu werden, das schnürt ihr an manchen Tagen regelrecht die Kehle zu. Besonders schlimm ist es an den Sonntagen. Dann freut sie sich auf den Kirchgang, das Gebet gibt ihr Kraft. Aber wenn der Gottesdienst vorbei ist, steht sie auf dem großen Kirchplatz im Gedränge der anderen Gläubigen und weiß mit diesem Tag nichts mehr anzufangen. Wo soll sie hingehen? Sie kann sich noch ein bisschen die Füße vertreten. Aber so allein kommt sie sich schnell komisch vor. Sie geht dann doch lieber wieder nach Hause.

Da fällt ihr die Flasche Wein ein, die noch im Schrank steht. Sie legt eine alte Julio-Iglesias-Platte auf, trinkt und weint, bis sie irgendwann müde einschläft.

Am nächsten Morgen fühlt sie sich gar nicht gut. Was ist bloß mit ihr los? So kann sie nicht weitermachen. Sie braucht Hilfe. Wo gibt's die? Sie muss mit jemandem reden. Doch mit wem? Ihr fällt niemand ein. Und sie muss ja zur Arbeit. Vor ihr liegen fünf Tage, die sie ganz gut herumbekommt. Arbeiten, Einkaufen, Fernsehen. Das hält sie aus. Groß wird die Not erst wieder am Freitag. Dann ist da wieder diese Verlassenheit, die Angst. Sie sehnt sich nach Zugehörigkeit. Nach einem Menschen, dem sie etwas bedeutet und der möchte, dass es ihr gutgeht. Aber sie ist allein. Es ist furchtbar.

Gut, dass sie Wein im Haus hat. Der Alkohol lindert den Schmerz, betäubt die Seele. Dass alles wieder ist wie zuvor, wenn sie am nächs-

ten Morgen wieder aufwacht, das will sie nicht wahrhaben. Daran denkt sie nicht, wenn sie den Korken zieht, die CD auflegt und vergeblich versucht, nach und nach den Schmerz wegzutrinken.

Annette leidet einen Winter lang. Der Alkohol bekommt ihr immer weniger. Die Haut ist aufgeschwemmt und sie hat gut fünf Kilo zugenommen. Sie kann sich bei der Arbeit immer weniger konzentrieren und einmal macht ihr Chef auch eine merkwürdige Andeutung. „Wenn Sie Hilfe brauchen, Annette, scheuen Sie sich nicht, mich anzusprechen!" Es ist längst Feierabend und Annette macht Überstunden, als er hereinkommt und ihr diesen Satz sagt. Was meint er damit? Sieht er, dass sie immer häufiger trinkt? Was ist, wenn sie ein Alkoholproblem hat und den Job verliert?

An diesem Abend ist Annette entschlossen, so nicht mehr weiterzumachen. Sie will dieses Leben nicht mehr führen. Sie will noch einmal ganz von vorn anfangen, mit einem Mann, der sie liebt. Die alte Familie ist tot, jetzt ist es Zeit, eine neue zu gründen. Sie muss mit jemandem reden. Sie braucht Hilfe auf dem Weg zu diesem neuen Leben. Und die Flasche bleibt heute zu. Sie war immer eine starke Frau. Sie will sich nicht länger gehen lassen. Das ist sie schon ihren Eltern schuldig.

Plötzlich denkt sie an den netten Pfarrer, der mit ihr die Beerdigung des Vaters durchgesprochen hat. Er würde ihr vielleicht einen Rat geben können.

„Engagieren Sie sich doch in unserer Gemeinde", schlägt ihr der Pastor vor. Annette sitzt ihm in seinem hübsch dekorierten Büro gegenüber und wischt sich schnell mit einem Taschentuch über die Augen. Gerade hat sie ihm ihre ganze Geschichte erzählt und zu allem Übel auch noch ein paar Tränen vergossen. Das ist ihr peinlich! Sie ist eine gestandene Frau und jetzt sitzt sie bei ihrem Gemeindepfarrer und schluchzt dem die Ohren voll. „Tut mir leid", murmelt sie leise. Der Pfarrer nickt verständnisvoll. Dann spricht er konzentriert weiter. „Bitte gehen Sie zu unsrer Gemeindereferentin. Die wird dankbar sein, dass Sie kommen. Sie sucht dringend Helferinnen für die vielfältigsten Aufgaben. Sie werden sehen, helfen tut gut und in der Gemeinschaft werden Sie sich nicht mehr einsam fühlen." Annette nimmt jetzt ihren ganzen Mut zusammen und sagt noch offener, was sie fühlt. „Wissen Sie, Herr Pfarrer, ich bin wirklich sehr froh, dass ich helfen kann. Aber wenn ich ganz ehrlich bin, wünsche ich mir auch eine Partnerschaft. Ich möchte nicht mehr allein leben, am liebsten würde ich heiraten."

Der Pfarrer lächelt und nimmt ihr sofort die Unsicherheit. „Das ist ein ganz verständlicher Wunsch", sagt er. „Und ich glaube, wenn Sie viele Menschen bei uns kennenlernen, finden Sie auch bald den passender Partner für sich. Sie dürfen sich nur nicht mehr zurückziehen. Kommen Sie doch zu unseren Festen. Da treffen sich immer sehr viele unfreiwillige Singles."

Annette spürt plötzlich Hoffnung. Ja, helfen möchte sie gern und viele der Gemeindemitglieder kennt sie seit Jahren. Da sind einige nette Männer dabei. Sie weiß gar nicht, ob die alle verheiratet sind. Seit ihre Eltern krank geworden sind, hat sie sich nicht mehr für Männer interessiert. Sie lächelt, als sie aus dem Büro geht. Ihr Leben bekommt plötzlich wieder Kontur.

Schon wenige Tage später steht Annette ab fünf Uhr nachmittags in der Kleiderkammer im Pfarrhaus. Sie bringt die nachlässig geführte Inventurliste in Ordnung, danach hilft sie in der Ausgabe mit. Für das Wochenende ist sie im Gemeindecafé eingeteilt. Sie arbeitet im Verkauf, gleich nach dem Gottesdienst geht's los. Sie muss nicht mehr nach Hause in die leere Wohnung, sondern sie kann arbeiten, Kuchen ausgeben, abwaschen und auf andere Gedanken kommen. Als sie um neun Uhr abends nach Hause kommt, fällt sie müde ins Bett. Es bleibt keine Zeit, einen Wein zu trinken.

Die kommenden Wochen fordern sie noch mehr. Annette kann ihre kaufmännische Ausbildung nutzen und bearbeitet für die Gemeinde die Anträge auf Zuschüsse. Das macht ihr Spaß, zumal sie dafür mit dem Sozialamt der Stadt und einigen anderen Vertretern der Stadt-

verwaltung zu tun hat. Vorbereiten kann sie ihre Arbeit am Abend. Für die Behördenbesuche nimmt sie sich ab und zu einen Tag Urlaub.

Nach einem Gottesdienst spricht der Pfarrer sie an: „Ich sehe, Sie fühlen sich wirklich gut." Annette streckt ihm sofort die Hand entgegen und sieht ihn mit dankbaren Augen an: „Sie glauben gar nicht, wie sehr Sie mir geholfen haben!"

Annette behält es für sich, dass ihr sehnlichster Wunsch, der nach einem Mann fürs Leben, noch nicht in Erfüllung gegangen ist. Aber sie hat nicht vergessen, was der Pfarrer ihr geraten hat: Sie soll sich nicht wieder zurückziehen. Daher entschließt sie sich, auch in den gemischten Kirchenchor zu gehen. Schon als Kind hat sie gern gesungen. Doch die Männer, die sie dort trifft, sind bis auf zwei Witwer vergeben. Aber die sind ihr zu alt.

Eine neue Chance wittert sie, als man ihr das wöchentliche Sorgentelefon anbietet. Annette sagt sofort zu. Sie stellt sich vor, irgendwann einen Mann am Telefon zu haben, der sich aussprechen will und der ihr sympathisch ist. Doch auch dieser Wunsch scheint nicht in Erfüllung zu gehen. Meistens rufen ältere Frauen an, die sich einsam fühlen. Aber zumindest kann ihnen Annette gute Ratschläge geben.

Dank ihrer Gemeindeaktivitäten ist Annette nun keinen Abend in der Woche mehr allein. Sie kann wirklich in jeder freien Minute für die Kirche im Einsatz sein. „Sie sind unsere fleißigste Mitarbeiterin", lobt sie der Pfarrer auf einem der zahlreichen Sommerfeste. Annette lächelt, denkt aber: „Zu einem Mann hat mir das auch nicht verholfen." Sie sieht sich um, aber ein Mann, der zu ihr passen würde, ist auch heute nicht dabei. Annette hat keine großen optischen Ansprüche. Sie interessiert mehr, dass sie sich mit einem Mann gut unterhalten kann. Er soll gebildet und einfühlsam sein, sich wie sie für Menschen, Kunst und Politik interessieren. Aber die meisten Männer in der Gemeinde, die frei sind, sind ihr einfach zu schlicht. Bei der Stadtverwaltung hat sie einen Mann kennengelernt, der ihr gefallen hätte. Aber der trug einen Ehering und kam damit nicht in Frage.

„Morgen kommt ein Journalist von der Tageszeitung. Er braucht Zahlen für einen Bericht über unsere Gemeindeaktivitäten. Können Sie das übernehmen?" Der Anruf des Pfarrers in ihrem Büro kommt überraschend. „Er macht doch hoffentlich kein Foto", sprudelt es sofort aus Annette heraus. Sie hört den Pfarrer laut lachen. „Doch, ich denke schon. Aber Sie müssen deshalb nicht extra zum Friseur zu gehen."

Als Annette den Hörer auflegt, purzeln ihre Gedanken durcheinander. Sie ist keine Frau, die gern im Vordergrund steht. Sie hat sich nie viel aus Äußerlichkeiten gemacht. Make-up, Lippenstift, Nagellack, das ist alles nichts für sie. Sie kleidet sich eher unauffällig und sportlich und in hohen Schuhen konnte sie noch nie laufen. Das Gespräch führt sie gern, aber sich fotografieren und in die Zeitung setzen lassen, das will sie nicht. Egal, was sich der Herr Pfarrer vorstellt.

Der Journalist ist höflich, aber nicht sonderlich sympathisch. Er brummt Annette fast schon unfreundlich an und stellt mehr als unangenehme Fragen. Ob sie glaube, dass ihre Hilfe wirklich sinnvoll sei, will er wissen. Annette kann sich über diese Frage richtig aufregen. Und ob sie das glaubt. Um nicht aus der Haut zu fahren, schenkt sie ihm einen Kaffee nach. „Sind Sie eigentlich gläubig?", schießt es plötzlich aus ihr heraus und im selben Moment schämt sie sich für ihre forsche Frage. Der Journalist, er heißt Klaus, schüttelt sofort den Kopf. „Nein, ich glaube nicht an Gott." Annette sieht ihn jetzt fragend an. „Deshalb sind Sie so unfreundlich!" Ihr ist egal, was er von ihr denkt. Sie mag ihn sowieso nicht.

Aber dieser Klaus legt plötzlich seinen Stift weg, greift zur Kaffeetasse und lehnt sich zurück. Einen Moment lang schweigt er. Dann erzählt er auf einmal vom frühen Tod seiner Frau. Ein Autounfall. Er ist damals allein mit zwei kleinen Kindern zurückgeblieben. Er habe dann schnell wieder geheiratet. Wegen der Kinder. Doch diese Frau sei an Krebs gestorben. Die Kinder habe er dann allein großgezogen. Es war eine harte Zeit, ein aufreibender Spagat zwischen stressigem

Zeitungsjob und Vaterpflichten. Damals habe er Gott nicht mehr verstanden.

Er nippt wieder und wieder an dem Kaffee. „Können Sie das verstehen?", fragt er plötzlich und sieht Annette fast schon bittend an. Ein Blick, der sie im Innersten trifft.

„Was ist aus Ihren Kindern geworden?", fragt sie schnell, um der Situation die Spannung zu nehmen. „Sie sind gelungen. Ich bin mittlerweile schon Opa." Dann kramt er seine Brieftasche aus dem Jackett und legt Annette zwei Fotos von süßen weizenblonden Kindern hin.

Annette kommt dieser Klaus gar nicht mehr brummig vor. Seine Vergangenheit hat sie berührt. Dagegen ist ihr Schicksal gar keines mehr. Eigentlich kann sie froh sein, bislang ein relativ sorgenfreies Leben geführt zu haben.

„Wissen Sie, ich komme mit den Zahlen schon gut zurecht. Ich mache noch schnell ein Foto und dann sind Sie mich los." Annette schüttelt sofort den Kopf. „Kein Foto, bitte nicht. Ich bin nicht fotogen." Klaus muss jetzt lachen. „Wie bitte, Sie sind großartig. Lassen Sie es uns versuchen, bitte!"

Annette posiert am Schreibtisch, den Kuli in der Hand, die Brille auf der Nase. „Sehen Sie mich an, gut so, nein, mehr lächeln, ach was, fröhlicher, prima. Das klappt ja mit uns. Noch einmal, nicht mit den Händen spielen, noch einmal, ja fertig."

So schöne Fotos hat Annette noch nie von sich gesehen. Sie findet sich richtig ein bisschen hübsch. „Können Sie mir die geben, nach der Veröffentlichung?" Klaus verspricht es – aber nur bei einem schönen Glas Wein in der Ratsstube. Das ist seine Bedingung. Annette ist jetzt ganz aufgeregt. Bestimmt seit zehn Jahren ist sie nicht mehr mit einem Mann ausgegangen. Meine Güte, sie weiß gar nicht, ob sie sich das zutraut. „Ich hole Sie um sieben Uhr ab. Geben Sie mir Ihre Adresse", sagt Klaus forsch. Annette zittern die Hände. Sie verhaspelt sich, als sie ihren Straßennamen nennt, und muss zweimal neu ansetzen. Die Hausnummer? Ach je, die fällt ihr nicht ein.

„Ich rufe Sie morgen an. Bestimmt erinnern Sie sich", sagt Klaus lächelnd. Dann ist er draußen. Annette zittert am ganzen Körper. Was ist bloß passiert? Sie weiß nicht, wie sie anziehen soll, und was soll sie mit ihm besprechen? Vielleicht will er ihr nur den Kopf verdrehen und sie aushorchen? Und später einen niederschmetternden Artikel über die Gemeindearbeit schreiben. Sie denkt an Sabine, diese nette Frau, mit der sie sich die Arbeit im Café teilt. Die ist verheiratet und immer sehr freundlich. Sie wird sie anrufen und um Hilfe bitten. Sabine ist flott. Die weiß, wie sie sich zu verhalten hat. Und sie ist verschwiegen und behält garantiert für sich, was Annette ihr anvertraut.

„Ja, Annette, gehen Sie zum Essen. Dieser Klaus ist ein sehr netter, einfühlsamer und bescheidener Mann. Ich kann mir gut vorstellen, dass er zu Ihnen passt. Es wäre doch schön, wenn Sie nicht mehr allein wären." Diese Worte machen Annette Mut. Sie geht jetzt doch zum Friseur. In einer Zeitschrift hat sie gelesen, dass die Farbe Grün modern ist. Deshalb kauft sie sich nachmittags in der Stadt einen grünen Hosenanzug. Dazu noch zwei passende Blusen. Sie hat sich lange nichts gegönnt, heute hat sie plötzlich Lust dazu.

Als Klaus sie abholt, fällt ihr prompt der Schlüssel aus der Hand. Sie ist total nervös. In seinem Auto bekommt sie kaum ein Wort heraus, aber es ist schön, neben einem Mann zu sitzen. Sie fühlt sich geborgen und beschützt. Er riecht auch so gut, sein Aftershave gefällt ihr. Im Lokal bestellt sie sich nur einen Salat. Sie ist viel zu aufgeregt, um in Ruhe zu essen. Klaus spricht von seiner Arbeit, er ist gern Journalist. Sie erzählt von ihrem Job als Buchhalterin. Schon in der Schule war sie gut in Mathe, sie rechnet gern und kann nicht verstehen, dass manche Leute das langweilig finden.

Die Zeit vergeht wie im Fluge. Als Klaus sie nach Hause fährt, ist die Nervosität ganz weg. Sie fühlt sich wohl bei ihm. Er ist ruhig und einfühlsam. Es ist schön, mit ihm zusammen zu sein.

Am Sonntag gehen sie zusammen in die Kirche. „Klaus will dem lieben Gott noch eine Chance geben", sagt sie zum Pfarrer. „Und, wer-

den Sie ihm eine Chance geben?", kontert er. Annette spürt, dass sie rot anläuft. Dann nickt sie. „Ja, auf jeden Fall", sagt sie ernst.

Klaus und Annette werden wirklich ein Paar. Da er in einem kleinen Häuschen lebt, zieht Annette zu ihm. Mit seinen Kindern versteht sie sich von Anfang an gut. Klaus tritt nicht in die Kirche ein, aber er engagiert sich wie Annette in der Gemeindearbeit. Ein Jahr später heiraten die beiden. Für Klaus ist es die dritte Ehe. Für Annette die erste. Sie heiratet in Weiß und der Pfarrer gibt den beiden seinen Segen.

ANALYSE

Das Problem
Annette hat durch die jahrelange Pflege ihrer Eltern ihre eigenen Bedürfnisse zurückgestellt. Auch um Freunde hat sie sich viel zu wenig gekümmert, so musste sie sich nach dem Tod der Eltern unweigerlich einsam fühlen. Statt neue Kontakte aufzubauen, hat sie sich zurückgezogen, schließlich sogar ihren Kummer im Alkohol ertränkt. Der Leidensdruck wurde so groß, dass selbst keinen Ausweg fand und um Hilfe bitten musste. Ihre christliche Einstellung hat ihr geholfen, den Weg aus der Krise zu finden. Doch sie war nicht in der Lage, direkt auf Menschen zuzugehen. Sie spürte eine große Unsicherheit und konnte sich nicht vorstellen, von anderen geliebt zu werden. Erst ihre Bereitschaft, anderen zu helfen und für Bedürftige da zu sein, hat ihr letztlich den Weg zurück in die Gemeinschaft und damit auch zu einer Liebe geebnet.

Die Lösung
Viele Frauen sind mit sich nicht zufrieden. Sie finden sich alt, dick, dumm, hässlich und dadurch nicht wert, geliebt zu werden. Sie resignieren und verlieren den Glauben an die Liebe. Verbannen Sie solche Gedanken aus Ihrem Kopf. Jeder Mensch ist einzigartig und hat es verdient, geliebt zu werden. Und für jeden Menschen gibt es einen

anderen, der perfekt zu ihm passt. Man muss sich nur darauf konzentrieren, ihn zu suchen. Das erfordert einen festen Willen, Ausdauer und die Überzeugung, liebenswert zu sein.

!   **Einsamkeit macht krank. Jeder Mensch braucht Geselligkeit. Auf Menschen zugehen, kann man lernen. Ein Präsent für die Nachbarin, die immer die Post annimmt, ein Stückchen Kuchen für den Kollegen, der immer die Mittagszeit durcharbeitet. Schnell fliegen einem die Herzen zu, vielleicht auch das von dem Mann, den man sucht.**

Silke: „Ich bin zu enttäuscht, um einem Mann noch einmal vertrauen zu können"

Silke ist neunundvierzig Jahre alt, sie arbeitet als Optikerin und lebt alleine in einem Vorort von Mainz. Sie ist geschieden und hat eine erwachsene Tochter.

„Wir treffen uns heute Abend bei Francesco. Kommst du auch?" Silke nickt. „Natürlich komme ich!" Silke geht gern aus. Sie hat lange genug zu Hause gesessen und auf alles verzichtet. Jetzt geht es ihr endlich finanziell etwas besser und sie genießt es, sich etwas zu gönnen. Ein schönes Abendessen, ein paar schicke Schuhe. Endlich kann sie mal wieder spüren, was es heißt zu leben. Lange, viel zu lange hat es das alles für sie nicht gegeben. Silke ist gelernte Optikerin, eine erfolgreiche dazu. Mit Mitte zwanzig leitet sie schon eine Filiale. Sie verdient gut. Sie geht gerne in Konzerte, da lernt sie Sören kennen, einen Musiker. Silke verliebt sich sofort in den smarten Mann. Groß, breitschultrig, mit dunklen Locken. Ein Frauenschwarm – doch Sören interessiert sich nur für sie. Sie ziehen schnell zusammen. Silke wird schwanger. Hochzeit.

Sören bastelt als Musiker an einer Super-Karriere, Silke hält ihm mit ihrem sicheren Einkommen den Rücken frei. Natürlich nur vorübergehend. Denn wenn er seinen ersten ganz großen Hit gelandet hat,

wird Geld sowieso keine Rolle mehr spielen. Dann lassen sie es sich richtig gutgehen. Lange wird das nicht mehr dauern. Glaubt Sören. Und Silke glaubt das auch.

Sie arbeitet ganztags, Sören passt auf die Kleine auf. Wenn Silke nach Hause kommt, zieht Sören los. Er spielt auf Volksfesten und in Clubs und kommt erst spät in der Nacht nach Hause. Silke schläft dann schon, denn sie muss ja frühmorgens raus. Oft hat Sören auch keine Engagements, dann muss er abends ins Studio. Er übt neue Stücke ein und macht Probeaufnahmen für seine erste Single. Bald braucht er einen Agenten, der ihn vertritt und muss ein teures Tonstudio mieten. Die Einnahmen decken nur selten seine Kosten, also muss Silke im Geld leihen – nur solange, bis sich der Erfolg einstellt.

„Das wird nie etwas mit der Karriere", warnen ihre Freunde sie immer wieder. Doch Silke hört nicht auf sie. Sie liebt Sören und glaubt an ihn. Man muss hartnäckig sind, wenn man Erfolg haben will. „Aber das verstehen all die Spießer in unserer Umgebung ja nicht", ist Sörens Lieblingssatz.

Sören plant eine große Tournee. Als sie wegen zu wenig verkaufter Karten nicht stattfindet, muss Sören der Agentur eine Entschädigung zahlen. Das Geld hat er nicht, also nimmt Silke einen Kredit auf. Sie rutscht immer tiefer in die Schuldenspirale. Erst macht sie Überstunden, als das nicht reicht, bemüht sie sich um einen Nebenjob als Kellnerin. Ihre Mutter passt dann auf die Kleine auf. Sören hat ja keine Zeit. Er probt für seine neue CD. Wenn die herauskommt, ist das der ganz große Durchbruch. Silke liebt Sören und glaubt an ihn, erst als der Gerichtsvollzieher vor der Tür steht, bekommt sie Zweifel. Sie leiht sich das Geld von Freunden zusammen. Aber noch einmal darf das nicht passieren. Er passiert aber. Sören ist wie immer nicht da. Er ist ja Künstler und kann sich mit den finanziellen Dingen nicht aufhalten, das schadet seiner Kreativität. „So kann es nicht weitergehen", schluchzt sie in der Nacht, als Sören nach Hause kommt. „Wir sind völlig verschuldet. Ich kann nicht mehr schlafen. Du musst dir einen Job suchen, bei dem du regelmäßig Geld verdienst."

Sören versteht ihre ganze Aufregung nicht. „Warte mal ab, ich habe da ein ganz tolles Angebot in Aussicht. Wenn das klappt, müssen wir uns keine Sorgen mehr machen." Doch Silke kann diesen Satz nicht mehr hören. „Wir brauchen jetzt Geld, und nicht, wenn ‚dieses tolle Angebot klappt'", äfft sie ihn nach. Es gibt den ersten richtigen Krach in ihrer jetzt fast zwölfjährigen Ehe. Sören knallt wütend die Tür hinter sich zu und rennt aus dem Haus. Silke weint. Sie kann die Miete für die Wohnung nicht mehr bezahlen, nicht die Raten für das Auto, den riesengroßen Synthesizer, die aufgelaufene Miete für das Tonstudio, die Rechtsanwaltsgebühren für einen verlorenen Prozess. Sie weiß nicht mehr weiter und Sören haut einfach ab.

Diese Enttäuschung sitzt tief. Doch das dicke Ende kommt erst noch. Als sie ihm ein paar Tage später eine Auflistung aller Verbindlichkeiten hinlegt, damit er aufwacht, grinst Sören entspannt. „Ich muss nicht arbeiten, Süße, denn die Schulden laufen alle auf deinen Namen, vergiss das nicht. Ich habe mich nie auf diesen Schuldenquatsch eingelassen. Ich mag es nämlich nicht, wenn ich Verbindlichkeiten haben. Ein Künstler hat unregelmäßige Einnahmen, da passt es nicht, sich Fixkosten ans Bein zu binden."

Silke glaubt einen Moment lang, dass Sören nur einen Scherz macht. Sie mustert sein Gesicht, aber er lacht nicht, er grinst nur und langsam kommt ihr das Grinsen schäbig vor. In Silkes Kopf rattert es und sie rechnet sich schnell aus, wie es weitergehen wird. Sören wird sie verlassen, dann ist er aus allem heraus. Sie sitzt mit den Schulden da und an sie werden sich die Gläubiger auch halten. Denn sie hat einen festen Job und feste Einnahmen.

Silke hat an diesem Abend einen Nervenzusammenbruch. Freunde bringen sie zum Arzt, Sören lässt sich nicht mehr blicken. Tage später erfährt Silke, dass er bei seiner zweiundzwanzigjährigen Freundin eingezogen ist. Angeblich hat er schon lange ein Verhältnis mit ihr, mindestens zwei Jahre lang. Die Nächte, in denen er angeblich auf der Bühne stand, hat er wohl bei ihr verbracht.

Als Silke nach dem Krankenhausaufenthalt aus der Klinik kommt, liegt schon eine Räumungsklage in ihrem Briefkasten. Doch sie ist so vollgepumpt mit Beruhigungsmitteln, dass sie damit gar nichts anfangen kann.

Freunde helfen ihr, in eine preiswerte kleine Wohnung zu ziehen. Die Mutter hilft ihr bei der Abwicklung ihrer Verbindlichkeiten. Fast 50.000 Euro haben sich an Schulden angesammelt. Silke beantragt eine Privatinsolvenz. Sieben Jahre lang muss sie bis auf einen Selbstbehalt für sich und die Tochter ihre Schulden bezahlen. Dann ist sie schuldenfrei.

Sieben Jahre gönnt sich Silke nichts. Was ihr vom Verdienst übrig bleibt, reicht gerade für das Nötigste. Ihre Mutter steckt der Enkeltochter häufig etwas zu, sie soll nicht so unter der Krise leiden. Sören kümmert sich um nichts. Er zieht mit seiner neuen Freundin nach Mallorca und tingelt dort durch kleine Bars. Unterhalt für seine Tochter zahlt er nicht.

Silke braucht viele Jahre, um sich von dieser Enttäuschung zu erholen. In der ersten Zeit igelt sie sich so ein, dass ihre Mutter in heller Aufregung ist. Ihre einst so lebensfrohe Tochter ist still und teilnahmslos geworden. Sie arbeitet, kümmert sich um die Tochter, geht zu Bett. Kontakte zu Freunden pflegt sie kaum noch. Wie auch, sie hat ja kein Geld, etwas zu unternehmen.

Als sie nach sieben Jahren frei von Schulden ist, findet Silke langsam wieder den Weg zurück ins Leben. Sie kauft sich ab und zu ein bisschen Kleidung, macht einmal Urlaub in Malaga. Sie gönnt sich einen Yoga-Kurs und nimmt Spanischstunden. Als die Tochter auszieht, beginnt sie, sich für Sport zu interessieren. Sie geht in den Tennisclub und nimmt Golfstunden. Sie genießt es, viel unternehmen zu können und sagt bei jeder Einladung zu. Sie sieht wieder fantastisch aus, ist schlank und gepflegt. Viele Männer sprechen sie an, aber Silke lässt alle abblitzen. Von Männern hat sie die Nase gestrichen voll. Sie hat die große Liebe ihres Lebens erlebt, für Sören hätte sie alles getan. Sie hatte keine Ahnung, dass diese grenzenlose, bedingungslose Liebe

nur einseitig war. Sören liebte längst eine andere, als sie sich noch für ihn aufopferte. Das kann sie nicht verzeihen, nein, noch nicht einmal vergessen. Nie wieder wird sie einen Mann an sich heranlassen.

Gut, ein paar Mal lässt sie sich auf ein Abenteuer ein. Flüchtige Affären, bei denen es um Sex und ein bisschen Wärme geht. Aber ihr Herz ist dabei nie im Spiel, das hält sie fest unter Verschluss. Die Liebe behält sie ihrer Mutter und ihrer Tochter vor. Männer bleiben außen vor.

Und ihr fehlt auch kein Mann. Sie hat eine enge Freundin, der sie alles anvertrauen kann. Die beiden Frauen telefonieren fast täglich miteinander und reisen jedes Jahr zusammen in einen Single-Club nach Fuerteventura. Da gibt es ein tolles Sportangebot und jede Menge Spaß. „Eine Auszeit vom Alltag", schwärmt Silke immer. Sie ist mit ihrem Leben wieder zufrieden. Bis sich ihre Freundin im vergangenen Jahr verliebt. Plötzlich hat sie kaum noch Zeit für Silke, am Telefon ist sie kurz angebunden. Silke macht der Satz „Du, es passt gerade nicht", mittlerweile richtig ärgerlich. Also meldet sie sich nicht mehr bei der Freundin. Der Kerl ist sowieso bald weg, und dann kommt sie reumütig zurück, glaubt sie. Aber das passiert nicht. Die Freundin heiratet und Silke bleibt allein zurück.

Die Tochter führt ihr eigenes Leben, die Freundin auch. Silke fühlt sich übrig geblieben und auf einmal sehr allein. Manchmal überlegt sie, ob sie es nicht doch noch einmal mit einem Mann versuchen sollte. Aber sofort denkt sie wieder an Sören und die Katastrophe, in der diese Liebe geendet hat. „Es sind nicht alle Männer wie Sören", mildert ihre Mutter immer ihre Ängste. Aber wie soll sie ausschließen, dass sie nicht wieder an einen wie Sören gerät? „Dafür gibt es keine Sicherheit. Man muss sich auch auf die Liebe einlassen wollen. Sonst wirst du immer allein bleiben."

Silke ist hin und her gerissen. Da ist die Hoffnung, doch noch einmal mit einem Mann glücklich zu werden. Aber da ist auch die Angst, wieder so bitter ausgenutzt und hereingelegt zu werden. Jetzt, wo es ihr gerade mal wieder gut geht, soll sie das Risiko eingehen? Sie weiß

nicht so recht, ob sie sich das traut. Wochenlang grübelt Silke und sie wird immer unzufriedener. Plötzlich sieht sie auf der Straße nur noch turtelnde Paare und ins Geschäft kommen auch immer mehr glückliche Pärchen. Warum hat sie die denn früher nicht gesehen?

An einem Samstagabend bucht sie kurzentschlossen eine Single-Reise nach Fuerteventura. Die Clubreisen hat sie häufig mit ihrer Freundin unternommen und sie hatten immer viel Spaß. Es gab auch immer jede Menge Männer, vielleicht ist dieses Mal einer für sie dabei. Die Anreise nach Fuerteventura fällt ihr schwer. Sie fühlt sich allein nicht wohl im Flugzeug. Auch bei der Busfahrt kommt sie sich verlassen vor. Doch im Club nimmt man ihr sofort das Gefühl, allein zu sein. Das Personal begrüßt sie freundlich. Alle Singles werden an einem großen Tisch platziert, und sie werden aufgefordert, sich vorzustellen. So findet sie schnell Anschluss.

Silke nimmt ihre ersten Golfstunden. In ihrer Runde spielt ein Ralf aus dem Raum München mit. Er ist Techniker, alleinstehend, sehr charmant. Silke gefällt er. Ihr Herz hält sie weiter fest in der Tasche, doch sie verbringt viel Zeit mit diesem Mann. Er erzählt ihr aus seinem Leben, dem Alltag in Vaterstetten und den vielen einsamen Momenten am Wochenende, besonders im Winter. Ralf sehnt sich nach einer Liebe, aber auch ihn hält eine schlechte Erfahrung zurück. Seine Frau hat ihn mit seinem besten Freund betrogen. Jahrelang. Daran hat er zu knabbern, obwohl er schon seit vier Jahren geschieden ist.

Die beiden unternehmen einen Inselausflug, buchen einen Surfkurs und üben sich im Kochen der Kanaren-Küche. Sie verstehen sich prima und haben viel Spaß zusammen. Zwei Wochen sind eine lange Zeit, wenn man sich kennenlernen will. Eine Zeit, in der man so etwas wie Vertrauen und Übereinstimmung entwickeln kann. Silke findet Ralf anziehend. Aber das ist es nicht, was sie beschäftigt. Sie fühlt sich wohl in seiner Nähe. Sie hat nicht das Bedürfnis, sich zu verstellen. Wenn er da ist, kann sie so sein, wie sie es möchte: albern und ernst, wütend und beherrscht. Er kritisiert sie nie und ihr fällt auch nichts ein, was sie an ihm stören könnte.

Doch sie hat Angst vor einer ernsthaften Bindung. Und so bleibt es bei diesem stillen, innigen Urlaubsflirt. Am letzten Abend küssen sie sich. Dann muss sie los. Schade, dass Ralf so weit weg ist.

„Ich könnte am Wochenende nach Mainz kommen. Bitte melde dich schnell!" Als Silke nach dem anstrengenden Rückflug nach Hause kommt und die Nachrichten auf ihrem Anrufbeantworter abruft, hört sie schon Ralfs vertraute Stimme. Ihr Herz hüpft vor Freude. Klar hat sie Zeit! Oder? Ist es gut, wenn sie ihn wiedersieht? Silke ruft nicht gleich zurück. Sie denkt nach, ob sie sich wirklich noch einmal binden will. Soll sie alle guten Vorsätze über den Haufen werfen und wieder in die Liebesfalle tappen?

„Es muss nicht immer eine Falle sein", meint ihre Mutter, als ihr Silke von Ralf und der wunderschönen Zeit mit ihm erzählt. „Befreie dich von all den negativen Energien aus der Sören-Zeit, die dich noch gefangen halten. Am besten mit einer guten Erfahrung." Silke möchte nur zu gern den Rat der Mutter befolgen. Wenn da nicht diese Angst vor einer erneuten Enttäuschung wäre.

„Warum meldest du dich nicht? Ich mache mir Sorgen. Ich habe solche Sehnsucht nach dir. Und weißt du, ich habe mich schon im Internet umgesehen. In Mainz gibt es tolle freie Stellen für Techniker. Ach ja, ich bin zu voreilig. Aber wenn man noch einmal im Leben einen Menschen trifft, mit dem man es sich vorstellen kann, zusammenzuleben, dann müssen doch Träume erlaubt sein. Ich vermisse dich, also melde dich, ganz schnell."

Silke ist tief berührt, als sie diese Nachricht von Ralf abhört. Wieder und wieder drückt sie auf die Wiederholungstaste. Soll das denn sein Ernst sein? Will er wirklich für sie München verlassen und nach Mainz ziehen? Wenn ein Mann das für sie tun würde, dann muss er es doch ernst meinen.

Silke ruft zurück. Ja, sie hat Zeit und ja, sie will Ralf wiedersehen, unbedingt. Als sie am Bahnhof auf ihn wartet, ist ihr mulmig zumute. Was ist, wenn wieder alles schiefgeht? Wenn sich Ralf als ein Hallodri à la Sören entpuppt, der sich auf ihre Kosten ein schönes Leben machen

will? Aber wenn sie es nicht probiert, wird sie nie wissen, wie sich echte gegenseitige Liebe anfühlt. Will sie mit diesem weißen Fleck auf ihrem Herzen alt werden? Sie spürt, dass es dieses Mal richtig gut wird für sie. Sie kann es nicht erklären. Ihr Herz sagt ihr das. Und wenn sie wieder einen Preis für diese Liebe zahlen muss, dann ist sie es wert.

Silke zahlt keinen Preis mehr. Ralf zieht tatsächlich schnell nach Mainz und die beiden heiraten. Silke und Ralf sind heute unzertrennlich.

ANALYSE

Das Problem
Silke hat viele Jahre an ihre große Liebe geglaubt und sich treu hinter einen Partner gestellt. Doch sie ist ausgenutzt, hintergangen und betrogen worden. Zurück blieb ein Scherbenhaufen aus enttäuschten Gefühlen. Zudem dauerte es Jahre voller Entbehrungen, bis sie ihre Finanzen wieder in Ordnung gebracht hatte. Das Thema Partnerschaft war für Silke deshalb untrennbar mit Schmerz und Demütigung verbunden. Um sich zu schützen, hat sie keinen Mann mehr an sich herangelassen, sondern hatte nur noch oberflächliche Affären zugelassen. Doch die waren ihr auf die Dauer nicht genug. Sie wurde unzufrieden, konnte sich aber nicht eingestehen, dass sie sich endlich öffnen muss, um wieder glücklich zu werden.

Die Lösung
Wer eine neue Liebe sucht, muss sich vorher von Altlasten befreien. Ein von Enttäuschung und Bitterkeit zerfressenes Herz kann keine tiefe Liebe empfinden. Es ist besetzt von Hass und Rachegelüsten, aber auch von Schmerzen und Ängsten.

❗ Befreien Sie sich von negativen Energien alter Beziehungen. Das geht am besten, indem Sie versuchen, dem Mann, der Sie enttäuscht hat, innerlich zu verzeihen. Üben Sie es, ihm viel Glück zu wünschen. Ziehen Sie so einen Schlussstrich unter die Vergangenheit, reinigen Sie Ihr Herz und öffnen es ganz weit für Ihre Zukunft.

Bibliografische Information der Deutschen Nationalbibliothek
Die Deutsche Nationalbibliothek verzeichnet diese Publikation in der Deutschen
Nationalbibliografie; detaillierte bibliografische Daten sind im Internet über
http://dnb.ddb.de abrufbar.

ISBN 978-3-86910-501-7 (Print)
ISBN 978-3-86910-556-7 (PDF)
ISBN 978-3-86910-555-0 (EPUB)

Die Autorin: Andrea Micus ist freiberufliche Journalistin und Buchautorin und schreibt seit
vielen Jahren für auflagenstarke Frauenzeitschriften mit den Themenschwerpunkten Frauen,
Familie und Partnerschaft. Sie verbindet unterhaltsam und verständlich aktuelle Erkennt-
nisse mit leicht umsetzbaren Tipps.

Originalausgabe

© 2014 humboldt
Eine Marke der Schlüterschen Verlagsgesellschaft mbh & Co. KG,
Hans-Böckler-Allee 7, 30173 Hannover
www.schluetersche.de
www.humboldt.de

Lektorat:	Annette Gillich-Beltz, Essen
Layout:	Sehfeld, Hamburg
Covergestaltung:	Kerker + Baum Büro für Gestaltung, Hannover
Coverfoto:	Wissmann Design / Fotolia.com
Satz:	PER Medien+Marketing GmbH, Braunschweig
Druck und Bindung:	Werbedruck Aug. Lönneker GmbH & Co. KG, Stadtoldendorf

Hergestellt in Deutschland.